江西经济管理干部学院
江西省中小企业局

Development Report of Jiangxi Industrial Park 2012

2012年 江西工业园区发展报告

经济管理出版社

图书在版编目（CIP）数据

2012 年江西工业园区发展报告/江西经济管理干部学院，江西省中小企业局．—北京：经济管理出版社，2012.12
ISBN 978 – 7 – 5096 – 2302 – 2

Ⅰ.①2… Ⅱ.①江… ②江… Ⅲ.①工业区—经济发展—研究报告—江西省—2012
Ⅳ.①F427.56

中国版本图书馆 CIP 数据核字(2012)第 311346 号

组稿编辑：杜　菲
责任编辑：杜　菲
责任印制：黄　铄
责任校对：曹　平　超　凡

出版发行：经济管理出版社
　　　　　（北京市海淀区北蜂窝 8 号中雅大厦 A 座 11 层　100038）
网　　址：www.E – mp.com.cn
电　　话：(010) 51915602
印　　刷：三河市延风印装厂
经　　销：新华书店
开　　本：787mm×1092mm/16
印　　张：16.5
字　　数：261 千字
版　　次：2013 年 1 月第 1 版　2013 年 1 月第 1 次印刷
书　　号：ISBN 978 – 7 – 5096 – 2302 – 2
定　　价：68.00 元

·版权所有　翻印必究·
凡购本社图书，如有印装错误，由本社读者服务部负责调换。
联系地址：北京阜外月坛北小街 2 号
电话：(010) 68022974　邮编：100836

2012年江西工业园区发展报告

顾　问

首席顾问　洪礼和
顾　　问　李春燕　谢碧联　谢　斌

编委会

主　　编　吴治云　杨人平
副 主 编　秦夏明　万俊明
成　　员　（按姓氏笔画排序）
　　　　　肖文胜　肖永平　陈世伟　时炼波　罗时万　黄小平
　　　　　曹国平　董文珠　彭志乐　舒永忠　樊小青

专家组成员

秦夏明　万俊明　尹继东　廖国良

各课题组组长、副组长

回顾篇课题组　　　组长　时炼波　舒永忠　　　副组长　彭志乐
创新与特色篇课题组　组长　罗时万　樊小青　　　副组长　肖文胜　曹国平
展望篇课题组　　　组长　陈世伟　董文珠　　　副组长　肖永平　黄小平

目　　录

前言 ··· 1

第一部分　回顾篇

第一章　起步发展阶段——江西工业园区的缓慢进程
（1991～2000年） ··· 3
　一、本阶段的发展概况 ·· 3
　二、江西工业化面临的困难 ··· 4

第二章　全面发展阶段——江西工业园区的春天
（2001～2003年） ··· 7
　一、本阶段的发展概况 ·· 7
　二、本阶段促进江西经济发展的大事件 ···························· 8
　三、本阶段的主要发展经验 ·· 15

第三章　规范整顿阶段（2003～2005年） ······················ 18
　一、本阶段的发展概况 ··· 18
　二、本阶段促进江西经济发展的大事件 ··························· 20
　三、本阶段的主要经验总结 ·· 22

第四章　提高发展阶段——支撑江西工业经济的腾飞
（2006年至今） ·· 23
　一、本阶段的发展概况 ··· 23
　二、本阶段促进江西经济发展的大事件 ··························· 25
　三、本阶段的主要经验总结 ·· 27

第二部分　创新与特色篇

第五章　产业集群与园区发展 ……………………………………… 33
　一、南昌高新技术产业开发区：全力推动服务外包产业
　　　快速发展 …………………………………………………… 33
　二、南昌经济技术开发区：争当南昌核心增长极排头兵 …… 37
　三、昌东："四轮"驱动针纺产业 …………………………… 40
　四、大余：打响矿产五大战役 ………………………………… 42
　五、抚北：植产业之树　造企业之林 ………………………… 44
　六、抚州高新技术产业园区：实施骨干企业培植工程 ……… 47
　七、横峰：在快车道上驰骋 …………………………………… 49
　八、进贤：给企业一个家 ……………………………………… 51
　九、靖安：产业在孵化中壮大 ………………………………… 54
　十、南城：绿色食品产业崛起之路 …………………………… 57
　十一、瑞金：第二次挖"井" ………………………………… 59
　十二、沙河：苏区有座机电工业城 …………………………… 61
　十三、信丰：电子信息产业集散地 …………………………… 63
　十四、新建、九江、赣县、东乡、南康、黎川、赣州等
　　　　工业园区 …………………………………………………… 66

第六章　融资创新 ……………………………………………………… 73
　一、南昌小蓝经济技术开发区：搭建"蓝银保"融资平台，
　　　助力园区中小企业发展 …………………………………… 73
　二、景德镇高新技术产业开发区：搭建融资平台，破解
　　　融资难题 …………………………………………………… 78
　三、萍乡经济技术开发区：推进"政银企"对接，完善
　　　融资服务环境 ……………………………………………… 80
　四、共青城经济开发区：构建"银园保"融资平台，促园
　　　区企业可持续发展 ………………………………………… 81
　五、定南工业园区：创新融资模式，实现园区跨越式发展 …… 83
　六、赣县、东乡、宜丰等经济开发区 ………………………… 84

第七章　土地利用创新 …… 88

一、奉新工业园区：推进土地节约集约利用　促进园区
经济高速发展 …… 88

二、全南工业园区：节约集约利用土地　助推园区经济发展 …… 93

三、永新工业园区：多管齐下　打破桎梏　快速发展 …… 96

四、樟树工业园区：集约利用土地　提升园区承载能力 …… 99

五、南昌昌南工业园区：突破约束瓶颈　加快园区发展 …… 102

六、鄱阳工业园区：实行三大举措，完善园区用地保障机制 …… 105

七、赣州经济技术开发区：完善土地资源管理，探索节约
集约用地新机制 …… 107

八、定南、宜黄、东乡、南康等工业园区 …… 108

第八章　科技创新 …… 112

一、南昌高新技术产业开发区：科技体制改革大幕开启 …… 112

二、萍乡经济技术开发区：打造中西部地区一流国家级开发区 …… 114

第九章　用工创新 …… 117

一、吉安工业园区：创优服务打造用工平台　以人为本构建
招工网络 …… 117

二、鄱阳工业园区：推进四个一工程　完善用工保障机制 …… 122

三、兴国经济开发区：实现三个转变　破解用工难题 …… 123

四、宜丰工业园区：以多管齐下形式，为企业解决"用工难" …… 127

五、赣州经济技术开发区：不断改善用工环境，努力破解
用工难题 …… 128

第十章　管理体制和运行机制创新 …… 130

一、分宜工业园：从废墟中找黄金，促老企业焕新生 …… 130

二、宜黄工业园：不断创新，走出一片新天地 …… 134

三、赣县经济开发区：创新铸辉煌 …… 136

四、东乡经济开发区：雄关漫道真如铁，而今迈步从头越 …… 138

五、九江、南康、黎川、宜丰、赣州等工业园区 …… 142

第三部分　展望篇

第十一章　2012年江西工业园区竞争力评价 …… 151

一、江西工业园区竞争力评价目的及概念界定 ················· 151
　　二、江西工业园区竞争力评价指标体系的构建 ················· 154
　　三、江西工业园区竞争力评价指标体系的设计 ················· 165
　　四、江西工业园区竞争力评价指标体系的应用 ················· 168
　　五、江西工业园区综合竞争力的计算 ························· 199
　　本章附件：各个指标数据计算说明 ··························· 203

第十二章　江西工业园区新阶段可持续快速发展战略思考 ········· 208
　　一、江西工业园区运行特点与基本经验 ······················· 208
　　二、江西工业园区发展态势分析 ····························· 213
　　三、江西工业园区发展的战略思路与对策 ····················· 220

第十三章　江西工业园区融资平台建设存在的问题与对策 ········· 226
　　一、江西工业园区融资的总体状况 ··························· 226
　　二、江西工业园区融资困难及其原因分析 ····················· 229
　　三、江西工业园区企业的金融风险 ··························· 233
　　四、发展江西工业园区的金融对策 ··························· 236

第十四章　江西生态工业园区建设存在的问题与对策 ············· 241
　　一、江西建设生态工业园区的意义 ··························· 241
　　二、江西生态工业园区发展现状 ····························· 243
　　三、江西生态工业园区建设存在的问题 ······················· 246
　　四、江西建设生态工业园区的对策 ··························· 248

前　言

江西工业园区建设始于20世纪90年代。1991年，南昌高新技术产业开发区的创建，揭开了工业园区发展的序幕。经过20多年的发展，江西共有94家省级以上工业园区，其中国家级高新技术产业开发区4家、经济技术开发区7家、出口加工区4家、省级工业园区79家，初步形成了以国家级开发区为龙头，以省级工业园区为基础的全方位、多层次、多功能建设发展的格局。

江西工业园区已经成为江西省加速工业化的重要载体，成为拉动GDP和地方财政收入增长的火车头。据统计，2011年，全省工业园区完成增加值3003.4亿元，占当年全部工业完成增加值5611.9亿元的53.5%；主营业务收入、利润、利税分别完成13241.5亿元、837.6亿元和1327.9亿元，分别占当年全省规模以上工业主营业务收入（18466.8亿元）、利润（1113.9亿元）和利税（1814.7亿元）的71.7%、75.2%和73.2%；全省工业园区投产企业达7951家，安置从业人数174.0万人；全省招商实际到位资金2322.1亿元，增长17.7%。这一系列经济指标雄辩地证明，工业园区在加快江西工业化进程、实现绿色崛起和全面建成小康社会中发挥着重要作用。

展望"十二五"，支撑江西工业园区发展的条件和要素正在发生变化，工业园区在发展中面临的挑战突出表现在：一是区域竞争日趋激烈。为争夺新一轮发展制高点，各省均把工业园区摆在重要位置优先发展，国内工业园区之间在项目、招商、资金、人才、资源、市场等方面的竞争日趋激烈。二是产业发展水平整体还不高。园区产业集群度不高，同质化现象较为明显，带动园区发展的龙头企业偏少。三是园区服务体系不健全。与产业发展要求相适应的公共服务平台建设滞后，研发、融资、物流等生产生活服务业不能满足园区企业发展的要求。四是土地资源约束、招工难等问题制约了园区的进一步发展。面对这些挑战，江西工业园区如何更好地实现科学发展，如何更好地成为促进区域发展的产业高地、技术高地、人才高地等，是摆在决策者、研究者、管理者面前的重大课题。

为促进江西省工业园区的健康、快速、可持续发展，江西经济管理干部学院和江西省中小企业局联合发布《2012 年江西工业园区发展报告》。旨在对江西省工业园区发展历程进行及时追踪，对其发展水平进行客观评价，对其经验和教训进行深入剖析，对其发展前景进行理性展望。本报告内容分三大部分：第一部分是回顾篇，对江西省工业园区发展历程进行了系统总结；第二部分是创新与特色篇，对全省部分工业园区在破解发展难题中形成的创新性经验和做法进行了客观描述；第三部分是展望篇，通过建立竞争力评价模型对江西省工业园区竞争力进行了定量分析，并对江西省工业园区发展趋势进行了深度分析。

为编撰好《2012 年江西工业园区发展报告》，江西经济管理干部学院和江西省中小企业局联合成立了专家组和课题组。专家组和课题组在调研、研讨和撰稿过程中得到了省有关部门、科研机构、高等院校、工业园区的大力支持，在此特别感谢。

由于撰写时间仓促，本报告还有许多疏漏和不足之处，欢迎各位读者提出宝贵意见。

第一部分 回顾篇

伴随着改革开放的大潮和中国经济的崛起，江西坚定不移地走工业化道路，进行了工业园区建设的探索。进入21世纪，江西大力实施新型工业化核心战略，坚持依托园区办工业、依托园区招商引资的发展思路不动摇，调优结构、壮大总量、提升质量，推进重大项目、优势企业和特色产业向园区集群，园区经济实现平稳较快发展。目前，全省94个工业园区作为承接东部沿海产业转移的主阵地、招商引资的主平台、推进新型工业化的主战场、区域经济的核心增长极，在提升县域经济综合竞争实力，推进鄱阳湖生态经济区建设，实现江西科学发展、进位赶超、绿色崛起进程中发挥着重要作用。回顾江西工业园区的发展历程，对于园区未来的发展具有参考借鉴意义。

江西工业园区的发展，与全国工业园区发展的步伐大体一致。

改革开放以后，尤其是进入20世纪80年代中期以来，在世界新技术革命浪潮的冲击下，为适应改革开放不断扩大的新形势和把经济建设转移到依靠科技进步和提高劳动者素质的轨道上来的迫切要求，我国开始了兴办工业园区的探索与实践。1979年1月，中共中央、国务院批准了广东省和交通部的联合报告，决定在蛇口创办中国大陆第一个出口加工区——被称为"特区中的特区"和中国改革开放的"试验场"，从而揭开了中国工业园区建设的序幕。

经过33年的发展，我国开发区已经发展成为由大量不同种类、不同级别的高新技术开发区、经济技术开发区、出口加工区、保税区、边境经济合作区、生态经济区等组成的遍及全国各地的发展格局，中国经济由此取得了长足发展。在全国工业园区建设如火如荼的时候，为了赶上全国的发展步伐，江西也在不断寻找自身定位和发展路径，兴起了工业园区的建设热潮。

综观江西工业园区的发展历程，主要经历了四个阶段，分别为起步发展阶段（1991~2000年）、全面发展阶段（2001~2003年）、规范整顿阶段（2003~2005年）和提高发展阶段（2006年至今）。

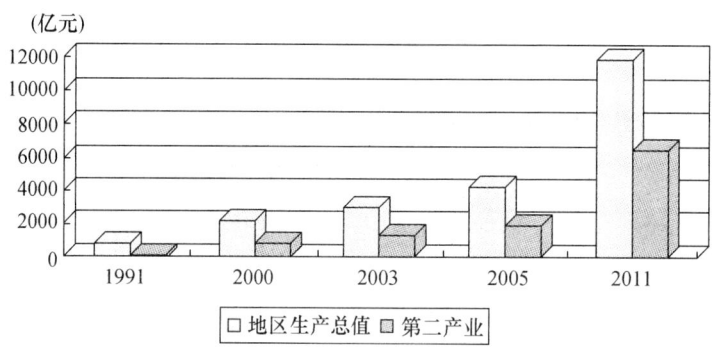

图1-1 江西省地区生产总值（GDP）和同期第二产业变化情况

资料来源：江西省统计局网站。

第一章 起步发展阶段——江西工业园区的缓慢进程（1991~2000年）

一、本阶段的发展概况

江西工业园区建设始于20世纪90年代。1991年，南昌高新技术产业开发区的创建，揭开了工业园区发展的序幕。1992年，省政府在南昌、抚州、景德镇等地设立了7个经济技术开发区，这也是江西第一批省级开发区；其后，各地陆续设立了一些县级开发区。1991~1999年，全省共设立开发区21家，其中，省级开发区19家，国家级开发区2家。

这一时期江西的工业经济整体发展状况是相对滞后和缓慢的。

截止到2001年，江西省地区生产总值（GDP）为2175.68亿元，在华东六省一市中排名最后，不到上海（4950.84亿元）的1/2。从全国看，仅超过了西部的几个省区。人均地区生产总值为5221元，居全国倒数第六位。

江西第一、二、三产业的比例为23.3:36.2:40.5，其中，工业所占比重为27.4；同期全国的这一比例为15.2:51.1:33.6，其中工业所占比重为44.4。从中可以看出，江西的产业结构中，第二产业尤其是工业所占比重太小，农业所占比重太大。

三次产业从业人数比例为46.2:23.5:30.3，其中，工业的从业人数最少，农业人口太多，这与江西省的农业大省地位基本相符。2001年，江西劳动力资源总数为2898.5万人，占人口总数的69.2%，社会从业人数为2054.8万人，劳动力资源利用率为70.9%，失业人口为17.28万人，失业率为3.30%。失业人口多，就业形势严峻。

江西省曾经属于中部地区比较富庶的省份，但在21世纪开始时，与国内其他省市相比较，明显落伍了。江西的落后症结在于工业的落后，因此，加速推进工业化成为江西崛起的一条必经之路。

二、江西工业化面临的困难

（一）面临双重任务

江西加速工业化进程，既要完成工业化初级阶段应解决的资本、技术、管理等原始积累问题，又要积极追赶中国东部沿海先进省市和发达国家以高科技为主的"新经济"步伐。在传统工业化过程中，由于任务相对单一，其资源配置的方式也相对地更集中。因此，江西要加速工业化进程，必须将传统产业与现代产业统一起来发展，在产业选择上，既要大力发展劳动密集型的传统产业，更要着力发展资本、技术密集型的现代产业，力求做到以传统产业促进现代产业，以现代产业带动传统产业。这是由客观条件所决定的。

（二）起点较低

江西是农业省份，农村人口和劳动力在全省占大多数。在推进工业化过程中，必须充分重视解决农业的发展出路问题，努力寻找一条既能提高全省工业化水平，又能带动农业和农村经济发展的路径。因此，在产业选择时，应侧重考虑对农业关联系数较大的产业。

（三）工业结构畸形化

按照传统工业化的模式，为完成原始积累起初优先发展以生产消费品为主的轻工业，随着经济的不断增长，逐渐将产业重点转向重工业，依次向产业高度化推进。因此，反映这一变化规律的霍夫曼系数（消费资料工业净产值与资本资料工业净产值之比）总是递减的。江西与全国一样，由于受苏联模式的影响，新中国成立初期优先发展重工业，抑制了轻工业的发展，导致工业结构一直处于畸形化状态，即重工业太重，轻工业太轻。

按照工业化的规律，在工业化初期，在农业为主的经济中，加工和再加工那些以农产品为原料的工业生产应由轻工业承担。轻工业的发展对煤、铁等其他原料及机器设备产生越来越多的需求，带动重工业的发展，而且轻工业一般规模小，投资少，建设周期短，资金周转快，在一定条件下效益较好，并能发挥劳动力丰富的优势，因此，工业化从轻工业开始具有必然性，有利于迅速推进工业化进程。选择江西的工业化道路应当充分遵循这一客观规律。

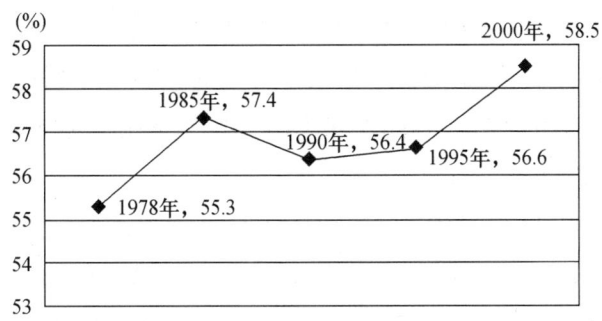

图1-2　江西重工业产值占工业总产值的百分比

（四）市场环境严峻

发达国家的工业化前期几乎都处在短缺经济时代，市场约束不大。而到20世纪末，我国买方市场已基本形成，市场环境日趋严峻，经济全球化进一步加深，特别是中国加入世界贸易组织（WTO）后，国际市场国内化，国内市场国际化，竞争更加激烈。这一态势使得产业发展的空间变得越来越小。尤其对江西而言，产业竞争力原本就不强，产品的生产份额就少，因此，如何寻找市场空间是江西工业化所面临的一大难题。

（五）国有经济比重过大，民营经济不发达

江西省民营经济与全国情况相比，尤其是与沿海发达地区相比，存在很大的差距。1995年下半年，国家工商总局联合中央和国务院政策研究室等部门对全国个体私营经济发展现状进行了一次全面而系统的调查，全国私营企业户均注册资金33.5万元，而江西私营企业户均注册资金只有26万元。当时在江西名列首位的华能实业有限公司在全国私营企业中

仅排在第 58 位。可见，江西私营经济发展总体规模偏小，企业数量少，在全国有一定影响的企业更少。

（六）发展经济的思想不够解放

加快发展、赶超先进的思想没有得到解放，是江西工业经济发展中的一个基础性问题。

一是等（项目）、靠（国家投资或吸引外资）、要（政策）的思想，造成对国家资金、基础设施、优惠政策的依赖，企业家精神、创新精神、劳动力素质培养、新企业繁衍和科教投入等方面短缺的问题异常突出，"技术工人"素质滑坡，下岗人员创业观念淡漠，被动等待"分流安置"，贫富两极化问题严重。

二是产业和企业部门中存在急功近利的意识，总是较多强调产值的高速增长，较少认识产品创新和质量管理的重要性。往往重产值"翻番"而不注重区域内自然—经济—社会协调和持续发展。

三是精神文明与科技和经济发展的有机联系，以及城乡建设的文化投入与经济发展的有机联系等均未被充分重视；虽然科技注入经济有了长足进展，但是对科技和经济发展所需要的社会文化环境却未有充分认识。

四是大学和科研院所的学者间交流甚微，区域科技资源的沉淀问题仍然未能得到彻底解决。这对于交叉学科和产业技术融合领域的发展形成了极大的障碍。

综上所述，虽然经过近十年的发展，江西的工业基础依然薄弱，对江西经济发展的带动作用未能充分显现。江西工业经济期待"春天"来临。

第二章 全面发展阶段——江西工业园区的春天（2001～2003年）

一、本阶段的发展概况

进入21世纪以后，江西省委、省政府开展了新一轮"解放思想和改革开放"，为江西工业经济的发展鼓足干劲。2001年8月，省委十届十三次全体扩大会议提出："各设区市要集中力量办好一个工业园区或开发区，县（市、区）要依托县城办好工业小区。"同年12月，省委进一步强调"把工业园区建设成为经济发展的带动区、体制和科技创新的试验区、城市发展的新区"。

以此为动力，全省各地调整发展策略，掀起了一轮工业园区建设高潮，开始了依托园区办工业的发展实践，因地制宜地建设了一批开发区和工业园区。

南昌市主要是做好了两篇大文章：一是充分发挥南昌经济中心城市的带动、辐射功能；二是建成现代化文明花园城市。

景德镇市着重重振"瓷都"雄风，建成"经济重镇"。

吉安市突出抓好了农村工业化和旅游开发，把政治优势变为经济优势。

赣州市做起了全省改革开放的先锋，改革创新成果不断。

九江市把区位交通优越、工业基础较好、旅游资源丰富等优势发挥出来，致力于把九江建设成长江沿岸城市中的一颗璀璨明珠。

……

全省11个设区市，都在思发展、议规划、谋新路。招商引资、资本运营、经营城市、资源深度开发、做大经济总量、建好工业园区等市场经济的新理念，为各级干部津津乐道、精心探寻。全省大部分园区都是在 2001～2002 年两年间挂牌成立的，最多时全省有 137 个工业园区，覆盖了所有的县（市、区），有的县（市、区）还不止一个。至 2003 年 6 月，全省共有园区 118 个，入园企业 5572 家，完成基础设施投入 158.44 亿元。工业园区开始成为支撑江西工业经济和扩大开放、实施新型城镇化的重要支撑、安置就业的主要渠道。

二、本阶段促进江西经济发展的大事件

大事件 1：解放思想学习教育活动

为适应新形势、新任务的需要，切实加快江西经济发展，2001 年 5 月，省委、省政府决定把解放思想、转变观念作为当前工作的抓手，组织全省干部开展一次解放思想的学习教育活动。

5 月 10 日，全省解放思想学习教育活动动员大会在南昌召开。大会明确指出：加快发展，需要激情，需要智慧，但首先需要的是进一步解放思想，更新观念。

5 月 14 日，省委、省政府联合下发通知，决定用三个月左右的时间，在全省范围内开展一次"以'三个代表'重要思想为指针，弘扬井冈山精神，学习兄弟省市改革开放先进经验，以实际行动迎接建党 80 周年和省第十一次党代会召开"为主题的解放思想学习、教育活动。博采众长，虚心学习兄弟省市解放思想、大胆探索、勇于创新的好经验、好做法。立足全局看江西，立足未来看江西，进一步增强全省广大干部群众加快发展的责任感和紧迫感，增强改革和创新意识，坚定加快发展的信心和决心。

活动围绕"七个方面问题"和"三个方面要求"进行深入开展。

七个方面问题分别是：

（1）如何进一步扩大对外开放，加大招商引资力度，以建设工业园区为重点，推进江西的工业上新台阶。

（2）如何进一步更新观念，转变政府职能，增强服务意识，改善和优化江西的投资环境、贸易环境和法制环境。

（3）如何建立完善社会主义市场经济机制，进一步提高市场化程度，在全省形成一个公开、公正、公平的市场环境。

（4）如何学习兄弟省市深化国有企业改革的做法，用现代企业制度加快对国有企业的改革，在全省形成一个有利于优秀企业家脱颖而出、有利于企业发展的良好机制。

（5）如何进一步搞好农业、旅游、矿产等资源的深度开发，扬优成势，促进发展。

（6）如何运用多种融资手段，加快建设以高速公路为骨干的快速、便捷的大交通网络。

（7）如何在推进工业化的进程中，吸取沿海某些地区在前进发展中的教训，避免走弯路。

三个方面要求分别是：

（1）加强学习。要认真贯彻落实江泽民总书记的要求，学习、学习、再学习。组织广大党员、干部和群众认真学习江泽民总书记"三个代表"的重要思想，深入学习马列主义、毛泽东思想和邓小平理论，学会用马克思主义的立场、观点、方法认识和处理问题，不断增强适应时代发展和工作需要的实际本领。同时，要善于大胆学习和借鉴别人已有的经验和成果，尤其要向东部沿海经济发达地区学习，积极借鉴它们在实践中形成的好经验，解决自身发展中的一些难题。同时，吸取沿海地区在前进发展中的教训，避免走弯路。

（2）坚持"三个有利于"的标准和"三个代表"的要求，始终站在时代发展的前列。要坚持以"三个有利于"和"三个代表"为指导，认真审视自身的观念、规定和体制，符合"三个有利于"和"三个代表"要求的，就毫不动摇地坚持，不完全符合的就积极调整完善，不符合的就勇敢地加以纠正。进一步拓宽视野，开阔眼界，站在新世纪的新起点上，把江西的发展放在全国乃至世界的大趋势、大格局中去考虑，结合江西改革和发展的实际，进一步强化机遇意识、创新意识、市场意识、服务意识，增强运用市场经济的办法解决发展中的实际问题、促进加快发展的能力。必须紧密联系各自工作和思想实际，找准抓住影响和制约江西发展的突出矛盾和主要问题，找准抓住各级领导干部在思想观念、工作作风等方面存在的差距和不足，并提出相应的改进措施，切实加以解决，进一步营造求真务实、真抓实干的浓厚氛围，举全省之力加快江西发展。

（3）积极探索加快江西发展的新路子。各地、各部门要紧扣主题，联系实际，积极组织开展好这次解放思想大讨论，为加快江西发展建言献策。要通过广泛发动群众，深入开展学习教育，把全省干部群众的思想进一步调动起来，活跃起来，形成进一步解放思想的强大声势，使"解放思想、加快发展"进一步深入人心，成为全省上下的主旋律和最强音。要议出思路，议出干劲，议出措施。通过学习教育，对省情进行一次重新审视，找到优势和差距，在全省经济发展思路上，在涉及江西经济和社会发展的一系列重大问题上增进共识，进一步形成团结一心谋发展、真抓实干促发展的浓厚氛围，把加快江西发展真正转化为全省上下的自觉行动，集全省之智、举全省之力加快江西发展。

"解放思想"在江西并不新鲜，新鲜的是，这次解放思想强调"跳出江西看江西"，处处针对江西经济发展缓慢的客观实际，广泛发动干部群众学先进、找差距、议发展，思路、举措和提法都一改江西以往学习教育活动的风貌，为学习教育活动真正取得实效，为江西广大党员干部尤其是领导干部解放思想、真抓实干，为加快江西经济发展指明了前进的方向和道路。

大事件2：井冈山会议

吹响江西工业经济发展的历史性号角。

经过深刻的动员，周密的组织部署，一场场生动报告的饕餮盛宴，一次次走出去开眼界的考察学习，社会各界深入浅出的思想大讨论，解放思想学习教育活动取得了预期的阶段性效果，全省广大党员干部和群众受到了一次深刻的思想洗礼和心灵震撼，全省齐心协力加快发展的思想正在统一，共识正在形成。

在此基础上，2001年8月3~5日，中共江西省委十届十三次全体（扩大）会议在井冈山召开。因其在江西经济社会发展中的重要意义，习惯简称其为"井冈山会议"。会议以"解放思想、加快发展"为主题，交流了各地、各部门开展解放思想学习教育活动的情况、经验和体会。会议指出，加快江西发展必须紧紧抓住加快工业化这个核心，实施大开放主战略，大力推进农业产业化、农村工业化、城市和城市工业现代化，不失时机地推进信息化。各设区市原则上要集中力量办好一个工业园区或者开发区，县（市、区）要依托县城办好工业小区。

井冈山会议审议并原则通过了《中共江西省委关于进一步解放思想加快发展的若干意见》（简称省委"30条"）、《中共江西省委十届十三次全体（扩大）会议关于召开中国共产党江西省第十一次代表大会的决议》，作出了"以工业化为核心，以大开放为主战略"的重大部署，提出了"三个基地、一个后花园"（把江西建设成为沿海发达地区产业梯度转移的承接基地、优质农产品供应基地、劳务输出基地和沿海地区群众旅游休闲的后花园）的战略定位和"实现江西在中部地区崛起"的战略目标。

省委"30条"以及省政府紧随其后配套出台的60条《实施办法》，经过了大量的调查研究和反复的讨论修改，集中了全省干部群众的智慧而形成的。第30条明确指出，支持改革者，鼓励探索者，褒奖实干者，查处诬告者，惩办腐败者，可谓对加快经济发展的环境提出了特殊的保护。

这次召开的井冈山会议，具有里程碑式的重大意义。其贡献主要在于深入推进了全省人民的思想解放，坚定了赣鄱儿女加快发展的信心，明确了江西经济发展的大方向，形成了加快发展的基本框架，更加清晰而深刻地阐述了一个道理：正确的决策是促进经济社会发展的巨大推动力。井冈山会议之所以全省瞩目，更在于其梳理出了一条如何加快江西发展的"新思路"：会议第一次鲜明地提出了"以工业化为核心"；第一次有针对性地提出了"以大开放为主战略"；明确地提出了"三个基地，一个后花园"的战略分工定位……井冈山会议向全省人民吹响了进一步解放思想加快发展的号角，各地在解放思想学习教育活动的指引下，按照全省"工业化核心战略"和"大开放主战略"的要求，重新校正自己的坐标，竞相奋进。

大事件3："请进来，走出去"

一个个"外籍教师"被"请进来"为江西干部上课，他们带来不一样的思想与观念，也带来了交流合作的商机，盛况空前，次数频繁，搅动了江西这块肥沃的红土地。一个个经贸学习考察团被派往各个兄弟省市，在当地开座谈会、上街道、下工厂，交流经验，学习技术，签订项目合同，马不停蹄，风尘仆仆，江西的干部群众极大地开阔了视野，增长了见识，激发了内生动力，增强了加快发展的能力。解放思想，转变观念，发展经济，一时成为江西人最强烈的"心灵渴求"。

这期间，时任上海市政府副秘书长、上海市经贸委主任黄奇帆带队，包括上海重量级企业家在内，一行 90 余人组成上海工业企业经贸代表团，带着一批项目在江西南昌、抚州、上饶等地进行了为期一周的考察与洽谈。他们前往南昌昌北经济技术开发区、南昌高新技术产业开发区参观，并分别就基础设施、社会事业、工业、农业、旅游、工业园区等合作项目展开对口洽谈。双方洽谈项目 69 个，涉及金额高达 42.6 亿元。

辽宁省经贸代表团来到南昌，与江西举行商品展销暨经济合作洽谈会，双方就投资建厂、劳务输出、工程建设、旅游、商品交易及引进技术、资金、设备和产品配套等经济合作项目进行了广泛的洽谈，成交金额达 160 多亿元，签订了《关于进一步加强经济技术合作的协议》，双方地市还建立了对应协作。他们关于经营城市的理念，给江西的干部提供了可资借鉴的思路参考。

几十位海内外有影响力的官员、专家、学者、企业家也被请到了江西。时任中国加入世贸组织首席谈判代表、外经贸部副部长龙永图，中国驻法国大使吴建民，中央党校常务副校长郑必坚，最高人民法院副院长曹建明，科技部副部长刘燕华，温州市副市长吴敏，上海浦东新区副区长、法学教授、世界贸易组织上海研究中心常务副主任周汉民，首都经贸大学教授、首都企业研究会会长邬凤祥，微软公司专家学者张亚勤、唐骏、罗川……

每周一场、连续十几场报告的"思想盛宴"和"头脑风暴"，让全省数万名领导干部眼界大开。他们关于如何利用资本市场解决工业化过程中的资金筹措，如何盘活国有企业资产、搞活国有经济，如何建设城市等方方面面的观点，触动了江西干部的神经，开启了发展前进的思路。

"走出去"，到广东、上海、江苏、湖南、湖北、浙江当"学生"。省四套班子主要领导带领 100 多名干部和企业家组成学习考察团，先后四次到沿海发达地区和邻近省份学习考察。他们奔走在大型企业、高新开发区、建设中的城市、发展中的农村……与此同时，省直属各部门、各设区市还有几千人在上海开展招商洽谈活动。这些地方改革开放的观念和现代经济潮流，强烈地冲击着每个人的心灵，不断刷新着每一个人脑海中的观念。

在上海，学习考察团行程 600 公里，实地考察了 35 个点，举行了 10 次座谈会，并出席了 2001 年江西（上海）招商引资项目推介会。省委书记孟建柱向上海媒体采访团披露，"十五"期间，江西将建 1000 公里高速公路，1 万公里通往县乡公路，其中通往上海的高速公路要在两年内贯通。他同时邀请上海客商到江西投资兴业，并表示："凡是上海可以试的，江西也可以试。"学习考察期间，双方签署了《关于进一步加强两省市全面合作的协议》。与此相配套，又签订了"共同推进 100 项重点项目力争达到 100 亿元合作资金的协议"等 9 项协议。

江西省学习考察团先后于 5 月 17~18 日和 5 月 20~26 日分两次对广东进行了学习考察，并在珠海成功地举办了 2001 年江西对外经济技术协作（珠海）项目洽谈会。学习考察团重点考察了广州市大学城、科学城、地铁二号线、国际会展中心、白云国际机场、火车站东站广场、旧城改造等重大建设项目，及深圳高新技术产业园区生物孵化园、大族激光股份有限公司、深圳清华大学研究院、腾讯科技（深圳）有限公司、环球数码媒体科技研究（深圳）有限公司等部分高新技术企业，听取了深圳市改革与发展经验介绍。广州、深圳经济特区改革开放以来取得的辉煌成就，给江西省学习考察团成员留下了深刻的印象。大家都感到增长了见识，深受启发，受益匪浅。

尤其是浙江的经验，使江西的干部大开了眼界，拓宽了思路，坚定了信心。当时浙江的党政主要负责人习近平、张德江等，对江西的发展给予了极大的关心和帮助。

江西与浙江山水相依，环境相似，人气相通，改革开放初期的基本省情相近。浙江用十多年时间，就在全国率先实现了由计划经济体制向市场经济体制的转变，率先实现了由"资源小省"、"农业穷省"向"经济强省"的转变。浙江走过的发展历程，正是江西要做的事情；浙江在前进中遇到的种种困难，许多仍是江西面临的难题；浙江在实践中探索积累的丰富经验，对江西的针对性、适应性很强。因此，江西在博采众长、虚心学习各兄弟省市先进经验的同时，重点研究浙江经验，学习浙江经验，紧密结合江西实际借鉴推广浙江经验。

学习浙江经验，首要的是要学习浙江人"自强不息、坚韧不拔、勇于创新、讲求实效"的精神。浙江经济奇迹般发展的背后，蕴涵着巨大的精神力量。改革开放以来，浙江人"千家万户办企业、千辛万苦搞经营、千山万水闯市场、千方百计创新业"的进取精神，"敢为天下先，敢发天下财"的创新精神，"你争论我发展，你犹豫我大干"的务实精神，渗透到经济建设和社会生活的各个层面，营造了一心一意谋发展的大气候、大环境，造就了浙江市场经济先声夺人的发展态势。加快江西发展，同样需要良好的精神状态，需要强大的精神力量的支撑。这就要求我们把学习浙江精神与继承发扬"坚定信念、艰苦奋斗、实事求是、敢闯新路、依靠群众、勇于胜利"的井冈山精神结合起来，形成一股气势磅礴、推动江西在中部地区崛起的强大精神动力。

学习浙江经验，最根本的是要学习浙江人与时俱进的先进观念，加大体制机制创新力度，着力提高江西经济市场化的程度。浙江的成功经验很多，集中体现在观念、体制、体系、机制几个方面。即坚持解放思想、与时俱进，转变高度集中的计划经济观念，树立"以民为本"的社会主义市场经济观念，激活经济发展的原动力；坚持市场取向改革，大力发展"老百姓经济"，培育和造就一大批充满生机和活力的市场主体，形成先发性体制优势和所有制结构优势；坚持发挥市场配置资源的作用，构筑发达的商品和要素市场体系，实现市场与产业的良性互动，打造各具特色的"块状经济"；坚持靠市场机制来推动经济发展，各级政府开明高效，尊重群众的首创精神，正确把握"为"与"不为"的关系，营造宽松的发展环境。这些经验是"浙江奇迹"的奥秘所在。

学习浙江经验，就是在改革开放的大背景下，坚持正确的思想路线，把路子走对，把体制机制搞活，把方方面面的力量凝聚起来，把上上下下的积极性都调动起来，脚踏实地，真抓实干，在江西这样一个基础较薄弱、条件较差的省份，依靠自身力量实现经济跨越式发展。当前，全省各地正在深入开展塑造江西人"求新思变、开明开放、诚实守信、善谋实干"新形象教育活动。学习浙江经验同塑造江西人新形象教育活动是相辅相成、相互促进的关系，两者紧密结合，学习浙江经验形成解放思想的热潮，用求新思变的新境界、开明开放的新姿态、诚实守信的新品德、善谋实干的新风采去提升人气，影响外界，推动江西在中部地区崛起的宏伟事业。

"走出去，请进来"获取丰富的精神食粮，滋润着广大干部的心田。

东部沿海地区的改革开放观念和现代经济潮流，强烈地冲击着每一个人的心灵，不断刷新着每一个人脑海中的观念。外面精彩的世界，让江西的干部再也坐不住了。

三、本阶段的主要发展经验

（一）把解放思想贯穿于发展的全过程

解决制约江西发展的观念落后和体制机制差距问题，不可能一蹴而就，江西人民充分认识到旧观念、旧体制的影响是长期的。全省各地、各部门进一步推进思想大解放，积极探索加快江西发展的新路子，不断完善各项政策和措施开放意识、市场经济意识、机遇意识、创新意识"四个意识"，充分发挥市场在社会资源配置中的基础性作用，利用各种经济手段和杠杆促进各类生产要素的合理流动，提高经济运行的效益。

（二）实施以工业化为核心的发展战略

工业化是现代化的重要内容，是社会经济发展不可逾越的阶段。只有经过工业的充分发展，城市化程度的提高，产业层次才能从二、三、一上升到三、二、一。沿海发达地区的实践证明，工业化程度越高，农业的集约程度和效益就越高，农业现代化的步子就迈得越快，农民就越富。解决农业问题，根本在于发展非农产业；解决农村问题，根本在于加快城市化步伐；解决农民致富问题，根本在于扩大农产品的消费群体，改变大多数人口搞农业的局面。江西是工业化相对落后的省份，立足江西的实际，清醒地看到自己的长处和短处，一步一个脚印地推进工业化进程。

在这一时期，江西正确认识和处理了工业发展与各产业发展特别是工业和农业的关系问题。在新一轮加快经济发展过程中，江西坚定不移地推进工业化，充分发挥后发优势，加快形成工业主导型的经济增长格局，推动全省经济的跨越式发展。解决农业和农村经济进一步发展存在的矛盾，跳出农业抓农业，跳出农村找出路。

（三）实施大开放主战略，提高了经济发展的外向度

实施大开放主战略，江西解决了两个关系全局的重大问题。一是开放主战略的正确定位。实行对内开放与对外开放并举，使江西成为沿海发达地区的"三个基地、一个后花园"。这个定位既充分考虑到了江西省经济发展水平、资源状况和土地、水电、劳动力等生产要素价格低廉的优势，又充分考虑到了紧邻我国最富裕的珠江三角洲和长江三角洲的区位条件。它是按照市场经济的比较优势原则提出来的，是一个既积极又稳妥的战略定位。围绕这个战略定位，实行了对内开放与对外开放并举的战略，加强了与周边省份特别是沿海发达地区的经济联系，积极主动地承接沿海经济中心城市的辐射。二是优化投资环境。环境的优劣决定着扩大开放战略的成败。江西各级党委和政府把优化环境提高到事关全局的高度来认识，主要领导亲自抓，各职能部门具体抓，全社会都来关心发展环境的优化问题。以强化服务意识、提高服务质量为核心，进一步加强了投资软环境建设，建立起公平、公正透明的市场环境，公正、高效的司法环境，高效、廉洁的政务环境和人尽其才、才尽其用的和谐的人文环境。

（四）深化改革，大胆探索，完善市场经济的新体制

建立完善了社会主义市场经济的新体制，深化国有企业改革，健全完善社会保障体系，培育各类要素市场，推进政府机构改革，政企分开，转变职能。

（五）推进城市化进程，增强中心城市的辐射带动功能

城市化是工业化的必然结果，也是互相依存、互相促进的。城市化滞后，已成为江西省经济增长的"瓶颈"之一。各级领导干部用长远和战略的眼光，把城市化放在重要位置，一手抓经济发展，一手抓城市建设。加快城市建设，遵循城市化的发展规律，科学规划，有序推进，把着力点放在壮大城市经济实力、完善城市功能上，用经营城市的办法加快城市建设，增强城市对经济发展的推动作用。进一步增强了省会南昌的中心城市地位，发挥了其辐射带动作用；加快了其他区域中心城市建

（六）给市县更大的发展权，大力推进市县乡机构改革

在市场经济条件下，配置资源主要靠市场机制。面对瞬息万变的市场，基层的主动性、积极性和创造性对发展经济至关重要。着眼于搞活企业、搞活基层、搞活经济，江西实行简政放权，减少审批事项，下放管理权限，还权于市场、企业和基层。凡是市场能办的事，坚决还权于市场；凡是能下放的管理权限，尽可能下放，不断增强市县尤其是县一级统筹全局的能力。不仅省里给市县放权，市里也给县放权。让市县更好地承担起加快发展的重任，不仅给市县更大的发展权，增强市县统筹全局的能力，而且推进市县乡机构改革，建立办事高效、行为规范、运转协调、科学合理的行政管理体制。

（七）出台一系列促进工业园区发展的政策文件

《关于进一步加快民营经济发展的若干意见》、《关于深化省属国有企业改革的若干意见》、《关于进一步加快工业园区建设，推进城市化进程的若干意见》、《关于进一步优化政务环境的若干意见》等兼具指导性和操作性的文件纷纷出台，促进工业园区经济健康、快速、可持续发展。

第三章 规范整顿阶段（2003~2005年）

一、本阶段的发展概况

在国务院及有关部委的明确要求下，江西工业园区和全国各地工业园区一样，进入了规范整顿调整时期。经过整顿规范和艰苦创业，江西工业园区显示出了更加强劲的发展势头。主要表现在：

（一）促进了经济发展

工业园区呈现出跨越式发展的良好态势，使江西经济发展不断提速。2000~2005年，全省GDP的增长速度分别为8.8%、10.5%、13.0%、13.2%和12.8%，高于全国平均增长速度；工业园区实现工业增加值由42亿元增加到453.1亿元，相当于规模以上工业增加值的54.7%，占全省工业增加值的比重达到33.1%；实现销售收入1520.4亿元，利税总额188亿元，分别相当于全省规模以上工业的52.7%和68.2%；上缴税金由5亿元增加到95亿元，占全省财政总收入的比重达到22.3%；实际引进外资16.5亿美元，占全省实际利用外资总量的68.3%；完成出口交货值154.8亿元，相当于全省规模以上工业出口交货值的81.5%。

（二）推动了产业集聚

第一，依靠龙头企业的带动作用，逐渐集聚相关配套企业落户。如吉安市永新县城北工业区依托赣龙鞋业的品牌和市场优势，一年内吸引近30家皮鞋、皮革生产企业进区发展。第二，生产同类产品的企业聚集在一起，带动相关配套厂家落户。井冈山市瓷城在改制激活原会师瓷厂、龙江瓷厂的基础上，通过引进11家生产日用瓷企业，带动陶瓷机械、烤花、花纸、彩印、陶瓷材料等8家配套企业落户，逐步形成以生产日用陶瓷为主的特色产业。第三，归属同一行业，生产不同种类产品的企业集聚在一起，带动相关配套产品形成集聚产业链。如峡江、永丰、泰和、遂川等县工业园区已引进了30家医药企业，不少企业进行了GMP改造，使制药业成为工业园区新的经济增长点。事实证明，通过打造完整的产业链，形成产业配套、产业集群和产业特色，是增强工业园区发展后劲的潜力所在。

（三）带动了城镇化建设

工业园区也成为全省城镇化快速推进的加速器。截至2005年底，工业园区实际开发面积达293平方公里，相当于2000年全省21个城市建成区面积的54%，其中70%以上属于"三荒"和丘陵地带。共承载9444家企业，比过去分散建厂方式节省了约6万亩土地。在园区的强力推动下，全省城市化率从2000年的27.7%提高到2005年的37.0%，年均提高1.9个百分点，比全国高0.5个百分点左右。

（四）增加了就业岗位

全省入园投产工业企业达到6053家，比上年新增1006家；安置从业人数109.6万人，净增就业岗位23.1万人，增长26.7%，占全省城镇净增就业人员的78.7%。

（五）提升了开放水平

2005年，工业园区实际引进外资16.5亿美元，占全省实际利用外资总量的68.3%；完成出口交货值154.8亿元，相当于全省规模以上工业出口交货值的81.5%；世界500强企业陆续入驻江西，全省有世界500强企业投资背景的外资项目达到21个。工业园区招商引资规模和质量提升，极大地推动了全省开放型经济的发展步伐，2005年全省工业园区出口贸易达到37.53亿美元，增长53.8%，出口额在全国排名同比上升5位，增幅居全国第二，中部第一。

二、本阶段促进江西经济发展的大事件

大事件 1：国家部委的规范整顿措施

改革开放以来，我国先后兴办了一批经济技术开发区、高新技术产业开发区、出口加工区和保税区，对发展外向型经济、推动体制和技术创新、增加就业等发挥了重要作用。但有些地方也出现了不顾实际条件，盲目设立和扩建名目繁多的各类开发区，造成大量圈占耕地和违法出让、转让国有土地的现象，严重损害了农民利益和国家利益。

10多年来，园区建设达到了混乱的地步。各地开发区的问题主要表现在以下几个方面：一是园区"圈地"成风，造成土地价格过高；二是农民失地情况严重，引发诸多社会问题，威胁国家粮食安全和社会和谐稳定；三是违规设立开发区，其中包括违反国家法律法规批准设立和无序的越级、越权批准设立的开发区，竞相审批；四是擅自扩大开发区园区面积。这些开发区的做法，威胁国家可持续发展。

面对各地开发区出现的种种问题，中央紧急研究部署，对所有各级各类开发区果断进行集中清理整顿。在摸清开发区底数和存在问题的基础上，国家研究制定了开发区清理整顿的具体标准和政策界限。由此，以铁腕整顿开发区，成为2003年以来我国经济领域宏观调控的一项重要内容。

2003年2月18日，国土资源部下发了《进一步治理整顿土地市场秩序工作方案》，这是全国性治理整顿各类开发区的序曲。

经过一定时期的调查研究和政策准备，7月18日，国务院办公厅下发了《关于暂停审批各类开发区的紧急通知》，要求各省、自治区、直辖市人民政府和国务院有关部门，一律暂停审批新设立和扩建各类开发区。国家级开发区确需扩建的，须报国务院审批。各地迅速将通知内容传达到地（市）、县、乡（镇）政府和各类开发区的管理机构。对于突击审批和突击设立开发区的行为进行了处理。

8月5日，国务院办公厅发出《关于清理整顿各类开发区加强建设用地管理的通知》，要求各地区各有关部门全面清理整顿各类开发区，加强建设用地管理。

12月30日,国家发改委、国土资源部等4部委以"特急"标注联合下发《关于清理整顿现有各类开发区的具体标准和政策界限的通知》。4部委文件明确要求,除国务院和省级政府批准(或同意)设立的各类开发区以外其他所有的各类开发区,无论是否经过合法批准,都视为违规设立,而且所有的各类开发区皆在整顿之列,都按照"撤销、核减、整合"的要求统一进行整改。

频频下发的紧急文件,体现了中央政府要"实行最严格的土地管理制度"的决心,规范整顿工业园区在全国迅速铺开。

按照中央的部署,各地集中清理整顿了现有各类开发区。中央根据各地情况,进行通报,限期整改,分头督察,并研究出台了《关于清理整顿现有各类开发区的具体标准和政策界限的通知》,成立专门临时机构,对各地开发区整改情况逐一进行严格的审核,分期分批公布通过审核的开发区名单。

通过整顿规范,各地对开发区数量、规划用地面积进行了大幅核减,无序圈占土地、浪费农田、闲置土地,盲目引进高污染、高消耗、低产出的势头得到有效遏制。据不完全统计,全国撤销各类开发区4813个,占开发区总数的70.1%,核减开发区规划用地面积2.49万平方公里,占原有规划面积的64.5%。

大事件2:江西出台了加强工业园区发展的政策

江西省委、省政府遵循"布局合理、用地集约、产业聚集"的原则,对园区建设出现的一些问题开始着手进行规范整顿,先后出台了《江西省人民政府关于进一步加快工业园区发展提高工业园区发展水平的若干意见》、《江西省人民政府关于进一步加快发展开放型经济的若干意见》等诸多促进园区发展的政策举措,提出了"工业立省,科技强园,突出产业优势,发挥规模效应"和"对接长珠闽、融入全球化"的园区发展思路和策略,加快园区与沿海地区的产业、市场、基础设施和体制对接,在更高的层次上承接沿海地区产业转移,以进一步做大、做强工业园区,园区建设步入科学规范的发展轨道。

这一时期,江西主要从两个方面进行了规范:一是"撤",对交通不便、不具备园区发展条件的撤销了9个;二是"并",对在同一城市建有两个园区的,进行合并,共计合并了5个,使园区布局更加合理,建设更加规范。到 2005 年，经国家有关部委审核批准，全省共有 94 家省级以上工业园区，数量居全国第四，中西部第一。其中国家级开发区 4 家（高新区 1 家、出口加工区 2 家、经济技术开发区 1 家），省级开发区 90 家。这些工业园区全部依法依规办理了国务院或省政府的批准设立文件，并经国家发改委正式公告。全省 11 个设区市和 83% 的县（市、区）保留并依法设立了省级以上开发区。全省 99 个县（市、区）中有 82 个设有省级开发区，占总数的 83%。

三、本阶段的主要经验总结

（一）确立了依法依规设立的法制观念

通过清理整顿，江西省各地、各部门对规范建设、科学发展，特别是对只有国务院和省级政府有权批准设立开发区的规定有了更加深刻和清醒的认识，增强了各级政府依法行政的观念，从根本上消除违规设立开发区的现象，确保开发区健康、有序发展。

（二）增强了发展的科学性和前瞻性

通过设立审核，江西省发改委会同有关部门不仅全面总结了开发区的过去与现在，进一步摸清了开发区发展的规模、水平和主导产业等基本情况，而且理顺了关系，明确了分工，形成了省发改委牵头，各部门联动的工作体系，为全面提高开发区发展水平夯实了基础，对形成互补互动的开发区发展格局具有十分重要的意义。

（三）快速提高了开发区发展水平

设立审核工作开展以来，全省开发区在新的起点上保持快速发展，开发区的外向型、集约化水平进一步提高。

第四章 提高发展阶段——支撑江西工业经济的腾飞（2006年至今）

一、本阶段的发展概况

在认真总结21世纪以来工业园区建设的成功经验和做法的基础上，江西按照科学发展观的要求，结合全省工业园区发展现状，适时推出了一系列制度和考评机制，促使园区健康协调可持续发展。主要表现在：一是产业集群进展顺利，成为全省转型升级的重要载体。通过进一步总结2001年以来江西省工业园区建设发展的成功经验，瞄准园区未来发展趋势，制定出台了《关于在全省工业园区推进产业集群促进集约发展的指导意见》（赣府厅发〔2011〕65号），在全省优选20个左右园区作为省级产业集群试点，支持编制产业集群规划。利用省级产业集群发展专项资金，集中支持了一批特色产业集群发展。目前，南昌半导体照明及软件、赣州钨和稀土、鹰潭铜加工、九江有机硅、宜春锂电、吉安电子、抚州生物医药、新余和上饶新能源、萍乡和景德镇陶瓷等各具特色的产业正在加速集群，成为园区壮大规模、提升集约化水平的重要推动力。二是生态创建持续推进，成为全省绿色崛起的重要窗口。坚持地下减污、地上绿化相结合，着力环境保护与循环经济相促进，大力实施园区污水处理厂建设、绿化提升、生态化改造三大工程，有力促进了经济发展与生态保护和谐共赢。三是服务经济社会发展，推动全省工业化和城镇化相结合。按照工业化与城镇化相结合、工业与服务业相融合的要求，积极探索园区建设发展新机制，着力推进园区走向城区化，园区产业服务体系进一步完善。

截至2012年，全省已拥有省级以上工业园区94家，其中国家级高新技术产业开发区4家、经济技术开发区7家、出口加工区4家，省级工业园区 79 家。初步形成了以国家级开发区为龙头，以省级工业园区为基础的全方位、多层次、多功能建设发展的格局。

经过努力，江西工业园区发展取得了新的辉煌成就。一是经济总量再上新高，成为全省经济增长的重要平台。2011 年，江西省工业园区实现主营业务收入突破万亿元，达到 13241.5 亿元，同比增长 40.4%；完成工业增加值 3003.4 亿元，增长 19.6%，占全省工业 GDP 的 53.5%，对全省工业 GDP 增长的贡献率为 58.7%。其中，高新技术产业完成工业增加值 939.6 亿元，增长 28.3%。主营业务收入过 100 亿元园区新增 12 个，达到 46 个，占全省园区总数的近一半，完成主营业务收入 1.06 万亿元，占全省园区总量的 4/5。南昌、九江、赣州、上饶、宜春、吉安 6 个设区市的工业园区主营业务收入超过 1000 亿元，全省过 200 亿元园区达到 19 个，其中，南昌高新技术产业开发区突破 800 亿元，达到 804 亿元；新余高新技术产业开发区、南昌经济技术开发区超过 500 亿元。二是发展效益稳步提升，成为全省财政增收的重要渠道。2011 年，全省工业园区入园企业达到 12659 家，比 2001 年增长 5.8 倍；实现利税总额 1326.9 亿元，增长 42.4%，其中实现利润 836.6 亿元，增长 47.4%；上缴税金 490.3 亿元，增长 34.6%，占全省税收总额的 34.5%，比 2001 年增长 97 倍，年均增长 58.2%，上缴税金过亿元园区 80 个，比上年增加 6 个，其中过 10 亿元园区 11 个。全省工业园区 2011 年实现出口交货值 1249.3 亿元，增长 39.1%，占全省出口总额的 90.6%。出口创汇 1 亿美元以上园区达到 46 个，其中有 4 个园区超过 10 亿美元。三是实际投入快速增长，成为全省工业发展的重要阵地。2011 年，全省工业园区合同引进资金 3973.4 亿元，其中引进 1 亿元以上项目资金 2948 亿元；招商实际到位资金 2322 亿元，增长 17.7%，其中招商实际到位资金亿元以上项目 514 个，到位资金 1378.8 亿元，占全部到位资金的 59.4%。全年新开工、投产亿元以上重大项目 899 个，总投资 3439.3 亿元，投资 5 亿元以上项目 191 个，投资总额 2243 亿元，占重大项目总投资的 65.2%。2011 年，全省园区实际开发面积 525 平方公里，增长 4.7%；完成基础设施投入 378.5 亿元，增长 17.9%；固定资产投资 2611 亿元，增长 11%，占全省工业固定资产投资总额的 50.7%。目前，全省园区平均每亩投资强度为 110.8 万元，较上年提高 35.1 万元，其中国家级开发区（含高新技术产业开发区、出口加工区）为207.3万元，高出全省平均水平96.5万元。

二、本阶段促进江西经济发展的大事件

大事件1：建设工业园区理念的创新

2006年，江西省委、省政府提出"既要金山银山，更要绿水青山"的理念，出台了一系列政策措施，进行了许多有益的探索。

1. "三个坚决不搞"

为保持工业园区健康可持续发展，省委、省政府要求各地在建设工业园区的过程中，要做到"三个坚决不搞"，即严重破坏生态环境的项目坚决不搞，严重危害人民生命健康和职工安全的项目坚决不搞，涉及黄、赌、毒的项目坚决不搞。在发展地方工业园区的过程中，宁可发展得慢一些，也不能盲目引进这些危害长远利益的项目。

2. "三个新导向"

在园区的发展理念上，江西始终注重"三个新导向"，即土地利用集约化导向、厂房建设多层化导向、投入产出最大化导向。尽可能向荒山、荒坡、荒滩要地，不占或少占耕地，坚持节约集约利用土地，根据进园企业的数量和发展的实际需要确定园区规模。

3. "四型"园区

省委、省政府还提出了建设"四型"园区的目标，即特色型园区、效益型园区、生态型园区、创新型园区。特色型园区要求用发展"块状经济"的思路来壮大园区的产业，使每个园区都有自己的产业特点、形成自己的特色产业；效益型园区要求主要提高三个效益，包括土地利用率、投入产出率和劳动就业率；生态型园区要求园区建设服从生态保护，自觉把保护生态环境放在首位，使工业发展与环境保护和谐统一，实现可持续发展；创新型园区要求重点是创新园区的管理体制、运行机制和服务方式，使园区创造良好的环境，为客商提供最好的服务，让园区发展始终充满活力和动力。为此，江西制定了一系列政策措施，完善了各项制度，建立了考评机制，来推动园区全面、协调、可持续发展。

大事件2：生态工业园区建设

2008年4月，省委、省政府正式启动了鄱阳湖生态经济区建设。

2009年12月，《鄱阳湖生态经济区建设规划》获得国务院批复，鄱阳湖生态经济区建设上升为国家战略。这是新中国成立以来江西省第一个上升为国家战略的区域性发展规划。

在全省建设鄱阳湖生态经济区的背景下，江西大力实施"生态立省、绿色发展"战略，积极推进，在遵循工业化发展规律的基础上，适时提出建设生态工业园区。

生态工业园区建设是落实科学发展观的有益探索，是推进新型工业化、实现区域可持续发展的必然选择，是工业园区未来发展的方向。在省委、省政府的正确领导下，各地坚持环保优先、生态优先，把环境保护和生态建设作为优化经济结构、合理配置资源、增强区域竞争力的重要抓手，努力创建高增长、高效益、低消耗、低排放的新型工业园区。

这几年，江西主要从以下几个方面进行了探索。

一是突出政策引导，制定完善生态工业园区建设各项政策措施。为顺利推进生态工业园区建设，累计制定出台了《关于创建生态工业园区的实施意见》（赣府厅发〔2008〕6号）、《江西省工业园区绿化工作指导意见》（赣府厅发〔2009〕94号）、《关于进一步加强生态工业园区建设若干意见》（赣府厅发〔2010〕27号）以及《江西省创建生态工业园区工作方案》、《江西省生态工业园区规划建设指导意见》等政策文件。在这些文件中，明确了生态工业园区建设和园区绿化工作的具体实施步骤、工作要求以及生态工业园区规划建设的原则、程序、内容和目标，建立了省级生态工业园区考评标准，从经济发展、园区绿化、污染控制、物质减量与循环以及园区管理五个方面对园区生态建设情况进行综合评价，同时对开展生态工业园区建设比较突出的园区给予资金奖励和政策扶持，这些措施为顺利推进全省生态工业园区创建工作奠定了强有力的政策基础。

二是突出规划先行，坚持用科学发展观引领生态工业园区建设。在创建生态工业园区过程中，要求各工业园区先制订生态工业园区建设规划，通过科学规划来引领生态园区建设，明确提出了"保护环境、发展经济、立足产业、科学规划、植树护水、绿化园区、因地制宜、形成特色"的规划原则，避免盲目建设。引导各工业园区制订符合当前现状、着眼未来发展的科学规划，有效促进园区经济、社会与生态全面、协调、可持续发展。截至 2011 年，省 42 个试点生态工业园区通过了省级生态工业园区建设规划评审，其中南昌高新技术产业开发区和南昌经济技术开发区已通过"国家生态工业示范园区建设规划"评审。通过规划的实施，各地生态工业园区建设的目标任务、工作重点已经基本明确，生态工业园区建设的思路日益清晰。

三是突出试点建设，树立一批生态工业园区建设示范和样板。全面启动生态工业园区建设试点，积极推动各试点园区在产业发展、生态绿化、资源循环利用以及创建模式上成为全省生态工业园区的示范窗口和建设样板。通过典型示范，不断推动全省生态工业园区建设。南昌高新技术产业开发区立足高新技术产业以及艾溪湖湿地公园，努力打造国家级生态工业园区。抚州高新技术产业园区通过加强园区造林绿化，强化湿地生态保护，积极创建绿色生态工业园。

四是突出污水治理，加快推进工业园区污水处理设施建设。为实现园区污水达标排放，江西省全面启动工业园区污水处理设施建设，要求各地各工业园区结合城市污水处理厂建设，投入资金，规划建设工业园区污水处理厂配套设施及排污管网工程。按照省委、省政府的部署，组织筹建了江西省工业园区污水处理设施建设领导小组办公室，制定出台了《江西省工业园区污水处理设施建设三年规划》，争取用三年左右时间使全省工业园区全面建成污水处理设施并投入运行。

三、本阶段的主要经验总结

江西经过不懈努力，采取了以下措施，促进园区经济发展，支撑起江西工业经济的腾飞。

1. 以科学发展观统揽全省工业园区建设

按照科学发展观的要求，工业园区立足本地自然禀赋，走特色化、专业化之路，形成一批具有地方特色的产业集群。同时遵循"既要金山银山，更要绿水青山"的方针，促进园区从粗放型扩张向打造精品园区、生态工业园区转变，增强园区发展的可持续性。

2. 以产业集群提升园区集约化发展水平

（1）强化园区产业集群规划，按照"找准比较优势，规划产业方向、对接梯度转移、把握发展趋势、突出招商重点"的要求，进一步完善和提高园区产业规划的质量。

（2）优化园区产业布局，国家级的开发区以技术密集型、资金密集型和外向型产业为主，重点发展高技术含量的产业；设区市级的工业园区以资金密集型、技术密集型和出口加工企业为主，兼顾传统制造业和劳动密集型产业；县（市、区）级工业园区通过承接产业转移，发挥比较优势，发展劳动密集型产业以及与大型骨干企业相配套的产业，不失时机地引进和发展高新技术产业。

（3）突出园区产业配套，鼓励园区围绕主导产业向集约化、规模化的方向发展，形成产品配套、合作紧密的生产网络。

（4）进行园区产业扶持，做大做强一批布局集中、主导产业突出、特色鲜明的工业园区，形成"产业锁定"效应，增强"投资磁吸"效应。

3. 以技术进步转变园区的经济增长方式

着力引进和重点发展高新技术产业、高创汇企业和高附加值产品，提高入园产业层次。大力发展工业园区循环经济，相对集中或优先安排能将上游企业的"废料"转化为下游企业原材料的项目或企业进园区，并给予相应的优惠支持，以达到园区资源的最佳配置和利用。

4. 以完善服务体系促进园区健康发展

各级金融部门要探索金融支持工业园区建设的新路子，解决园区内有效益、有市场、有订单、有信誉的中小企业贷款问题。鼓励高等院校、科研机构与园区企业开展多种形式的技术合作，提高产品的科技含量。建立和健全促进人才合理流动的市场机制和激励机制，鼓励和吸引海外留学人员、大中专毕业生、外出务工经商人员到园区投资创业。按照"企业招工、学校代培，供需对接、渠道畅通"的要求，建立工业园区企业劳动用工的市场运作机制。建立健全工业园区信息服务系统，着力解决工业园区电价偏高的问题。

5. 以大开放战略提升园区招商引资水平

在目前江西经济总量偏小、地方财力紧张、企业自我积累能力差、投入严重不足的情况下，单靠自身力量加快发展是不现实的，必须坚持以大开放为主的战略，通过全方位对内对外开放，努力创新招商引资方式，提升园区招商引资水平，壮大工业园区的经济总量和规模。

6. 逐步激活园区发展动力

（1）靠政策倾斜。积极发挥财政资金"四两拨千斤"的作用，采取省直属有关部门"让一块、补一块、奖一块"的做法，每年安排工业崛起奖励资金3000万元，投入1亿元支持园区工业基础设施建设，加上税收返还、贴息、补助、风险补偿、担保等融合、引导资金，有力推进工业园区建设，促进园区支柱产业和开放型经济发展。

（2）靠项目支撑。依据国家相关法规，做到加快用地报批速度，重大项目保障用地、优质项目优先供地、所有项目集约用地；争取更多的项目列入国家重点项目，使用国家预留用地指标；推进城镇建设用地增加与农村建设用地减少相挂钩的试点，置换国家计划外用地指标。在节约集约用地方面，坚持"挖潜、盘活、置换"六字方针，提高土地利用效益。

（3）靠行政权激励。全省工业园区管理机构单独设立，一些市、县还由县领导任工委书记和主任。每年召开"三个会"，即工业流动现场会，开放型经济暨工业园区工作会、工业崛起表彰会。每年评比出若干个单项第一，即如招商引资、工业增加值、主营业务收入、上缴税金、外贸出口。

7. 深入实施承接东部沿海产业转移

（1）建好一个平台：充分发挥园区在承接产业转移中的载体作用。

（2）突出三大优势：综合成本优势，承接劳动密集型产业转移；利用区位优势，承接两头在外的企业转移；利用资源优势，承接精深加工产业转移，切实增强承接产业转移的针对性和有效性。

（3）着力"四个围绕"：围绕重点产业抓对接，围绕产业招商抓创新，围绕招商成效抓队伍，围绕产业集聚抓平台建设，不断提升承接产业转移的水平。

（4）营造五种环境：通过营造良好的政策环境、商务环境、政务环境、人才环境、融资环境，倾力打造承接产业转移的"洼地"。

第二部分　创新与特色篇

工业园区是江西加速工业化的重要载体，是县域经济发展最强大的发动机。当前，江西省工业园区整体上正处在由夯实基础、蓄积后劲向发展提速、结构升级转换的关键时期。这一时期，不少园区仍存在着产业层次不高、技术水平不高、自主品牌缺乏、产业布局粗放、重复投资和无序竞争等状况。如何破解发展难题，实现工业园区突围，省众多工业园区进行了多个方面的有益探索。本篇收集了江西省工业园区在产业集群、融资模式、土地运用、科技创新、用工机制、服务机制等方面的成功经验和做法，以供大家参考。

第五章 产业集群与园区发展

产业集群是指生产某种产品的若干个不同类型企业，以及为这些企业配套的上下游企业、相关服务业在特定区域内的高度集聚。产业集群效应集中体现在规模经济、范围经济、区域品牌、成本优势、创新机制和竞争机制等方面。经过10多年发展，江西工业园区在推动园区主导产业集群化发展方面做了大量工作，涌现了南昌高新技术产业开发区的服务业、南昌经济技术开发区的制造业、鹰潭的铜产业、景德镇的陶瓷产业、赣州的矿产业、新余的新能源产业、九江的化工产业、宜春的绿色食品产业、进贤的医疗器械产业等产业集聚区，并已初步发挥了集群效应。

一、南昌高新技术产业开发区：全力推动服务外包产业快速发展

2008年1月，南昌高新技术产业开发区被国家商务部、工业和信息化部、科技部正式批准为全国四家国家服务外包示范区之一。借此东风，南昌高新技术产业开发区从招商、政策、环境、人才、服务入手，着力打造一流的创业投资环境、一流的政策环境、一流的人才环境、一流的服务外包公共服务平台，服务外包产业快速发展，不断迈上新台阶，为推动环鄱阳湖生态经济区建设起到了引领示范作用。

（一）南昌高新技术产业开发区服务外包产业发展现状

目前，南昌高新技术产业开发区集聚了服务外包企业400多家，其中重点企业有：世界500强企业美国微软公司、日本日立集团、德国贝塔斯曼欧唯特公司、美国甲骨文公司、美国百胜集团、美国戴尔公司、深圳华为、日本富士电机8家；位居全球服务外包100强企业的美国昊

威公司；著名的跨国软件开发公司美国翱腾公司；日本最大的综合决策咨询服务机构，被誉为日本"兰德公司"的日本野村综合研究所；中国台湾百大企业位居前 10 位的英业达公司；全球最大的中文搜索引擎百度公司；位居中国服务外包行业第一位的东软集团；中国最大的移动传媒服务企业巴士在线；中国通讯行业巨头中兴通讯；中国最大的财务及管理软件公司用友软件；国内最大的网络媒体公司新浪传媒；全国软件 100 强企业浙大网新、上市公司华平信息；位居中部最大的电视电子商务购物服务企业江西风尚电视购物等。一大批国际、国内著名的服务外包企业集团的进驻，为促进南昌高新技术产业开发区服务外包产业的快速发展发挥了重要的作用。

近年来，南昌高新技术产业开发区软件及服务外包产业经济总量一直保持良好增长势头，2011 年软件及服务外包产业实现总收入近 80 亿元，实现利税 7 亿元，从业人员总数达到 1.2 万人，产业规模占南昌市的 90% 以上，已成为南昌市软件及服务外包产业发展的核心区域。南昌高新技术产业开发区在软件及服务外包产业中取得了突出成绩，多次获得国家、省市的表彰和奖励，金字招牌不断落户，先后被国家工信部授予"国家级软件产业示范基地"、"中国软件与信息服务外包最具发展潜力园区"荣誉称号，被商务部、工信部、教育部三部委授予"中国软件和信息服务业最佳服务机构"等荣誉称号。

为抢抓服务外包产业发展的先机，南昌高新技术产业开发区和全球 500 强企业美国甲骨文公司合作，共同建设了全球第一个运用先进的开源技术建设的公有云计算中心——鄱湖云计算中心，中心一期总投资 3000 万元，建筑面积 3000 平方米，主要面向中小型企业提供三大云计算服务，包括 IaaS（基础设施服务）、PAAS（平台服务）、SAAS（软件服务），由 40 余个云计算子平台构成。中心的建成，对江西省实施鄱阳湖生态经济区发展战略，快速促进低碳城市建设和发展起着显著的推动作用，对降低江西省中小企业的运营成本，加快企业经济结构调整起着重要作用。中心的平台服务模式相对于传统的运作模式，运营成本将降低 80% 左右。中心建成后，多次接待各级领导的视察，得到了有关领导的高度肯定，已成为南昌市乃至江西省软件及服务外包这一战略性新兴产业的一面旗帜。

（二）南昌高新技术产业开发区服务外包产业发展平台现状

目前，南昌高新技术产业开发区在区内已成功打造了浙大科技园、中兴产业园、国家软件科技园、昌大瑞丰产业园四个具有鲜明特色的服务外包产业园，园区总建筑面积15万平方米。浙大科技园是该区打造的第一个服务外包产业示范园，园区总建筑面积4万平方米，已成功引进微软、欧唯特、日立、用友软件、英业达科技、风尚购物等龙头企业；中兴产业园园区建筑面积3万平方米，已成功引进华安财险呼叫中心、火森呼叫中心、尚通呼叫中心、智弘呼叫中心等一大批呼叫中心企业。从2011年开始，该区又进一步加大服务外包产业园区的建设力度，重点打造了南昌高新国家软件科技园、昌大瑞丰服务外包产业示范园。国家软件科技园现已成功引进了世界500强企业甲骨文公司、戴尔公司、华为公司，上市公司华平信息、东软、东华软件以及中国香港著名服务外包企业登尼特等企业；昌大瑞丰产业园成功进驻了世界500强企业百胜、美国著名软件企业翱腾、山德希尔、百度实训中心等企业。初步形成了"湖西两园、湖东两园"交相辉映的产业格局。

（三）南昌高新技术产业开发区服务外包产业发展重点

1. 打造中部领先的国家级软件研发基地

依托区内中国火炬计划国家级软件产业基地为软件产业发展平台，充分借助高新区软件产业的基础优势，着力承接应用软件、系统软件、嵌入式软件等相关产品的设计、研发和测试外包业务，形成全省软件研发产业的集聚地。

2. 打造全国领先的云计算研发基地

已建成中部领先的云计算中心，云计算产业已成为南昌市信息产业发展的先导产业。南昌高新技术产业开发区将立足中部、辐射全国、对接全球，提供云计算服务，积极扩大云计算产业规模，提升云计算服务辐射能力，充分利用本地人才、资源与市场优势，发展云计算试点应用，提升城市运行与产业转型能力，把南昌打造成我国重要的云计算产业基地。

3. 打造中部领先的物联网研发基地

依托区内企业日立、中兴软件、思创等公司的物联网研发技术，着力打造"物联网"项目产业链,形成以"物联网"研发、生产企业为一体的"物联网"产业化聚集效应。目前,全球领先的手指静脉生物识别技术、在中部领先的基于物联网技术的感知航道、山洪灾害预警等系统已经在市场上形成较大的影响力。

4. 打造全国最大的移动传媒产业基地

依托全国唯一与CCTV合作的移动传媒企业——巴士在线公司和中广传媒等区内骨干企业,已在全国24个省、市构建了移动电视传播网络平台,重点开展移动传媒设备、软件平台、网络平台的建设,形成完善的移动传媒产业链和在全国有较大影响力的移动传媒产业基地。

5. 打造全国领先的呼叫中心产业基地

南昌呼叫中心产业基地已经初现规模,有2000余席,重点呼叫中心企业有欧唯特、用友软件、华安财险、太平人寿、百胜餐饮、尚通科技、妆点网、风尚购物、火森信息等。目前,该区已经成为中国中部最大的呼叫中心产业基地,将逐步形成南昌呼叫中心产业集聚效应。下一步,将全力建设全国领先的呼叫中心产业基地。

6. 打造全国领先的国家级动漫产业基地

2012年初,南昌高新技术产业开发区内龙头企业笛卡动漫已被国家文化部评为国家级动漫产业基地,依托笛卡动漫的影响力和昌东高校园区的人才优势,着手加强对动漫人才的培养,努力抢占全国动漫产业制高点,形成动漫产品研发、原创、制作、运营和关联产品开发等完善的产业链条。目前,正在筹划建设拥有全国领先技术的4D动漫体验中心,努力打造中部地区第一、全国有影响力的动漫产业基地。

7. 打造中部最大的电子商务服务外包产业基地

区内龙头企业江西风尚购物办公场地仅为3000平方米,2011年的税收达到600万元,"十二五"期间税收预计将达到2亿元。南昌高新技术产业开发区将依托风尚购物公司电子服务外包产业领头羊作用,引进电视购物行业内企业,初步形成完善的电子商务平台,积极拓展电子商务前端产品、销售网络平台、物流平台等相关业务,逐步引进电子商务相关配套企业。目前,南昌高新技术产业开发区电子商务产业在中部地区已经进入前三强。

8. 打造中部领先的金融服务外包产业基地

搭建专为金融产业服务的孵育平台,引进国内外金融信息技术研发和金融业务培训机构，实现金融的集中培训和研发功能。目前，南昌高新技术产业开发区内集聚的金融服务外包重点企业有太平人寿、美国昊威、华安财险、中国香港CWCC、中国香港登尼特等。

9. 打造全国领先的服务外包人才实训基地

南昌的服务外包人才实训基地在全国已享有盛誉，被商务部称为"南昌模式"，而这个实训平台的主力军就在南昌高新技术产业开发区。该区正在搭建中国服务外包人才培训中心平台，进一步发挥南昌在人才实训的传统优势，把南昌高新技术产业开发区打造成在全国具有领先优势的服务外包人才实训基地。

10. 国家级大学生科技创业示范基地

2011年，国家教育部、科技部联合授予南昌高新技术产业开发区"国家级大学生科技创业示范基地"，将依托现有的物理平台，良好的创新创业环境，吸引省内外的大学生来南昌高新技术产业开发区创新创业，努力建设全国一流的大学生创业示范基地。

二、南昌经济技术开发区：争当南昌核心增长极排头兵

南昌经济技术开发区紧紧围绕建设"现代工业区、山水空港城"目标，坚持"工业立区、产业富区、功能活区"战略，以推进重大项目为第一要事，求实创新、开拓进取，大力实施"大投入、大建设、大发展"，紧抓招商引资生命线，服务项目，创新举措，推动项目建设上水平、出成效。

（一）在项目招引上求新方法

1. 产业链招商

南昌经济技术开发区聘请咨询团队从产业链的角度详细分析全区现有产业基础，剖析优势和不足，围绕企业"关注什么"、"需要什么"，对需引进项目提出建议。如该区在赴上海招商时提供的《南昌经济技术开发区产业发展规划与构想暨对接上海产业发展思路》的分析报告，得到上海国盛集团的称赞，双方就两个产业转移项目达成了意向。

2. 研究型招商

为提高招商工作的精细化和针对性,该区采取研究型招商方式,对拟招商的地区、招商的重大项目提前做足功课、提前开展前期研究。如该区在对接上海招商之前,聘请上海和南昌两地产业咨询机构做课题研究,分析上海有哪些产业或企业有可能转移出去,南昌又有哪些优势能承接上海转移的产业或企业。在此基础上,该区带着研究课题有针对性地找企业商谈。

3. 战略合作招商

该区与一些地方政府、重点企业集团、商会建立长期的战略伙伴关系,通过战略合作,在第一时间获取产业转移和企业投资信息。如与上海市国资委、上海市经信委、上海市政府合作交流办进行对接,加入长三角园区共建联盟,从政府层面承接上海企业转移;如与上海振兴江西发展促进会加强对接,从企业和社会层面承接上海企业转移。

(二) 在项目推进上谋新举措

1. 建立项目专业推进机构

为切实加大全区重大重点项目的推进和落实力度,成立全区重大重点项目办公室。

2. 建立项目跟踪机制

针对区内现有六大主导产业情况,设立了6个专业小组,每个小组由一名县级以上领导挂帅,专盯一个产业。每引进一个项目,立即成立一个工作组跟踪推进。

3. 建立项目调度机制

政府层面调度机制,建立区重大重点项目协调推进工作机制,采取定期与不定期相结合的方式对区内项目进行协调调度;政企联动调度机制,由南昌经济技术开发区工委、区管会领导带领相关部门到项目现场做"保健式服务",针对项目单位提出的问题现场提出解决方案。

4. 建立争取上级支持团队

为缓解重大建设项目用地指标不足的压力,保障重大重点项目依法依规用地,建立全区重大重点建设项目争取省级预留新增建设用地协调推进工作机制,以专业团队争取上级支持。

(三) 在项目服务上有新突破

围绕企业发展需求,创新打造"四大公共服务平台",完善园区功能,为企业支持、服务。

1. 南昌综合物流平台

重点依托区内港口国际集装箱码头、保税物流中心、国际航空货运以及铁路、高速公路等交通优势,大力发展产业物流、产品物流和保税物流等综合物流平台。

2. 技术创新平台

利用区内高校科研机构多和企业集中优势,推动科研院所、高等院校与相关骨干企业建立产学研合作联盟,帮助企业从以加工制造为主的"浅根企业"向研发制造的"深根企业"转型升级。如欧菲光、格特拉克、硬质合金等企业都有自己的省级研发中心,其中欧菲光与中国科学院合作共建的"欧菲光中国科学院柔性光电技术联合实验室",已达到国内领先水平,正瞄准国际最前沿定位。

3. 人力资源平台

依托区内职业院校多,培训能力强的优势,为企业和院校间搭建一个订单式人才培训服务平台。目前已有14家园区企业获得了全省技工院校实习基地资质,有江西旅游商贸学院等14家技工院校与企业签订了实习基地共建,较好地解决了企业对技术工人的需求。

4. 企业融资平台

利用区内金融院校的资源优势,帮助有潜力的企业向私募投资人引入创业风险投资,正与沿海两家大型投资机构联合设立政府引导基金。已设立4家小额贷款公司,向园区企业发放贷款17亿元,较有效地解决了中小企业融资需求。

该区积极探索融资发展新模式,搭建"经银保"融资平台,推进项目快速发展。2008年,南昌经济技术开发区商会、中国人民银行昌北支行、江西省外经贸企业信用担保有限公司同南昌经开区创建了"经银保"中小企业融资合作模式。在此模式下,中国人民银行昌北支行为该区的中小企业提供各类授信和融资,省外经贸企业信用担保公司对相关中小企业优先提供连带责任担保,南昌经济技术开发区按担保费的50%

对被担保企业给予担保费补贴。此种模式有效地促使中小企业发展扶持政策落到实处，放大了财政资金的使用效益。

南昌经济技术开发区创新方法，狠抓招商，项目建设呈现"快、多、好、实、强"的特色。

速度快。2012年前8个月，该区工业投资完成181.15亿元，总量居全市第一位。投资速度快体现在项目建设速度上，江钨纳米合金永磁晶片项目2012年3月开工，当年就实现投产，半年后产值将达8亿元。

项目多。截至2012年，该区亿元以上重大重点项目共54个。其中，以恒天动力提升机项目为代表的促签约项目共23个，投资总额为578.8亿元。

前景好。2012年以来，有一大批好项目落户南昌经济技术开发区，如江西江钨新材料公司作为全球第二家大规模生产速凝纳米合金晶片材料的企业，企业新上的江钨纳米合金永磁晶片项目是国家工信部指明的"十二五"规划重点技术攻关项目，该项目将填补国内空白，项目的投产将使南昌市在稀土永磁材料产业方面走在世界的前列。

推进实。据统计，2012年以来，区开放型经济工作领导小组共召开项目协调会35次、研究项目64个，有力推进了项目建设。

作用强。充分发挥龙头企业的带动作用，着力打造"五大制造业基地"：一是依托南昌欧菲光企业，继续加大研发和生产力量，力争产品占全球市场份额达到15%以上，成为国内规模最大的电子触摸屏生产基地；二是依托南昌海立形成的1200万台产能规模，带动相关配套产业发展，成为全国最大的空调压缩机生产基地；三是依托格特拉克企业在2012年91万台，产值35亿元的基础上，新上40万台项目达产后，总产值将达到近100亿元，打造全省最大、中部知名的汽车变速器生产基地；四是依托恒天动力实力和技术，推进提升机产业化生产和K系列发动机的研发，形成世界级的内燃机动力产业重要基地；五是依托轨道工程机械项目和地铁空调及站点空气调节系统项目，打造全省轨道交通装备制造业基地。

三、昌东："四轮"驱动针纺产业

昌东工业园区把发展针织服装产业作为主攻方向，积极引导并加快了针织服装产业发展。2011年，针织服装产业完成主营业务收入198.9亿元，占青山湖区工业收入的40%，占全省同行业比重19.4%，从业人员达52738人。针织服装产业已经成为昌东工业园区经济快速发展的"顶梁柱"。

（一）坚持环境推动，搭建产业集群发展平台

1. 完善基础设施

投入资金20亿元，建成"东西十一横，南北十纵"近40公里道路格局，建有一座供水能力达10万吨的加压站和一座供电容量达12千伏安的110千伏变电站，园区项目承载力不断增强。

2. 建立专业市场

昌东工业园区引进了投资15亿元的洪大城东产业园项目，该项目将依托园区内的针织服装产业，建立家纺、面料、辅料、工业纺织品交易平台，项目投入运营后将进一步降低针织服装企业生产交易成本。

3. 提升服务水平

一方面，在用人、用地及信贷融资等方面提供全方位服务，每年组织银企洽谈会、经贸洽谈会十余次，帮助企业融资近亿元，输送职工近千人。另一方面，建立资讯平台，提供国家产业政策、市场资讯等信息服务，指导企业在宏观上适时调整生产经营方向和产品结构，降低市场风险。

（二）坚持龙头带动，营造产业集群发展优势

围绕针织服装产业集群发展规划，从针织服装骨干企业中选择一批市场占有率高、发展前景广阔、辐射带动能力强的企业，从信息、财政、税收、人才等多个方面加大政策扶持，使强者更强，带动整个产业集群的发展。近年来，昌东工业园区全面落实各级政府和部门出台的《扶持纺织企业发展措施》，争取省、市、区产业资金和政策支持，促进了华兴针织、恒生制衣、盛兴制衣、培维梦等服装企业做强做大。

（三）坚持科技驱动，激发产业集群发展活力

大力实施"创新兴园、创新兴企"战略实施，鼓励和推动企业创新发展，有效增强针织服装企业的创新意识。新宇制衣、京东实业等大型针织服装企业均成立了科研开发队伍，专门从事新面料开发、服装设计等科研任务。京东实业研发使用的全自动染色配色设备、面料服装洗水设备填补了江西省纺织企业的空白。盛兴制衣研制的肥胖病保健内衣、血压保健内衣、肩周炎保健内衣获三项国家专利，其"赣龙"、"远驰"、"响响"牌系列针织服装，在国际市场上享有较高的知名度。

（四）坚持招商拉动，提升产业集群发展层次

以灵活多样的方式，积极引进和培育一批关联度大、带动力强的针织服装大企业大集团，发挥其产品辐射、技术示范、信息扩散和销售网络的产业龙头作用，以此带动园区针织服装企业提升发展层次。2011年，宁波长隆国泰、艳达纺织等5家针织服装企业落户园区，这些企业的竣工投产，将为针织服装产业提档升级奠定坚实的基础。

四、大余：打响矿产五大战役

大余县矿产资源丰富，尤以钨、锡为最，钨矿床几乎遍布全县，近百年来被国内外矿业界人士誉为"世界钨都"。

为做强做大钨及有色金属产业，该县科学布局、加强矿产资源整合，引进战略合作者，延长产业链，搞好资源回收利用，促进循环经济发展，实现资源枯竭型城市的顺利转型。围绕产业聚集化发展，大余工业园区打响了矿产五大战役。

（一）深加工产业基地战役

为实现钨及有色金属产业化聚集发展，规划实施了大余钨及有色金属深加工产业基地，打造一流的钨及有色金属和新材料产业承载平台，整合优势资源，拓展延伸产业链，推进产业聚集发展，实施搬迁入园升级改造，同时鼓励引进大批深加工项目，扶持2家大型精深加工企业等备上市；2011年11月，该产业基地获得了省发改委的立项批复，为产业的发展提供了政策保障。

（二）扩容升级战役

牢牢把握赣南苏区振兴发展和资源枯竭转型的历史机遇，落实国务

院关于"促进稀土、钨等精深加工,发展高端稀土、钨新材料和应用产业,加快制造业聚集,建设全国重要的新材料产业基地"的要求,借助低丘缓坡开发试点和废弃工矿复垦利用的利好政策,把五里山尾矿库转为工业建设用地,纳入大余县钨及有色金属深加工产业基地规划建设,整合利用土地资源2000亩以上,依托新华工业小区往北拓展5000亩,将新华、新世纪工业小区"二区合一"形成连片发展,为基地建设提供了充足的空间布局。

(三)产业聚集发展战役

由钨及有色金属资源带动了产业发展,大余县已形成一定规模的钨及有色金属产业集群。目前,纳入县属统计的钨采掘加工企业43家,纳入县属规模以上钨产业加工企业24家,从矿山开采、钨冶炼到钨深加工,具有较完整的产业链。大余钨及有色金属深加工产业基地,现已聚集了隆鑫泰钨业、森本铅、龙事达钨业、金城钨业、伟良钨业、明发矿业、东宏锡业和悦安超细等钨及有色金属深加工和新材料企业,初步形成了钨及有色金属"采矿—初选—制品加工—制品废料回收利用"的综合循环应用产业体系。到2015年,钨矿产品精选、冶炼、加工技术达到世界先进水平,实现主营业务收入超100亿元。

如大余隆鑫泰钨业有限公司是一家集钨的选矿、冶炼、粉末冶金及深加工为一体的民营企业。现具备年产仲钨酸铵8000吨、氧化钨6000吨、钨粉3000吨、碳化钨1000吨的生产能力。2007年5月开工建设,2009年已完成一期工程。现着手新上硬质合金深加工项目,达产后年产值可达20.5亿元,税收可达1.5亿元。该企业力争5年内实现上市。

(四)产融融合战役

1. 成立工业投资公司

2012年组建大余县工业投资公司,注册资本8000万元,主要从事:工业园区建设项目的投融资与建设业务;国有资产的管理与经营业务;土地及房产开发、经营业务;物业管理、项目管理、经营代理、仓储物流、信息咨询等业务。投资公司的组建运营,搭建了工业园区建设融资平台,拓宽了工业园区建设投融资渠道,将很好地解决工业园区建设中的资金瓶颈问题,预计 2015 年前将为钨及有色金属产业基地基础设施建设投融资 3 亿元以上。

2. 深化政银企合作

近几年,为解决园区企业资金需求,大余县工业园管委会与大余各类银行携手按季度举办政银企合作推介会,为银企合作牵线搭桥、创造条件,引导各类银行给予了入园企业大力的信贷支持,满足了入园企业迫切的融资需求,推动了工业园区实现健康快速发展,仅 2011 年为工业园区企业融资贷款上亿元,支持了大批重大项目的建设发展。

如大余县伟良钨业有限公司,通过政银企平台成功运作,缓解技术升级改造资金压力,退城进园项目一期顺利快速贷款 5000 万元,用于新厂区技改搬迁,该公司一期工程建设进展迅速,2012 年底竣工投产,具备年产 6000 吨 APT、5000 吨氧化钨、3000 吨钨粉、2000 吨碳化能力。

(五) 产业升级改造战役

为实现钨及有色金属初中级加工向高精深加工转变,推动产业转型发展,大余县积极打造钨产业科技创新平台,计划设立大余钨产业研究院,建成一个集"钨技术交易市场"、"钨产业技术创新推广中心"和"钨产品会展中心"的综合性园区;实施钨产业科技人才引进培养专项计划,积极推动企业与国内高等院校、科研机构开展合作,进行技术改造和攻关,促进产品升级换代。从人才上扶持。有计划地选送各涉钨企业主接受现代企业生产、经营、管理等方面的知识培训,提高企业主经营管理水平;鼓励各职业教育机构与涉钨企业开展合作,为企业培训合格的技术工人,并对企业技术工人开展岗后再培训,提高技术工人理论与实践相结合的水平,为企业输入急需的技术、管理、营销等实用人才。

五、抚北:植产业之树 造企业之林

抚北工业园区因时制宜,多措并举,全力搭建产业集群发展平台,探索出了一条工业园区产业集群创新特色之路。

(一) 找准产业集群主攻方向

抚北工业园区果断把有色金属加工产业作为主攻方向,兼顾汽车配件、五金加工等产业。实施"一园三区"的工业发展战略格局,即利用临川酒厂与四特酒厂强强联合以及银涛药业等企业扩建的带动作用,在抚八线收费站至崇仁段区段规划12000亩土地建设第二工业园区,主要承接食品医药产业;抓住云山等乡镇在外集聚生产经营日用陶瓷及酒店用品,兴建日用陶瓷及酒店用品总生产基地,在昌抚经济一体化云山区段规划1万亩土地建设第三工业园区,主要承接陶瓷及酒店用品产业。

(二) 把好产业集群发展主脉

1. 大项目推动大产业

一个大项目,就能形成一条产业链。抚北工业园区重点引进和培育一批拉动作用大,投资规模大,产能大的优势产业项目,带动上、下游产业企业入园落户,形成产业集群。

如2012年1月,抚北工业园区依托有色金属加工产业优势,引进了总投资50亿元的全国500强、行业10强的上市公司——广西广银铝业有限公司入园落户。该项目投产达标后,年可生产铝产品40万吨,年实现销售收入100亿元以上,实现税收8亿元以上。该项目铝加工工艺先进,采用同一规划、同一建设、同一管理、分期实现铝加工终端产品的生产模式,同时利用循环经济所带来的成本优势和资源优势,筑巢引凤,以商招商,吸引辐射范围半径为800公里的铝加工企业入园,形成集聚规模化的铝加工产业园区。

2. 大企业带动大产业

大企业在产业集群中发挥着旗帜和标杆的重要作用。抚北工业园区一方面注重引进大企业入园落户,另一方面着力培育一批已落户的发展前景好的企业做强做大,形成产业集群带动模范效应。

如抚州市银圣王洁具有限公司2004年9月落户抚北工业园区时,仅是一家投资不到500万元的小厂,然而,公司凭借多年在温州从事洁具生产和经营的经验,产品生产工艺先进,技术成熟,产品供不应求,发展前景十分看好。对于这样的好企业,政府在融资、用工培训、技术改造等方面给予了企业重点扶持,企业得到快速发展,年可实现主营业务收入过亿元,纳税500余万元,2010年"银圣王"牌水龙头荣获中国驰名商标称号。在银圣王洁具公司的带动下,浙江宁波、台州客商分别在抚北工业园区投资兴办维达斯洁具有限公司和圣航洁具有限公司,还有6家洁具生产项目拟入园落户。

(三) 选准产业集群招商模式

1. 依托优势产业招商

抚北工业园区目前有色金属加工产业链基本形成,产业优势明显。如自立铜业生产的电解铜可用于金弘实业进行深加工,金弘实业生产的铜线材、江龙有色金属生产的铜片可以用做园区电子家电企业原材料,富临金属等企业生产的铜材,可用做银圣王洁具、维达斯洁具、圣航洁具原材料。在产业集群发展上,抚北工业园区十分注重依托优势产业进行招商,进一步延伸和完善产业链,并取得明显成效。

如江西金灶实业有限公司是由云南客商总投资2.8亿元(固定资产投资1.8亿元),主要生产电解铜的企业。该企业落户抚北工业园区,主要是因为在招商过程中,注重发挥产业优势进行招商,积极向客商推介园区已落户年产电解铜12万吨的自立铜业公司等几家同行企业。金灶实业公司全面投产后,年可实现主营业务收入20亿元,税收8000万元以上,现已建成投产。

2. 抓住龙头企业招商

借助龙头企业的纵向延伸,积极开展"产业招商"和"以商招商",加速产业链的形成,形成产业集群效应。

如江西金弘实业有限公司是浙江永康客商固定资产投资1.5亿元,主要生产铜线材的企业,目前年纳税均过亿元。园区抓住这一龙头企业在此得到成功发展的机遇,积极建议该企业投资人向永康同行和上、下游企业投资人介绍抚北工业园区的投资优势。通过龙头企业的带动,先后有永康10余批次200余名客商实地考察抚北工业园区。2010年3月,永康客商组团式一次性与园区签订了28家工业投资项目,涉及有色金属加工、汽车配件、五金加工等产业,目前,奥驰汽配、祥瑞科技、浙丰工贸、鑫丰工贸、三星工贸等12家企业基本建成。

3. 突出重点领域招商

(1) 瞄准重点地区招商。铜材加工业主要瞄准具有中国五金城之称的永康,同时兼顾兰溪和富阳;卫生洁具等铜制品加工项目,主要瞄准温州、宁波一带。在上述地区派强有力的招商队伍进行蹲点招商,主要领导和分管领导也多次在上述地区召开招商引资推介会和客商座谈会。

(2) 抓住重点客商招商。如当得知广西广银铝业有限公司计划在江西投资 50 亿元的铝加工工业园项目时,市、区两级主要领导多次亲赴广西投资洽谈,重点推介,项目于 2012 年 1 月正式签约抚北工业园区。

(3) 实行重点奖励招商。凡引进抚北工业园区主攻产业集群项目或上下游产业配套项目,在干部提拔重用、招商引资考评和资金奖励等方面明确加大力度,充分调动了全区上下引进产业集群项目的积极性。同时,对以商招商的有功之臣,区委、区政府也大张旗鼓进行了表扬和奖励。

(4) 搭建产业集群平台。

1) 营造舆论环境。全区上下积极营造推动产业集群发展的浓厚舆论氛围,领导逢会必讲,干部招商必谈,媒体每天必播。

2) 提升硬件环境。把基础建设作为推动产业集聚发展的前提。财政资金向园区倾斜,先后投入近 6 亿元用于建设和完善园区路网、电网、水网以及土地平整、污水处理(管网)、绿化亮化等设施,让硬环境真正硬起来。

3) 创新产业环境。制定了抚北工业园区 2010~2015 年产业集群发展规划,在产业配套、产品研发、技术改造、科技孵化等方面建立了有效的激励政策,财政先后扶持和奖励产业集群项目发展资金近 4 亿元。

4) 优化服务环境。发展靠项目,项目靠环境。对于产业集群发展的项目,做到一个项目落户,一名领导挂点,一个部门跟踪,一名人员驻点服务,全身心、全方位、全过程、全天候协调和解决企业建设和发展方面的困难和问题,使项目引得进、留得住、发展快。

六、抚州高新技术产业园区:实施骨干企业培植工程

抚州高新技术产业园区兴全市之力,聚全民之智,凝心聚力,强攻工业,大力实施骨干企业培植工程,全力发展有型经济、有根产业、有税企业,已经成为抚州市工业经济的发展高地、招商引资的主战场。

（一）着力培植开发新型主导产业

明确汽车及零部件产业、生物产业为抚州高新技术产业园区重点发展的两大主导产业，集中各种资源予以重点扶持。

1. 加快招商推进

设立6个汽车及零部件产业和生物产业专业招商团队，着力引进一批优秀的汽车及零部件项目和生物项目，对项目实行更加优惠的招商引资政策和招商引资中介人奖励，引导项目集聚。

2. 加大对技改扩建项目支持

区财政拿出1亿元资金用于扶持企业发展，主要支持企业技改扩建、科技创新、新投产企业贷款贴息、外贸出口奖励等。

3. 增强技术创新，实施品牌带动

鼓励企业开发新产品和创品牌，对新认定为省级及以上新产品、省级技术中心、科技进步奖、获得国家发明专利等的，给予企业和科技创新带头人奖励。

同时，抚州高新技术产业园区启动扩区调区工作，科学规划，实施新的功能布局，开拓新的发展空间。改过去的地毯式推进模式为按产业分区、功能分块的放射性推进，在新区域内重点规划好的主导产业区，将汽车及零部件和生物产业企业集中发展。

随着抚州高新技术产业园区主导产业确定，招商力度及政策倾斜，一些江浙沿海汽配企业"呼朋唤友"抱团争相来该区投资，配套企业的迅速集聚。2012年1~8月，开发区汽车及零部件、生物两大主导产业实现主营业务收入85.6亿元，实现利润5.13亿元，实现税金3.35亿元，分别占全区比重的60%、72%、68%。鸿新纯电动汽车、肯特实业、捷奥实业、巨晟实业、锐特实业、路德实业等汽车零部件企业已建成投产或正在紧张建设中，另有一批签约和在谈的汽车零部件项目，汽车及零部件产业已成为抚州高新技术产业园区产业发展的一张名片。

（二）改造提升传统纺织产业

抚州高新技术产业园区纺织企业抓住退城进园技改搬迁和国家纺织产业振兴的机遇，大力实施提升改造，产业更新了设备，技术水平和规

模都上了一个新的台阶。

明恒纺织是进入抚州高新技术产业园区的第一家实施技改搬迁扩建企业，新厂区由先进的环锭纺、气流纺、剑杆、喷气等多个生产单元组成，主要设备从德国、日本、意大利进口，已形成年产棉纱1.2万多吨、棉布4000万米，达到了比原规模、产值、产量翻番，质量大幅度提高的战略目标。

新维美公司2007年5月实施技改搬迁扩建，2009年5月全部竣工投产，选用设备主要从中国香港进口，形成年产牛仔布1200万米能力。产品主要销往国内知名牛仔服装企业，如森马、旗牌王等，深受广大消费者欢迎。

环球纺织从2008年8月进行技改扩建，2011年底建成。目前公司已从国内外订购了单眼并条机、络筒机、清梳联一机两线、A458粗纱机、细纱机等先进生产设备，形成5万锭精梳环锭纺和5万锭气流纺生产能力。

靖淞纺织正在抚州高新技术产业园区进行投资2.6亿元技改搬迁扩建项目。新厂起点高，订购的全是国际最尖端的设备，选用的设备有清梳联机、瑞士自调匀整并条机、高产精梳机、悬锭大卷装电脑粗纱机、集体落纱长车细纱机、全自动络筒机和全自动气流纺纱机等200台（套），提高了科技含量及档次，产品品质将达到国际同类产品的先进水平。

七、横峰：在快车道上驰骋

横峰的快速崛起得益于工业经济开发区的异军突起，横峰工业经济开发区已经成为"横峰速度"的强力"引擎"。

（一）聚集优势产业打造活跃增长极

发展好有色金属产业，就是发展好横峰的工业。该县以经济开发区为平台，紧紧抓住沿海发达地区产业转移的历史机遇，实施产业招商，主导产业经历了从锁业—粗铜加工—有色金属深加工的三次转型升级，形成了全省独具特色的有色金属产业集群，并向"科技含量高、环保型、高税收、占地少"的产业转型。

随着中旺、恒通等6家铜业企业相继入园，投资3亿元的龙祥铝业开工生产，繁荣、兴泰两家铜材加工企业产销两旺……以有色金属产业板块为龙头的有色金属加工业不断发展壮大，已占据了横峰工业的七成，成了横峰经济发展中最为活跃的增长极。

（二）创新招商理念构建生态园区

中旺铜业是近年来横峰工业经济开发区跃出的一匹黑马。该企业前身是一家金属制品有限公司，2004年入园时，投资仅1000万元，一年税收不过30万元，规模小、效益差一直困扰着企业的发展。2006年，该企业从浙江引进先进技术生产加工阳极铜、电解铜，促进转型升级，步入发展快车道。2011年该公司完成主营业务收入25亿元，完成税收2.3亿元，效益成为全市同类企业的佼佼者。同时，又新增固定资产投资4.5亿元，形成8万吨阳极铜、6万吨电解铜的生产能力。达产达标后预计可实现主营业务收入超45亿元，新增就业360人。

中旺铜业的做强做大体现了横峰工业经济开发区的科学发展历程。从一开始"捡到篮里都是菜"，到全面实行择商选资和鼓励已入园企业增资扩股，横峰工业经济开发区企业的入园门槛"水涨船高"。10年间，该县始终围绕"三度三业"政策力促园区、产业、企业全面转型发展。"三度"：项目投资额度必须固投在2000万元以上才能入园供地；项目投资强度每亩土地固投不低于100万元；项目投资进度必须在2年内完成投资；"三业"：明确经开区产业定位，重点引进有色金属精深加工、机械制造和新能源。

由招商引资到择商选资，虽是两字之差，却体现了横峰发展理念的转变，使横峰工业经济开发区脱胎换骨，为今后的可持续发展奠定了基础。

生态是横峰工业经济开发区的另一大特色。近年来，横峰请权威部门高标准规划设计工业经济开发区，建设工业污水处理厂。该县实行环保审批"前置"，在全省率先把环境保护列入"一票否决"，先后拒绝了23个环保不合格项目入园，确保新入园企业环评率达100%。该县还对已入园的企业淘汰落后产能，2008年以来，横峰工业经济开发区共淘汰落后企业52家，拒绝"三高一低"企业31个。

2012年，横峰工业经济开发区扩园至10平方公里。尽管开发区在不断扩大，用地也是荒山、荒地，但随着入园企业的增多，横峰人已逐渐感受到集约用地、科学发展之珍贵，对投资2000万元以下的企业不再提供用地。目前横峰工业经济开发区绿化面积达到45万平方米；日处理2万吨经济开发区污水处理厂及配套管网正在有条不紊地建设中。

（三）促进产业发展"提质"，形成产业"高地"

以发展战略性新型产业为重点，深化产业结构调整，着力培育优势产业。江西长河新电池有限公司的前身是一家普通纺织器材企业。2010年，该公司投入2.5亿元，转型生产绿色环保锂电池。目前，企业拥有高级管理人员和技术人员100多人。2012年，该企业还新上了40条生产线，达产达标后，产值将达100亿元，成为该县新能源企业的"龙头"。通过"腾笼换鸟"，长河新电池等一批企业换来了土地空间和环境容量，延伸了产业链，提升了产业竞争力。他们还瞄准浙江、海西经济区、广东等重点区域，选择新能源、新材料、节能环保、生物、电子、高端装备制造等高新技术产业，积极引进世界500强企业、国内100强企业，实现"引进一个，带动一片"的效果，形成产业集群。

帮助企业发展"提效"，实现政企双赢。以和丰、长河、人民线缆、百川、中旺等一批核心竞争力强、带动作用大的龙头企业为主，实施"总部招商"，推动企业增资扩股，促进企业做强做大。加大服务力度，促进一批亿元项目"落地、开花、结果"，形成"火车头"效应。目前，横峰工业经济开发区产值过10亿元的企业已达4家。大力实施"科技工程"，力争在横峰工业经济开发区内建立博士工作站、院士工作室，建立企业技术中心、行业技术中心和有色金属监测中心等研发平台，为企业赢得更大的发展空间。同时鼓励企业进行资本运作，发挥金融作用，强化金融服务，推动政银企合作，帮助企业突破融资瓶颈，帮助企业做强做大，实现政府和企业双赢。

八、进贤：给企业一个家

进贤县依托全县在外5万多人的销售网络，近6000余家销售公司，年销售收入达到 220 亿元的优势,积极引导社会资本、投资实体,大力发展医疗器械产业。为促进医疗器械产业集聚,推动医疗器械产业集群发展,进贤规划出 15 平方公里范围用于发展医疗器械产业,分三期工程:第一期 5800 亩(3.87 平方公里)、第二期 9300 亩(6.2 平方公里)、第三期 6645 亩(4.43 平方公里)。目前第一期已报批的 1998.3 亩已装满,而土地报批难、批转周期长,中小医疗器械生产企业"拿地难"这一问题尤显突出。为打破这一制约瓶颈,江西省医疗器械产业基地急企业之所急、想企业之所想,创新发展模式,通过筑"巢"育"凤",走工业地产(标准厂房)之路,助推中小医疗器械企业发展这一特色之路。

(一)"拎个包就可办厂,装上机器即能开工"

江西省医疗器械产业基地规划出占地 114693.53 平方米,建筑工程 162968.08 平方米,用于标准厂房建设。对于用地在 30 亩以下,投资强度达不到标准(150 万/亩)项目,鼓励进入标准厂房。该项目的第一期 98843.92 平方米建设 2012 年底完工。

"拎个包就可办工厂,装上机器即能开工"这句话可以形象道出标准厂房为医疗器械中小企业带来的便利;购地自建厂房,启动资金至少在 2000 万元。现标准厂房的建设,可以按揭,也可以租用,即使没钱购地建房,也可以办厂,不仅省去了买地后设计、报建和建设等至少两年以上的漫长程序,最大限度降低中小医疗器械生产企业的固定资产投入成本,还大大节约了流动资金。为中小企业的发展壮大起到"孵化器"作用。

(二)七项优惠引来众星捧月

为加快推进基地标准厂房招商步伐,促进医疗器械产业又好又快发展,进贤县制定以下七项优惠政策。

1. 租金优惠

第一年零租金。从第二年起,按该企业前一年所缴纳的税收总额作为该年租金参考,即每平方米年税收 60 元以上的继续零租金,51~60 元的每平方米月租金 0.5 元,41~50 元的每平方米 1 元,31~40 元的每平方米 1.5 元,21~30 元的每平方米 2 元,11~20 元的每平方米 2.5

元，10 元以下的每平方米 3 元。特殊情况可一企一策、一事一议。

2. 鼓励企业购买标准厂房

对每平方米年税收达 200 元以上的按建设成本优惠 30% 出让，对每平方米年税收达 150 元以上的按建设成本优惠 25% 出让，对每平方米年税收达 100 元以上的按建设成本优惠 20% 出让，对每平方米年税收达 50 元以上的按建设成本优惠 15% 出让。同意企业分期分批购买，首付 30%，在找到当地担保公司或担保人担保后，县政府给予办理产权证，企业融资后需立即一次性缴清剩余 70% 尾款。

3. 允许企业先租后买

凡在 3~5 年内购买标准厂房的，其所交租金的 100% 可抵扣购房款。

4. 自建厂房零租金

凡已在基地购地自建厂房企业，厂房建设期间（3 年内）可租用标准厂房进行生产经营活动，租金为零租金。搬进自建厂房后需将标准厂房交还基地。

5. 凡入驻企业享受基地其他招商引资企业同等优惠政策

对规模以下工业企业，成长为规模以上企业的，一次性分别给予企业 1 万元补贴；对年产值 1 亿元人民币以上和企业纳税 200 万元以上的工业企业，其公司高级管理人员（董事、副总经理以上者），5 年内所纳个人所得税由受益财政按年度决算地方受益部分奖励 50%；对企业聘请的中高级技术人员、管理人员和企业招聘的员工，其子女入托、入学，享受本县居民同等待遇，对在本县工业企业工作满 3 年以上的员工家庭，可纳入县保障性住房安置范围。

6. 物业管理费

前两年免交，第三年起每月按每平方米 0.5 元标准缴纳；购买标准厂房的企业可免交。

7. 用水、用电优惠

对年缴纳税收总额达 300 万元以上的工业企业，用水、用电价格按同期价格分别给予适当补贴。

标准厂房为中小医疗器械生产企业的转型、产品升级及产业结构的调整起到强有力的推动作用，发展中小医疗器械企业也是实现百亿产业、百亿园区的必要途径，是进贤助推中小医疗器械企业发展特色之路。

九、靖安：产业在孵化中壮大

靖安工业园区按照"一产助推旅游、二产服从生态、三产激活全局"的发展模式，对项目的入园区的准入门槛设置较高，对入园区项目较为严格。利用靖安原有的产业和资源优势，先后兴建了"硬质合金工具和绿色照明产业"两大特色产业基地。

（一）以龙头企业为引领，孵化产业基地平台

靖安进一步整合钨资源，成功引进投资7亿元的江钨硬质合金公司，生产以碳化钨粉为原材料的硬质合金工具产品，产品附加值得到空前提升。为积极做大主导产业，加速产业磁场效应，促进靖安工业园区的产业竞争力，体现产业特色。2007年4月，以原有江钨硬质合金公司为依托，在靖安工业园香田新区规划3000亩土地，编制硬质合金工具产业基地规划，创建省内唯一的硬质合金工具产业基地。

在硬质合金工具产业基地，政府先后投入了5亿元资金用于该基地的基础设施建设，为产业项目的落户搭好平台。通过产业聚集区平台的建设，一大批硬质合金类项目慕名而来，厦门客商王明杰投资5亿元的杰浩硬质合金工具项目落户园区，浙江"工具之乡"芙蓉镇的客商林氏兄弟投资近3亿元的硬质合金钻头系列项目、浙江客商投资3亿元的东钨硬质合金项目齐聚硬质合金工具产业基地。到2011年，已有12个硬质合金类项目正式落户于该产业基地。

2009年元月，随着国家战略性产业结构的调整，园区原有的江西合力照明电器有限公司迎来了发展的春天，公司工业总产值连续三年翻番，该公司扩建多条生产线仍供不应求，该企业跻身为省内排第二名的照明电器类企业。凭着敏锐的直觉，靖安工业园区瞄准该产业的发展前景，在工业园香田新区规划4800亩土地，着力打造绿色照明产业基地。该基地于2010年7月正式获省发改委批复建设。该产业基地通过两年的建设，基础设施已基本完善，通过开展产业招商、以商招商、驻点招商等多种招商形式，目前已有15家绿色照明类上下游公司落户该产业基地。仅2010年就有8家企业落户该产业基地。

(二) 以动人的优惠政策，感化产业项目落户

靖安工业园区先后出台了《江西靖安硬质合金工具产业基地客商投资优惠办法》、《靖安县绿色照明产业基地客商投资优惠办法》。明确了在税收、供水、供电等方面的最佳优惠政策外，还独创了在入园区企业中按入园秩序的奖励的办法。即对第一个（或固定资产投产 5000 万元以上）落户产业基地的硬质合金工具（或绿色照明）企业，在企业合同规定期限达产达标后，按政府当时地价 20 亩的实际价格由财政安排资金，纳入企业新产品开发基金对企业予以扶持；对企业因产业基地暂时产业配套不到位，外出采购生产必需的原料所发生的运输费，由受益政府埋单一年。对第二个至第六个落户产业基地的企业，则按上述受惠政策减半享受。

(三) 以优良的融资环境，扶持产业发展壮大

1. 开创园、银、企例会联席会议制度

2008 年，企业经受全球金融危机的影响，资金需求旺盛，鉴于此种现状，靖安工业园区积极搭建政银企平台，开创了园、银、企联席会议制度。定于每月底由靖安工业园区管委会牵头，联合园区企业和县金融机构召开联席会议的制度。各企业主在联席会上提出资金需求的意向，而金融机构及时公布放贷政策等新信息。通过会议召开，银企迅速对接。如江西合力照明电器公司与中国工商银行靖安县支行的长期合作，就是在首次联席会上结下的不解之缘。合力公司 2008 年的新扩建 1.6 亿元的两条整灯生产线，都得益于中国工商银行靖安县支行的全力支持。自联席会议以来，园区企业受益融资资金达 12.3 亿元。

2. 以靖安工业园区信用作为反担保对象

园区企业在发展过程中经常会碰到短期资金流动困难，鉴于此种情况，靖安工业园区在商务中心规划 1000 亩土地为担保物，作为信用为企业提供反担保。如杰浩公司是一家以生产硬质合金工具为主的企业，由于当时接到一批订单，但又没有足够流动资金用于短期周转。园区管委会得知此情况后，迅速与担保公司联系，以园区信用为企业提供反担保（担保期为一个月），为杰浩公司担保了 2400 万元的流动资金贷款。园

区信用反担保为企业解了燃眉之急。

3. 引导企业与金融机构建立长期合作关系

为使园区企业能够取得长期稳固发展，靖安工业园区引导高科技龙头企业与金融机构建立长期合作关系。如江钨集团与中国建设银行江西分行签署长期战略合作协议。协议内容不仅包含双方在今后战略上的长期合作，同时明确了中国建设银行江西分行为江钨集团包括在靖安县境内的江钨合金等四个项目提供金融支持。

4. 政策支持融资服务

在《江西靖安硬质合金工具产业基地客商投资优惠办法》和《靖安县绿色照明产业基地客商投资优惠办法》中明确规定：建立健全县级信贷担保机构，纳入财政担保体系，为落户企业提供贷款担保。

（四）以全新的招商方式，凝聚产业项目落地生根

1. 建立项目信息资源库

广泛收集项目信息，对项目的信息进行归库建档，随时跟踪了解动态。通过项目信息资源库的搭建，靖安工业园区在一时间内掌握了项目投资动态，为招商引资工作提供了第一手资料。仅2011年信息库就提供了有效信息资源110条。

2. 当好产业项目合作"红娘"

靖安工业园区提出了当好产业发展"红娘"的可行性操作方法，即为有资金想投资的企业主找项目、为有技术缺乏资金的企业主找合作伙伴。总投资3亿元的东钨公司落户于产业基地就是一个典型范例。浙江客商蔡久都在温州经营一家在硬质合金领域颇有名气的企业，该企业的技术、人才和销售网络都较成熟，慕名来到靖安硬质合金工具产业基地，非常想将企业从温州搬迁至靖安，但苦于资金不足。正巧前期有温州客商谢作友想转产做前景较好的硬质合金产业。工业园区迅速将两企业匹配，充当"红娘"，东钨公司成功落户硬质合金工具产业基地。

3. 广泛开展产业驻点招商

在招商形式异彩纷呈的当代，唯有创新才是招商引资的最佳途径。之前，靖安工业园区定点在温州、广东一带招商，取得了一些成效，为了更好地承接产业转移，掌握第一手招商信息，现将定点转为驻点，实

现质的转换。2012年8月,广东中山驻点招商办事处、浙江温州驻点招商办事处正式挂牌成立。

十、南城:绿色食品产业崛起之路

根据食品发展多样化、营养化、绿色化趋势,南城以产业结构调整为主线,以提高市场竞争力为方向,引导企业走"规模化、系列化、生态化、品牌化"的发展道路。其具体做法为:

(一)抓规划,提升园区经济实力

为进一步抓好园区食品产业的发展,做旺产业群,除在南城工业园开发建设了绿色食品加工区之外,2011年在河东工业园区规划1500亩作为新建的生态食品工业园。从而做到地域上统筹规划、在引资上突出重点、在政策上重点倾斜、以食品加工基地为依托,加快平台的规划布局,逐步形成统一的物流配送、产品研发、分析检测、教育培育中心等高效集约、资源共享的服务功能,力争在3年内把南城食品工业园建设成一个有规模、有特色的现代化生态园区,落户企业达46家以上,年销售收入达28亿元以上。

(二)创品牌,打造产业品牌效应

以现有品牌为依托,按"产业集聚、资源集约"为原则,重点在基地建立以大品牌、大规模为主的食品加工产业集群,带动农副食品加工企业产业升级,形成辐射江西的农副食品加工中心。通过优势企业的做强做大,带动中、小加工企业,整合包装成为南城农副食品加工产业园,使之集食品技术推广、食品原料、食品加工、包装、储运为一体,实现食品企业间良好的配合链接,从而提高凝聚力、扩大影响力,最终形成一个独具特色的对外品牌。

(三)强指导,创建国内食品示范园

南城食品工业园以省级食品产业基地为依托,通过组建食品产业基地建设专家咨询委员会,聘请行业内知名专家,指导农副食品加工产业

科学布局、协调发展。引导、支持组建基地行业协会，加强与全省企业间信息交流和咨询服务，强化行业自律，建立良好的创新创业环境，吸引新的创业人员前来创业，努力建设成为全国食品产业示范区。

（四）用优势，搭建产业发展建设平台

充分利用县区位优势、资源优势和交通优势，按照建设资源开发型、环保节能型、劳动密集型、产业互补型于一体工业园区的要求，全力抓好工业园区建设，让园区作为发展平台和主要支撑点，按照高起点规划、高水平设计、高标准建设、高效能管理、高强带动力的要求增强园区的产业聚集和整合能力，行成优势突出、特色鲜明、功能齐全、配套完善的特色工业园区和生产要素高效快捷流动、辐射能力强的块状经济发展格局，引导重点精深食品项目、产业向园区集中，进一步调整工业产业结构，把园区发展成江西乃至全国食品加工强县。

（五）调结构，切实延伸食品加工产业链条

坚持"大抓工业，抓大工业，积极培育优势产业，做强提升传统产业"的思路，发展壮大资源精深加工和横向扩展相结合的循环型工业，实现食品生产资源的综合开发、有效配置、循环利用。一是进一步巩固壮大现有的农副食品大支柱产业和优势产业，加快延伸、构建和优化产业链。以资源的综合利用和精深加工为发展方向，推动现有产业上规模、上水平，通过资源优势的转换和精深加工，扩大中间产业最终产品比例，增加产业附加值，全面提升产业结构。二是有重点地发展高新技术产业。把高新技术产业加工作为加快推进新型工业化的战略产业，围绕粮食加工、食物新材料加工等领域，开发和发展一批高新技术产品。

（六）抓龙头企业，加速特色产业集聚

目前，洪门实业、麻姑实业、锦丰实业、阿颖淮山已形成产业化、规模化、集聚化发展的态势，初步形成了阿颖淮山为龙头的淮山食品品种群及其配套产业，进一步深化文化内涵拓宽以麻姑文化的麻姑产业和以畜牧业肉制品深加工、洪门水产品加工等特色产业品种群。促进特色产业的集群发展，推动南城工业园区食品产业朝着国内一流、具有国际竞争力先进食品加工基地迈进。凭借特色产业集群发展带来的巨大规模溢出效应，促进园区食品产业进一步提升。同时注重园区形象提升、环境绿化改善、整体功能优化，力争把园区建设成为科技型、创新型、生态型的集约发展示范区。

十一、瑞金：第二次挖"井"

瑞金以"红井"闻名中外，瑞金工业园区围绕"工业强市"发展目标，以特色产业园建设为载体，不断强化产业招商，夯实产业发展平台，优化产业发展环境，推动产业集聚发展、优化升级，实施"井聚"工程。主要措施是：

（一）抓产业谋划，确立产业发展方向

立足资源区位优势和产业特色，提出了加快形成初具规模的工业产业集群战略构想，科学谋划光电、线束线缆、食品（脐橙）、服装箱包玩具四大特色产业园，出台了《特色产业园建设实施意见》，加快项目向产业园集中布局，促进特色产业集聚发展。

（二）抓平台建设，提升产业发展能力

一是按照"项目集中、产业集群、土地集约、功能集成"的要求，完成了瑞金工业园区控制性详细规划修编，对工业园区路网、污水处理厂、公共配套设施等重新规划调整，进一步提升产业集聚发展能力，推动工业产业集聚发展、优化升级。二是进一步加大资金投入，完善产业园基础设施，高效推进产业园主干路网建设，同步实施供水、供电和污水处理厂等配套设施建设，扩大标准厂房规模，进一步提升项目承载能力。

（三）抓制度建设，形成产业发展合力

一是建立产业发展协调机制，成立了工业产业集群发展工作指挥部，明确了各特色产业园区建设牵头单位和责任单位，制定了项目建设任务分解表，建立了部门信息互通、联动协调工作机制，形成了统一指挥、部门密切配合、齐抓共管的浓厚建设氛围。二是建立项目建设工作调度机制,每月召开一次市委常委扩大会议和市长办公会,每周召开一次指挥长现场办公会,采取现场参观、测评、大会的形式,调度各特色产业园建设情况,协调解决各特色产业园建设中存在的难点问题、节点问题。三是建立督察问责机制,实行"每周一督察、每月一通报",每周对各牵头单位或产业园建设进行现场督察,每月对各特色产业园建设月度工作计划完成情况进行通报,采取当面反馈、电话提醒或下发督办函等形式,督促牵头单位、责任单位加快建设进度。四是建立承诺践诺机制和全面公示制度,按照"天天有信息、周周有典型、月月有排名"的要求,通过报纸、电视、手机短信、网站、工作简报等载体,向社会各界全面公示各特色产业园建设进展情况,对先进单位和后进单位进行通报,鼓励先进,鞭策后进。

(四) 抓产业招商,增强产业发展后劲

一是突出产业招商,实行"六位一体"招商模式,即"一个产业、一个项目、一个挂点市领导、一个牵头单位、一支招商团队、一支安商队伍"。二是围绕做强做大四大主导产业,打造"光电之谷、线缆之城、食品之都、轻纺之乡"的品牌园区,制定鼓励产业集聚的政策,包装一批战略性新兴产业项目,积极主动对接国有企业、"海西"台商商会和行业协会,实施产业招商、大项目招商、以商招商,着力引进和承接一批科技含量高、财税贡献大、辐射带动强的大项目、好项目,延伸产业链,以大项目带动产业集聚发展,从而形成新的发展亮点和支柱产业。

(五) 抓项目服务,优化投资发展环境

一是坚持把项目建设作为园区发展的重要支撑,积极创新方式,建立项目服务"1+X"工作机制,每个项目指定一个牵头部门+多个责任单位,实行每日一通报、每周一调度、每旬一汇报、每月一排名、年终一考核及双承诺制度,及时协调解决项目前期推进和建设进程中遇到的困难和问题,确保项目建设顺利推进,力促签约项目早开工、开工项目早投产、投产项目早达效。二是建立产业发展服务机制,制定了《瑞金市入园项目跟踪服务工作实施办法》,明确了入园项目在落户审批、工

程建设和生产经营等各个环节的服务责任单位、服务内容、办结时限，进一步加快项目签约落户、开工建设、竣工投产的"步伐"，打造"服务最高效、成本最低廉、配备最完善、客商最满意"的产业发展环境。三是优化发展环境，实行招商招工每月一通报制度、分类调度等办法，加大对项目的跟踪调度。积极创建项目"绿色通道"，及时向社会公开外来投资企业的审批事项、审批程序、审批权限，坚决做到三个缩减30%；建立了网上审批平台，实行网上审批，减少审批环节和审批时间，提高办事效率。严格机关效能监察，对企业反映的问题及时给予调查处理。

十二、沙河：苏区有座机电工业城

赣州沙河工业园区是苏区崛起的一座省级机电工业城。园区始终牢固树立"抓项目，就是抓发展；抓大项目，就是抓快速发展"的理念，坚持不移地实施项目带动战略，通过拉长企业"产业链"，围绕支柱产业"族群化"招商等措施，园区五大主导产业蓬勃发展。

（一）出台优惠政策，增强招商吸引力

为大力推进园区主导产业的发展，园区根据国家有关法律法规和政策文件精神，结合园区实际，制定出台了《关于章贡区扶持汽车零部件产业发展优惠政策》、《章贡区承接产业转移实施办法》、《章贡区鼓励社会力量引进现代服务业项目奖励办法》、《章贡区鼓励新型电子材料产业发展投资优惠政策》等一系列有利于做强做大园区主导产业的优惠政策。园区引进有色冶金和新材料产业规模以上企业15家，汽车及汽车零部件产业规模以上企业17家，机械制造产业规模以上企业12家，中成药和生物制药产业规模以上企业3家。

（二）狠抓重大项目和产业招商

园区按照招大商、招大项目的基本思路，做好了项目的开发、包装、推介，通过电视、电台、报纸、网站等媒介，举办各种境内外推介会，加大宣传园区建设成果、投资政策和投资环境，为投资者提供形式多样、

方便快捷的投资信息；实施了以商招商、专业小分队招商等行之有效的招商方式，成功举办了"章贡区微电子产业招商引资推介会"，引进投资亿元以上PCB及相关电子产业项目13个，投资金额达80亿元，建成后，将成为全省最具影响力的微电子产业集聚基地。园区形成以汽车变速箱、同步器等传动零部件制造为主的汽车零部件产业，以安华钴业、天津百利为龙头的钴、钨、钼等稀有金属深加工产业，以中联环保电镀为龙头的稀土深加工产业，以江西青峰药业有限公司为龙头的生物制药产业，以金环磁选设备公司为龙头的机电制造产业。

（三）"亲情"服务，优化发展环境

环境也是生产力，工业园没有良好的投资环境，就根本不可能大量引进项目，更不可能谋求长远的发展。园区始终坚持以优质高效的服务，营造优良的发展环境，使一大批项目落得下、建得快、投得早、效益好，推动园区经济更好发展。

（四）建立健全服务项目长效机制

完善激励机制，设立了固定资产投资奖、税收上贡献奖。制定出台了"三个十"工作机制，即服务十个重点企业、新签约十个重大项目、推进十个重点项目建设。实行"一个项目、一位挂点区领导、一个挂点部门、一名单位领导、一名服务干部、一本项目日志"为主的"六个一"工作制度，要求项目推进每天有记录，工作做细、做实、做全。对项目推进过程中的问题，立即协调解决或立即向上汇报解决。制定了《章贡区加强招商引资项目跟踪服务工作实施办法》文件，明确了项目立项审批"绿色通道"机制，园区管委会牵头的项目开工建设并联审批机制，项目服务办理、代办机制，服务单位责任机制，全过程跟踪服务招商项目的立项审批、用地预审、环评审批、规划许可等事项，着力解决项目报建报批及建设过程中碰到的困难和问题。加大项目跟踪问效力度，实行项目开工投产倒排制、项目定期调度制、项目推进"销号"制度。

（五）千方百计解决企业难题

大力弘扬苏区精神，扎实开展"送政策、送温暖、送服务"进企业工作，每名干部都挂点服务企业，做到干部联系企业全覆盖常态化，每周进行一次走访，了解企业发展中遇到的困难，及时帮助企业协调解决，为企业发展提供了良好的环境。

（六）加大对中小企业和优势骨干企业的扶持力度

鼓励企业技术创新，主动帮助企业争取补贴专项技改和发展资金，引导企业向高技术、高效益、低消耗、低污染方向升级，推动企业转型发展。园区企业获得江西省财政厅和江西省科技局等联合认定的高新技术企业10家，拥有独家专利技术的企业6家，拥有发明专利10项。获得了40余项科技成果，其中6项国内领先，10项省内领先。培育了生产亚洲最大的强磁机企业金环磁选；乘用车市场占有率列全国第二位的群星机械；全国稀土产业链条最完整的虔东稀土；拥有中药注射剂唯一自主知识产权国家保密品种喜炎平注射剂的青峰药业等知名企业，赣州经纬汽车零部件有限公司自主研发的JW6F30节能横置六速变速器获得国家有关部委联合颁发的"国家重点新产品"荣誉证书，填补了国内自动变速器产业化的空白，打破了国外技术壁垒障碍。

十三、信丰：电子信息产业集散地

信丰工业园区不断完善产业发展平台，积极承接长珠闽等沿海发达地区产业转移，园区已成为电子信息产业集散地。

（一）大平台承接特色产业转移

1. 围绕龙头企业拓展特色产业发展平台

为承载特色产业转移，信丰工业园区对东区产业布局进行了调整，在江西高飞数码科技有限公司周边划出了1500亩土地作为发展电子信息产业，促进了电子信息产业集聚。目前，该区域电子信息产业现已初具规模，现有可立克科技、福昌发电子、旺通达集控区等电子信息企业20多家。

2. 构筑特色产业发展新平台

2008年，信丰县委、县政府考虑到县电子信息产业已成为该县工业规模最大的产业,具有一定的产业基础,并且近年来珠三角、长三角地区有不少电子产业逐渐向内地转移,信丰作为珠三角、长三角地区的辐射区,尤其是对接珠三角地区具有明显的区位优势,决定在工业园区西区规划建设电子器件产业基地。该基地于2009年6月经省发改委批准设立,2011年6月又经省工信委评估认定授予"江西省电子信息产业基地"的称号,基地的设立为电子信息产业集聚发展搭建了平台。基地规划总面积8039亩,规划了电子元器件、印刷线路板、家电、光电四大产业,并规划了仓储物流区、居住及安置区、中心服务及商住区等配套服务区。基地建成后,将容纳企业200多家,到2015年可实现主营业务收入100亿元;到2020年可实现主营业务收入200亿元。2011年已有15家企业签约落户该基地。

(二)大招商拉长特色产业链条

1. 围绕特色产业龙头企业招商,拉长产业链条

园区按照"大项目带动、配套企业跟进、产业集群发展"的思路,围绕江西高飞数码科技有限公司(以下简称"高飞数码科技")引进了一批上下游配套产业。如可立克科技为高飞数码科技配套电子变压器,富运彩印、明泰包装、康盛包装为高飞数码科技配套电子包装,福昌发电子为高飞数码科技配套线路板,恒升电子塑胶制品为高飞数码科技配套电子塑胶,天科电子为可立克科技配套磁性材料,正天伟电子、普源电子、超淦科技等企业为线路板企业提供配套。

据高飞数码科技采购相关数据,该公司已与园区10多家企业有业务往来,且40%原料从园区企业采购,降低了企业的运输成本,提高了成本效益。

2. 围绕特色产业主导产业招商,促进产业集聚

近年来,围绕电子元器件、家电、印刷线路板、光电等电子信息产业四大主导产业进行招商,电子信息四大主导产业已初具规模,促进了特色产业集聚。信丰工业园区现有可立克科技、天科电子、崇辉科技等电子元器件25家;有福昌发电子、一造电子等印刷线路板及其配套产业23家;有高飞数码科技、金利达电子等家电产业8家;有兴邦光电、天一色数码等光电产业4家。

3. 出台扶持政策，吸引特色产业大项目落户

信丰县建立特色产业工业用地开发成本奖补机制。即工业用地按5.6万元/亩（含土地办证费用）以"招、拍、挂"方式公开出让。对新增企业根据其固定资产投资规模给予一定的基础设施建设资金奖补。对固定资产投资1亿元（含1亿元）以上、科技含量高或年税收1000万元以上的特色产业龙头带动型企业，实行"一厂一策"的奖补政策；对固定资产投资5000万（含5000万元）～1亿元且税收较高的成长性企业，县财政按"三通一平"土地每亩3万元、毛地每亩3.6万元拨给工业园区奖补企业基础设施建设；对固定资产投资3000万（含3000万元）～5000万元，且税收较高的企业，县财政按"三通一平"土地每亩2.6万元、毛地每亩3.2万元拨给工业园奖补企业基础设施建设。土地优惠政策吸引了一批大项目落户信丰工业园区。2011年，园区新引进电子信息产业项目24个，其中亿元以上项目就有18个。

2009年9月，浙江省余姚市兴邦光电仪器有限公司开始向内地江西进行转移，该公司曾经到很多内地县、市考察，但得知信丰工业园区土地政策优惠，招商环境好，最终选择了在信丰投资建厂。该公司所选地块原属丰泽工贸闲置地，为引进该项目，信丰县贴钱把地回收，并仍按5.6万元/亩价格供给兴邦光电，并按2.6万元/亩的标准奖励给企业用于基础设施建设。

（三）大环境服务特色产业发展

1. "保姆式"跟踪服务项目建设，增添特色产业集群发展后劲

信丰工业园区施行限时办结制、首问负责制、挂企联系制以及项目责任落实倒查制，竭力做好项目建设跟踪服务工作，开通绿色通道，协助企业办理相关手续、解决遇到的难题等，加快项目建设进度，督促签约项目早开工、开工项目早竣工、竣工项目早投产、投产项目早达产达标、上规模。2011年，园区电子信息产业新增开工在建项目11个，新增投产项目14个，新增规模以上企业4个。

江西兴邦光电有限公司于2010年8月开工建设，2012年元月竣工投产，建有厂房宿舍14000多平方米，并建设3000余平方米的一万级无尘组立车间。该公司负责人感激地说："信丰县政府不仅贴钱把这地收回

供给我们,而且在给我们公司办理权证的过程中一路绿灯,所以我们公司才能快速建厂投产。"

2. 不断扶持壮大特色产业龙头企业,引领特色产业集群发展

"引进一批小项目,不如壮大一个龙头企业",信丰工业园区从用地、融资、用工等多个方面鼓励支持龙头企业增资扩产,壮大龙头企业。2011年,园区电子信息产业主营业务收入超10亿元的企业1家,主营业务收入超1亿元的企业6家。

近年来,信丰县为江西高飞数码科技有限公司争取信用额度18.23亿元,扶持其由租厂房生产的小厂发展到自建厂房宿舍11万多平方米的大公司,拥有注塑机87台、喷涂生产线3条、SMT生产线12条、DVD、CD、数码相机生产线6条、MP3/MP4生产线7条、液晶电视生产线6条,2011年该公司实现主营业务收入13.03亿元,同比增长57.4%;出口创汇1.91亿美元,同比增长76.4%。

十四、新建、九江、赣县、东乡、南康、黎川、赣州等工业园区

(一) 新建望城新区

新区牢牢抓住项目建设这个经济发展的"牛鼻子",全力以赴抓好项目谋划和实施,奋力实现项目建设大突破,带动新区发展水平大提升。一方面,以创先争优活动为契机,发挥领导带头示范作用,每天安排负责领导带队到各个项目点实时调度指挥工作,给施工队伍"打气",同时,在项目推进工作中采取"白加黑"、"5+2"的工作作风,对于工作,各责任人满腔热情、高度负责、全力以赴,遇到困难迎难而上,讲究策略,务求破解;另一方面,新区坚持把企业的良性发展作为自身工作价值的最大体现,全力为企业提供个性化服务。具体做好"四个对接":新区服务与入园企业战略规划相对接;与打造企业核心竞争力相对接;与形成聚集优势相对接;与资本市场相对接。通过这种做特做优的方式,新区深挖企业潜力,铸造企业品牌,培育企业核心竞争力。

新区立足产业规划,促进产业集聚,不断延伸产业链,紧盯大财团、

知名品牌、上市公司等成熟型企业。2011年以来,新区共引进招商项目17个,合同资金73.7亿元,其中,超10亿元项目2个,投资30亿元的江铃汽车集团年产十万辆商用车项目,投资22亿元的江西恒望汽车城项目;超1亿元项目5个,有投资8亿元人民币的鑫昌物流园等。完成内资进资19亿元;实际利用外资3222.5万美元。二次招商顺利推进,成功引进惜能光电等4家优质企业,盘活土地400余亩,提高土地集约利用。

(二) 九江经济技术开发区

"填空式"招商。开发区顺应产业发展规律,高度重视产业链建设,成功创造出"填空式"招商模式。这一模式的主要内容是:按照"龙头企业—产业链—产业集群"的发展逻辑培育产业、扶持产业,进而发展园区经济。其最精彩之处是在龙头企业与产业集群之间破解了如何形成产业链这个难题。开发区分解产业链,用填空式招商的办法,即产业链缺什么就招什么、少什么就引什么,使龙头企业在垂直分工与水平分工体系中、不断地延伸。有了产业链,就有了产业集群。开发区瞄准旭阳雷迪、铨讯电子、赛翡蓝宝石、昌河铃木、巨石玻纤等龙头企业的产业连锁效应,集中力量引进一批连锁企业,如为铨讯电子2000万台相机配套的包装材料企业,为旭阳雷迪硅片配套的太阳能电池企业,为赛翡蓝宝石衬底材料配套的晶元封装企业。这种一环扣一环的"填空式"招商,使大企业的龙头带动作用发挥出来了,最后形成了产业集聚,使开发区不断做强做大。

(三) 赣县经济开发区

突出特色壮大产业集群。根据传统产业基础,挖掘赣州"世界钨都"、"稀土王国"资源优势,围绕主导产业,从引项目、选项目、抓项目上严要求,着力引进关联度高的上下游企业,纵深延伸产业链,壮大产业集群。赣县经济开发区主导产业有钨、稀土、食品、建材、铜铝五大产业,2011年成功获批江西赣州铜铝有色金属循环经济产业基地和赣州稀有稀土金属循环经济产业基地。钨产业培育了中瑞材料、世瑞矿产、远驰新材料、江钨合金等一批重点企业,其中规模以上企业13家,2011

年实现主营业务收入64.9亿元;稀土产业培育了红金稀土、永源稀土、新盛稀土等一批骨干,其中规模以上企业12家,2011年实现主营业务收入52.6亿元,成为南方最大的稀土分离基地,能全部分离现有稀土元素;食品产业培育了谱赛科、菊隆高科等龙头企业,其中规模以上企业4家,2011年实现主营业务收入12.9亿元,甜菊糖苷产品份额占全球60%以上,正着力丰达管桩、建华管桩、赣州铝业、珧桦铝业等项目的建设,培育壮大建材和铜铝产业。

围绕开发区主导产业,积极引进上、下游项目,延伸产业链条,把传统经济的"资源→产品→废物"的线性产业链转变为"资源→产品→再生资源"的环形产业链,把赣县经济开发区打造为高产出、低能耗、低污染的循环型、节约型生态园区。经多年坚持不懈的整体推进,目前开发区主导产业已初步形成食品、建材、钨、稀土、发电等循环产业链。具体为:食品循环产业链围绕谱赛科、菊隆高科生产所产生的废渣、废水、滤泥等废弃物,引进佳利来饲料、新凌新能源、天德生物等企业,开发生物发电、饲料生产、有机肥加工等项目,形成资源循环链条,目前省环保厅已同意将县甜叶菊工业园示范园列为国家级生态示范园区;建材循环产业链以华能火力发电厂产生的煤灰为原料;引进宝华山集团赣县水泥有限公司生产水泥,宝华山集团的主产品为丰达管桩、建华管桩等建材企业的重要生产原料,钨循环产业链中的世瑞、江钨、远驰、中瑞、伟嘉等骨干,相互间以对方的产品为原料,形成钨矿采选—钨矿精选—ATP—蓝钨—碳化钨粉—硬质合金—棒材、刀具、矿山凿岩工具完整产业链条;稀土产业已形成分离→深加工→废料回收→资源再利用的企业合作链。循环经济的纵深发展,有力推动了开发区生态建设,加快了把开发区建设为国家级生态园区步伐。

(四) 东乡经济开发区

创新产业聚集规划,促发展。该区依托已经形成的机电冶金、轻工纺织、医药化工三大特色产业集群,创新产业聚集规划,有针对性地抓好工业园区发展规划。一是更新发展理念,高标准规划。该区规划过程中,以科学发展观为指导,遵循经济规律,提倡自主创新,学习和借鉴发达地区园区发展工业的先进理念和优秀经验,不断探索结合地方实际的有效途径。深入研究园区发展的要素关系，在招商引资、规划建设、发展期定位、园区管理、产业关联、政策措施等各个方面开展研究，使工业园区成为工业企业的孵化器、项目建设的助推器和招商引资的催化剂。二是科学准确定位，前瞻性规划。发展工业园区首先要做到规划先行。该区按照"科学规划、合理布局、准确定位、突出特色"的指导原则，用科学的理念和态度指导园区建设。结合园区自身资源、环境、政策方面的实际情况，高起点前瞻性地进行研究规划，着力体现优势特色。三是做好两个结合，全局性规划。即产业规划与基础设施规划相结合及产业规划与城市布局相结合。前者按照建设资源节约型和环境友好型社会的整体要求，着重在发展循环经济方面做文章，延伸链条，达到资源能源利用的最大化和环境消耗的最小化。后者实行产业板块聚集发展，建立以渊山岗工业园为核心、浅水湾工业园为匹配的机电冶金企业集群；医药化工产业板块，向南山科技园聚集；积极推动大富工业板块企业迁入东临公路一线，率先布局东临工业走廊，逐步打造东临生物医药产业带；轻工纺织产业板块向渊山岗工业园聚集，全力打造南方轻纺产业园。推行分产业定区域布局、分产业定发展目标、分产业定扶持措施、分产业定领导责任"四分四定"工业发展机制。

（五）南康工业园区

抓产业培植，提升园区集聚水平。经过多年精心培育，南康目前已形成矿产品加工、服装、食品、家具、电子信息、精细化工六大工业主导产业。南康工业园区的建设也主要是围绕这六大主导产业来推进，着力形成优势产业集群，凸显园区的产业集聚效应。按照以上原则，园区产业布局进行了合理分工，东山工业区以服装针织、食品和家具产业为主，目前已集中了金泽制衣、溢丰织造、恒意时装、康意时装等一批服装重点企业，千秋食品、友家食品等食品重点企业、恒达木业、众兴人造板、三友家具、世纪家缘等一批家具重点企业；龙岭工业区以精细化工、电子信息产业、有色金属产业为主，目前已集中了南山锡业、开源矿业、众鑫矿业、有色金属、华亿木业、华洲木业、罗边玻纤、小兰金属、金东门化工、格棱电子、超越电子、德普特电子等一批龙头骨干重点企业；为做强做大家具产业，南康市于2009年规划了面积达5000亩的家具产业基地,该园区建成后,将成为全省规模最大、标准最高,集科研、加工、贸易、展览、物流、信息为一体的综合性家具生产基地。同时,为解决好产业配套问题,南康市对六大工业主导产业配套企业的引进给予政策倾斜,适当降低配套企业的投资总额、用地规模等入园门槛,积极吸引配套企业入园,努力延伸产业链,加快形成产业集群。

(六) 黎川工业园区

引导企业发展,加快产业集聚。良好的基础设施平台是工业发展的强壮筋骨,而成熟的产业和优秀的企业无疑是推动园区发展的新鲜血液和助推剂。黎川工业园区充分利用黎川县日用陶瓷多年发展积淀,大力引进高档日用瓷、超耐热瓷等生产企业,鼓励本土人才自主创业,壮大、提升、改造陶瓷产业;大力培植鞋材、服材市场,继续引进品牌制鞋企业、品牌服装企业和相关联的鞋材、服材企业,做强做大鞋服伞业;积极承接沿海产业转移,引进相关联的上下游企业,做优做强新型材料产业,努力把黎川打造成江西省新型材料产业基地;通过多年的不懈努力,使县四大产业初具规模,产业集聚效应日益凸显。一是陶瓷业稳步发展,成为园区稳固的主体产业。陶瓷产业是园区传统支柱产业,主要位于园区陶瓷工业园板块,目前园区共有陶瓷企业47家,形成了日用瓷、耐热瓷、卫生洁具瓷和工艺瓷四大主导产品,拥有"中国驰名商标"2个(康舒牌和怀泉牌商标),"江西省著名商标"6个(康舒牌、五帆牌、嘉顺牌、比格牌、欧麦牌、怀泉牌商标),"江西名牌产品"3个(康舒牌耐热瓷、比格牌洁具瓷、怀泉牌日用瓷)。园区日用瓷年产销量过亿件,位居全省第二,其中耐热瓷产销量位居全国之首,陶瓷产品涉及2500多个品种、3000多个花面,12个陶瓷产品获国家发明专利,12家企业通过ISO质量体系认证,产品远销到欧美、中东等30多个国家和地区。2011年10月被中国陶瓷工业协会评为"中国日用耐热陶瓷产业基地"。此外,康舒、环球、美佳、九州、永华、嘉顺等陶瓷企业还积极利用国家节能减排政策,共争取国家发展资金6000多万元,全面完成"煤改气",有效实现节能减排,大大增强了企业竞争力,加快了产业集聚。现园区陶瓷产业已基本实现了差异化分工协作,九州主攻洁具市场,康舒凭借产品优势,继续巩固其耐热瓷市场占有率全国第一的地位,环球瓷厂主打日用生活瓷系列，华星陶瓷等新建企业则在红瓷、工艺陶瓷方面不断填补省内空白，各陶瓷企业都在细分市场，选准不同主攻方向做深做精，显示出了较好的产业集聚效应。二是鞋服伞产业日益扩张。鞋服伞产业是黎川工业园区的新兴产业，经过短短的几年时间，园区有鞋服伞企业34家，其中投资规模5000万元以上的企业13家，包括国际品牌"达芙妮"女鞋、"安踏"运动服的生产企业，新兴鞋城初步形成。三是食品业蓬勃发展，目前园区有食品企业8家，其中2006年引进的恒兴食品，年生产能力达5000吨，其全自动烤鳗生产线为全国最长、最宽。四是新兴产业发展迅速；丽影毛毯、七星炭材、新业实业等一批科技含量高，创税能力强的大项目成功入园，将为园区的发展打下坚实基础。五是新型塑料产业异军突起；由温州客商郑建华投资30亿元兴建的新型塑料产业园目前已有聚力实业、豪丰实业、强泰实业、今达乐布业、巨光实业、中望实业、铭川科技、豪润实业8家亿元以上企业入驻。该产业园规划引进30家以上企业落户该产业园，引进新型塑料生产线300多条，计划通过五年努力，建成年产值100亿元人民币以上的中国新型生态塑料产业加工基地。

（七）赣州经济技术开发区

实施产业招商，项目引进取得新突破。紧紧围绕稀土和钨及其应用、铜加工、新能源汽车及其配套、机电、食品药品等主导产业，树立"大招商、招大商"招商理念，拓宽招商领域，加大招商力度，取得了较好成效。2011年，全区共签约项目63个，签约资金162亿元，同比增长24.17%。其中主导产业项目54个，占签约项目的85.71%；实际到位资金达72.97亿元。签约工业项目平均投资额达2.57亿元/个，是2010年同期的1.37倍。一是突出产业招商。2011年，该区组织成立了由区领导挂点的九支产业招商小分队，小分队外出招商近100次，拜访企业200多家，搜集项目信息100多条。二是突出重大项目招商。将品牌效应好、产业带动能力强的世界级企业、知名企业和央企作为招商工作的重中之重。对所有在谈重大项目实行领导亲自会见、亲自洽谈、亲自跟踪走访制。三是突出主导产业招商。以园区五大主导产业招商为突破口，成功引进了中烟集团、中国华电、中国华星三家央企和万宝至马达、大田精密制造、新生硬质合金等企业前来投资,极大地提高了开发区在国内外的知名度和吸引力,这些项目的落户将为该区发展积蓄更加强大的后劲。以产业集聚发展带动地方经济发展,取得了较好成效。一是加强培植主导产业集群,壮大园区经济总量。策应全市培育优势产业集群发展目标,该区于2011年9月组织完成了稀土和钨及其应用等主导产业调研,重新规划了主导产业发展布局,明确了主导产业发展方向和目标任务,提高了产业集中度和关联度,全年全区规模以上稀土和钨及其应用等五大主导产业实现主营业务收入270.4亿元,占全区规模以上工业总量的86%,对工业增长贡献率达到94.3%,主导产业已成长为推动该区工业经济结构调整的重要力量。二是加快特色产业基地建设,提高产业聚集水平。加快稀土、铜铝产业园等特色基地建设步伐,大力引进一批高技术、高效益、低消耗、低污染的重大项目,加快机械铸造、模具、物流配送、科技服务等配套产业发展,形成特色鲜明的产业集群;抓紧做好国家循环经济型试点园区、国家生态工业示范园区的申报工作,争取国家和省更多资金和政策支持。三是认真做好国家、省级生态工业园区和国家循环经济产业园申报创建。制定下发了《赣州开发区创建省级生态工业园区的实施意见》,顺利完成了省级生态工业试点园区考核验收工作,组织开展了国家生态示范园区、循环经济产业园申报工作,2012年,赣州开发区创建国家生态工业示范园区建设规划和技术报告已上报至国家有关部委。

第六章　融资创新

中小企业在我国经济活动中占有重要地位。据统计，全国 6000 万家左右的小企业对 GDP 的贡献率达到 60%，提供了 75% 左右的就业机会，创造了 50% 左右的出口收入和财税收入。然而长期以来，中小企业融资难成为困扰中小企业发展的重要制约因素，其原因是中小企业的信用缺失、治理不规范和经营风险大等内生缺陷导致了融资困难。工业园区的重要作用即在于协调银企关系，缓解银企之间的信息不对称问题，并根据工业园区自身的具体情况，创新扶持中小企业融资模式，为中小企业发展营造一个良好的环境。面对园区中小企业的融资难问题，南昌小蓝经济技术开发区、景德镇高新技术产业开发区、萍乡经济技术开发区、共青城经济开发区等大胆创新融资模式，助力园区中小企业发展，取得了宝贵的经验和可喜的成果。

一、南昌小蓝经济技术开发区：搭建"蓝银保"融资平台，助力园区中小企业发展

随着南昌开放型经济的快速发展，落户南昌小蓝经济技术开发区的工业企业大量增加，其中一些中小企业一时难以形成融资信用，"融资难"成为制约这些企业发展的瓶颈，特别是受金融危机及当前世界经济疲弱的影响，这一问题尤为突出。面对园区中小企业的融资难问题，南昌小蓝经济技术开发区想企业之所想，急企业之所急，大胆创新融资模式，通过搭建"蓝银保"融资平台，不断助力园区中小企业发展，探索出了一条工业园区融资模式创新的特色之路。

（一）成立担保公司，搭建"蓝银保"融资平台

2008 年 11 月，为积极应对世界金融危机，拓展中小企业融资渠道，

分散化解金融风险，应对市场竞争与挑战，促进南昌小蓝经济技术开发区实现持续、快速、健康的发展，经区党工委、管委会研究决定，由江西南昌小蓝经济技术开发区投资发展有限公司全额出资，于2008年11月17日成立南昌小蓝投资担保有限公司，并通过南昌小蓝经济技术开发区与交通银行三方共同搭建"蓝银保"融资平台，切实解决中小企业担保难、贷款难、融资难问题，把国家扶持中小企业的优惠政策支持落到实处，促进企业渡过难关，实现开发区经济又好又快发展。

公司首期注册资金为3000万元人民币，主要以为企业提供融资担保为核心业务，以江西小蓝经济技术开发区的企业为主要服务对象，经营范围包括为实业进行投资（金融、证券、期货除外），以自有资金为个人、企业提供融资担保。现已担保了30多家企业，担保总额为7000多万元，担保余额为3700万元。

公司成立之后，采取基本模式为平台公司统贷借款，担保公司担保。目前，合作银行贷款利率在基准利率上浮30%，担保费费率根据银行利率的变动情况一年一定。因公司面对的客户群体主要是开发区内的中小企业，本着在确保资金安全运行的前提下，依照国家产业政策和法律法规，竭诚为园区企业解决担保难、融资难问题，并提供高效率、高质量的服务，为提升竞争力，公司暂定年担保费率为1.2%～2%，并免收担保项目的土地和房产评估费。

（二）创新融资手段，助力企业发展

当前担保公司的业务开展只对持有土地证、房产证即"两证"和一时未办土地证、房产证等，且企业位于开发区内，连续经营一年以上，具有规定比例的自由资金，有较好的财务核算基础，资产负债率在75%以下；公司产权（债权）结构明晰，无权属纠纷；无逾期还贷及欠息、未按约定分期还贷等不良信用记录及重大民事、经济纠纷的，只要企业提出申请，担保公司将按操作流程为企业提供融资服务。

1. 企业财产"反保"

为尚未获得"两证"的企业提供贷款担保。

业务说明：服务对象为尚未办理土地证、房产证的企业。企业位于开发区内。

案例：南昌市汉华工贸有限公司（以下简称"汉华工贸"）是南昌小蓝经济技术开发区一家生产巧克力为主的企业，当时接到出口贸易订单，但又没有足够的现金购买原材料，贷款房产土地均未办证。为保证该笔订单业务的正常进行，由小蓝担保公司以签订三方协议的形式，即小蓝管委会、小蓝担保公司、汉华工贸就未办证土地及房产达成借款的反担保措施，另附加股东个人无限连带责任及股权质押的形式，为汉华工贸担保了300万元流动资金贷款。汉华工贸因此顺利地完成了出口订单任务，并在不到一年的时间归还了该笔贷款。

2. 企业中个人私有住宅保全

为已获得"两证"的企业提供贷款担保。

业务说明：服务对象为已办理土地证、房产证或只办了土地证的企业。企业位于开发区内。

案例：（1）江西科得玻璃钢有限公司是江西首家采用国内先进的数控长纤维连续缠绕技术，生产的复合材料玻璃钢夹砂管道、高压管道，该公司玻璃管道以承接工程为主，工程款返还时间较长，需要流动资金购材料。此时，由小蓝担保公司为其提供的一套私有住宅进行了全保，并附带了个人无限连带责任，解决了购买材料的问题，该笔贷款的周转为其创造了千万元的收入。

（2）江西溯高美电气有限公司是一家生产配电箱的企业，主要承接电力工程配套配电箱为主，该公司在江苏有生产基地，因为感受到南昌小蓝经济技术开发区的招商优惠政策，决定将江苏生产基地全部搬迁至南昌小蓝经济技术开发区，原有土地已出售。但由于该公司买地款用于筹备新公司试生产，并承接了江西省电力工程项目，导致资金周转困难。小蓝担保公司知情后为其提供的私有住宅进行全保，并附带了个人无限连带责任，为其解决了资金周转问题。

3. 税收返还保全

针对与南昌小蓝经济技术开发区签订了税收返还协议的企业，其税收返还作为反担保措施。

业务说明：针对南昌小蓝经济技术开发区内有税收返还企业签订三方协议，三方分别为小蓝管委会、小蓝担保公司、借款公司并附加个人无限连带责任或设备质押。

案例：仁新铜业是一家加工铜材的企业，因铜材收购价格较高，而金属价格波动较大，收益高，风险大，交易成功后税收一年可达1500万元，南昌小蓝经济开发区为扶持企业的发展，制定了相应的税收返还政策，既鼓励了企业的发展，又使企业有了融资的先决条件，仁新铜业利用税收返还的优势，由小蓝担保公司担保贷款300万元用于购买铜材，既上交了税收，又拓展了一笔不小的业务。

4. 应收账款质押保全

对于在南昌小蓝经济技术开发区内企业应收账款的企业。

业务说明：受保企业与往来账款企业均必须在南昌小蓝经济技术开发区内。

案例：殷实实业有限公司是一家村办企业，创办时苦于无资金购买设备，又无相应的抵押物，但该村委会有一笔国家修路补偿款未到位，拨付时一定要经过小蓝管委会财政局，当时小蓝担保公司董事长得知该企业状况，利用其现有的财政优势，以该公司应收补偿款为质押担保了300万元，只附带了个人无限连带责任。

（三）建立完善内控制度，严格防范融资风险

担保公司实质经营的就是风险。如何控制风险是担保公司立足于市场的基础，也是取信于银行的实现可持续发展的关键。担保机构的风险主要来自"市场、客户、政策"三个层面。客户风险主要来自企业融资后的履约能力；市场风险是因市场发展到不同阶段带来的风险，如金融危机使不少中小企业融资客户面临偿还难的问题；政策风险则是基于国家大的金融政策和影响经济发展速度的相关政策带来的风险，如一段时期内国家政策扶持的行业、限制的行业，也会为相关企业带来经营风险，进而影响偿贷能力。

南昌小蓝经济技术开发区高度重视融资担保风险管理，建立完善各项融资管理内控制度，严格防范融资风险，具体做法有：

1. 建立完善的内控制度

小蓝担保公司作为国有企业，兼具政策性和市场性双重职能，一方面拥有雄厚的资本实力和政策支持；另一方面公司治理结构健全明晰，内设由各方专业人士组成的"评审委员会"和"风险管理部"，建立完

善的内控制度，形成了科学、完整的风险控制和防范体系，严格依照担保业务程序执行。

2. 三方联动进行风险控制

担保公司借助南昌小蓝经济技术开发区与交通银行和南昌小蓝投资担保有限公司三方共同组建的服务平台——"蓝银保"对某个企业和某个环节进行风险控制，主要通过各方联动、组织优势和制度建设来落实风险管理。

3. 创新风险控制的措施和手段

在推进与交通银行合作中小企业融资担保工作中，强化服务意识和风险防范意识，结合交通银行中小企业融资工作特点，积极探索和创新担保工作的新方法、新措施。根据开发区内中小企业的基本情况和交通银行统贷业务特点，公司专门对融资企业设计了快捷高效又尽可能控制风险的操作流程，创新出一些风险控制的措施和手段，并对贷款企业担保收费给予了适当优惠。

（1）保前控制。公司在对企业民主评议阶段就提前介入进行定性初查，提高了开发区推荐项目的审保通过率和效率。在审查企业时，公司根据各自行业的特点，在调查重点、评价方式、评价指标方面予以适当调整，通过授信额度控制，公司对企业的担保扶持方法渐趋完善。针对许多中小企业没有物的反担保措施情况，公司发挥风险控制的联动机制优势，和开发区管委会及各部门配合，对其尚未取得土地证的土地、在建工程、企业机器设备等资产进行监管，创新反担保措施，同时对个别具有重点产业示范带动作用的优秀项目，努力争取直贷，采取点面结合，多种方式支持企业。另外，股权质押、个人无限连带责任、第三方法人担保、商品房产余值公证，都是作为附加反担保形式或根据企业的经营状况设置灵活的反担保组合。

（2）保中控制。公司在企业获得该笔担保资金后，不定期对企业进行走访，跟进企业的运营情况，及时了解企业生产经营状况。同时，公司在运营过程中，既把风险控制在流程中，同时也时刻关注和研究宏观势态，设定公司担保业务的行业范围和担保业务结构，积极参加行业协会组织的定期学习，不断规范和完善工作流程，从法律层面及时布控风险防范网，以确保每笔担保业务顺利完成。

（3）保后服务。公司在受保企业履行完还款义务后，继续跟踪企业对资金的需求动态和公司的担保服务质量，对企业提出的要求和可行性建议进行采纳和改进，进一步为做好园区中小企业服务，保障开发区经济运行的稳步增长。

中小企业是我国国民经济和社会发展的重要力量，促进中小企业发展，是保持国民经济平稳较快发展的重要基础，是关系民生和社会稳定的重大战略任务。南昌小蓝经济技术开发区积极响应国家扶持中小企业发展的文件精神，把为解决区内中小企业担保难、贷款难、融资难问题放在首位，把国家扶持中小企业的优惠政策支持落到实处，从企业自身、金融机构、外部环境三个角度出发，在当前的经济形势下，积极开展扶持中小企业发展的各项工作，努力帮助企业渡难关，为企业做保生存的"过冬棉袄"；促进企业转型，帮助企业调整结构，做企业的融资支撑；协助企业腾飞，做企业发展的强劲推手，从而实现开发区与企业共同发展双赢目标。

二、景德镇高新技术产业开发区：搭建融资平台，破解融资难题

回顾过去的几年，景德镇高新技术产业开发区在实践中大胆探索，在竞争中寻求主动，特别在破解融资难题、搭建融资平台、创新融资模式等方面积累了许多宝贵经验。

（一）搭建融资平台、拓宽融资渠道

首先，该区出资成立了高新建设开发有限公司、合盛光电产业投资发展有限公司、高新惠农建设有限公司三家下属公司作为政府融资平台公司，目前已从金融机构获得贷款3.538亿元，为园区基础设施建设提供资金来源。其次，2009年，管委会以500万元资金入股江西省信用担保股份公司景德镇分公司，依托这一平台，利用财政与信用担保公司的良好合作基础和便利条件，加大跟进与省、市担保公司的沟通与联系，为园区企业贷款进行担保，解决企业因抵押不足贷款难的问题。目前已为景磐城建公司、景程汽车部件公司、创远汽车零部件公司等企业在金

融机构获得贷款 3.01 亿元。

(二) 开拓工作思路，寻求政府支持

积极与景德镇市发改委、市投资公司联系，积极争取到国家转移支付资金和市政府企业发展基金支持，先后为江西威富尔新能源公司和高新惠农五金项目部分别获得了 5000 万元和 1000 万元的政府资金的扶持。

(三) 提高服务意识、破解企业融资难题

首先，积极主动加强与企业沟通，摸清园区企业融资需求，并建立园区企业资金需求台账，做到台账更新的时效性。其次，在帮助企业协调贷款的基础上，与金融机构进行探讨、研究，正在进行运作一种全新的融资渠道，即以金融机构将资金以"批发"利率形式贷给高新区，高新区选择优质企业，以贷款利率零售等形式贷给园区企业，最终实现银、企、政府机构三方互利的模式，并制定了实施方案。再次，加强与抵押部门沟通与联系，尽量为企业融资创造便利条件。园区企业在创业期内用于生产的流动资金十分紧张，企业从金融机构贷款均需办理房产证后方能抵押贷款，加强与房管局抵押科联系，房管局通过了"只要是高新区园区企业的在建工程均可抵押贷款"的决议，为缓解园区企业资金压力提供了方便。最后，积极推动园区汽车零部件产业基地内企业实行联保机制。对园区的重大项目中的汽车零部件企业，根据该类企业产业性质相同、相互熟悉的条件，对景德镇宏源达机械有限公司、景德镇宏威锻造有限公司、景德镇正德制动有限公司采取互保、联保形式分别从市农村商业银行获得了各 300 万元的贷款。

(四) 创新融资模式、构建多元投融资体系

2012 年以来，针对高新区建设发展资金需求量大，但又抵押资产少，融资难度大这一实际，开拓思路，破难攻坚。一是创新投融资渠道，该区积极与泰豪集团、江铜集团、航空基金公司、摩根银行、中国股权投资协会、北京金融资产交易所等实力雄厚的公司及金融机构进行沟通接洽，积极争取国家、省里对航空产业的政策支持和资金扶持。成立产业投资公司作为产业发展基金的来源，目前已成立江西省直升机产业投

资公司，近期努力争取新的产业发展基金项目以支撑园区产业发展。该区还与景德镇市国资委、长虹置业、国资公司进行接触并初步达成意向，拟成立景德镇航空城投资建设有限公司，主要目的是整合园区土地资源，加大基础设施建设，推进城工并举。二是导入金融资本，激活资本市场，重点吸引各类金融资本及机构进入园区开代办点、开分支机构。先后与多家银行、券商联系，并成功引入江信国际集团、上海交易所、深圳交易等5家券商入园对接，目前园区已有3家企业进入券商的合作范围，其中景东陶瓷已与国信证券签订了合作协议。

三、萍乡经济技术开发区：推进"政银企"对接，完善融资服务环境

萍乡经济技术开发区创建中小企业信用体系试验区，进一步完善开发区的投融资服务环境，推进政、银、企深入对接合作，不断助力园区企业发展。该区融资模式创新的做法主要有：

（一）银企对接工作主要做法

1. 发挥政策环境优势

积极发挥国家级经济技术开发区和中小企业信用体系试验区的政策环境优势，建立了园区中小微企业征信平台体系，加大与省、市人民银行、中小企业局以及省、市银行业金融机构的沟通协调，深入推进政、银、企的对接合作，争取支持，并与商业银行共同举办"中小企业融资签约会"，商业银行机构、中小微企业、汇源担保中心签订《政银保合作协议》，促成《银企合作协议》的签订，年银企合作协议总额达到2亿元以上。

2. 完善投融资服务平台建设

该区下属单位汇丰投资有限公司和汇源中小企业担保中心，稳健发展，不断积累和充实自身的品牌信誉，平台优势已呈现。2011年，通过采取贷款担保等方式，为园区广大中小企业新增贷款担保近2亿元，有力地支持了园区广大中小企业的发展。

3. 大胆迈进，突破发展瓶颈

2011年，该区与东海证券等专业机构合作，先后启动和实施了几大

举措，如积极探索对接亚洲银行股权融资、启动 10 亿元企业债券的发行、发售 1.5 亿元信托理财产品等。

(二) 取得的成效

1. **政府融资创历史新高**

2011 年该区向各类银行融通项目协议资金 21.3 亿元，创历史新高，尤其是"萍乡经济技术开发区田中湖项目农民集中居住安置小区"建设项目 3.5 亿元和"萍乡市田中生态水库（萍水河田中段防洪工程）"建设项目 15 亿元等贷款的融通，为省、市重点建设项目"田中生态水库"的建设发展提供了有力的支撑。

2. **园区企业融资增幅列全省工业园区首位**

2011 年该区中小企业融资总额达 20 亿元，增长 89.67%，增幅列全省工业园区首位，有效缓解了园区企业融资难压力，确保了园区企业发展资金需求，促进了园区企业又好又快发展。

3. **稳健推进园区融资市场化发展**

虽然股权融资、发债等有关工作正处在探索及推进阶段，但进一步促进了园区融资的发展创新，积累了宝贵经验，同时积极推进园区后备企业上市发展和中小企业集合票据发行等工作，如：三瑞科技（江西）有限公司已完成股改前的基本工作；萍乡市飞虎炭黑有限公司已完成股改前的财务规范工作，成立了公司上市筹备办公室；江西应陶康顺有限公司步入上市前的三年辅导期，计划在三年内上市；萍乡博德科技发展有限公司已与湖南中南大学下属企业合作打捆上市，目前正在积极开展上市前期的准备工作。通过园区企业上市工作的推动，带动了园区企业上市发展的积极性，提高了园区企业资本运作和市场化发展意识。

四、共青城经济开发区：构建"银园保"融资平台，促园区企业可持续发展

共青城经济开发区急企业之所急，为支持中小企业发展，改善融资环境，拓展中小企业融资渠道，控制金融风险，依照国家金融政策和有关扶持中小企业融资的法律法规，通过搭建"银园保"融资平台，园区

中小企业贷款难的现状得以改善,进一步促进共青城市经济的可持续发展。

(一) 四方联动,搭建"银园保"融资平台

当前国际经济形势总体上仍然十分复杂严峻,全球三大发达经济体困难重重,美国还没有走出金融危机的困境;欧洲债务危机恶化;日本经济在遭受地震、海啸、核辐射的打击之后,还没有走出阴影。国内经济受资金、土地、能源、环境的制约,发展的压力越来越大。面对如此经济下行压力,共青城市委、市政府果敢出击,搭建起由共青城市人民政府、上海浦发银行、九江国资担保有限公司、共青城经济开发区四方合作开展共青城市"银园保"工业园区中小企业融资平台。

(二) 完善制度,彰显"银园保"融资效应

(1) 园区集中受理中小企业的贷款申请,逐项评估,评估后向担保公司申报。

(2) 担保公司审查同意后集中向银行进行推荐,银行按内部评审程序进行集中评审,通过后集中发放贷款。担保公司为贷款企业提供保证担保。

(3) 市政府安排专项财政资金作为中小企业贷款的风险补偿金,由市政府和园区向担保公司提供反担保,风险补偿金原则上不低于贷款总额的10%。

(4) 贷款企业向市政府和园区提供资产抵押和担保。

(5) 建立联合协调机制,由担保公司负责日常协调工作,每半年定期召开联席会议,对园区贷款实行总量控制,当不良贷款率达到担保公司提供担保的贷款余额的5%时,银行有权停止发放贷款。

通过"银园保"融资平台,园区中小企业融资难问题得到明显改善。如东升包装有限公司、华达医材有限公司、天翌光电等企业当时接到很多订单,正苦于没有足够的流动资金时,是"银园保"融资平台分别为三个企业融资1000万元,帮助企业渡过难关,步入良性轨道。

又如唐人服饰是一家服装设计和生产的企业。一期已竣工投产,企业订单充足,公司想把浙江原来的老厂搬迁到共青城,准备启动二期工

程建设，苦于没有资金，经过考察认证，"银园保"融资平台准备帮助企业融资2000万元，为企业发展壮大提供强有力保证。

五、定南工业园区：创新融资模式，实现园区跨越式发展

定南工业园区大胆创新融资模式，实现园区跨越式发展。该区融资模式创新的做法主要有：

（一）不断拓宽园区基础设施投入方式

当前因融资工作推进难，本级财力薄弱，对园区基础设施建设和完善配套功能投入不足，工业区基础设施不完备，整体承载功能不强，园区资金投入严重滞后，影响整体配套协同推进园区建设。为进一步开拓园区基础设施投入方式，采取招商建设、BT、BOT、银行贷款、土地一级开发和委托第三方建设等方式，逐步多元化、市场化，2012年以来，先后落实项目投入资金约1.25亿元，有效解决了园区基础设施建设资金瓶颈。

2009～2010年，园区标准厂房建设吸收社会资金投入1.2亿元，建成标准厂房面积10万平方米；2012年2月，恒明珠（定南）科技园一期7万平方米厂房建设顺利开工，预计投入1亿元，目前已投入近3000万元；成功运作城北新区土地一级开发，引进其投资商八达公司5500万余元，代建部分富田工业园基础设施项目，2011年完成300万元安装了170盏路灯，2012年3月又开工了富田工业区河堤护坡和产业一路两个项目，预计年内完成投入2300万元。

（二）引进第三方专业企业（集团）建设工业园

定南工业园区自2009年以来着力引进第三方专业企业（集团），实施园区化整体开发以及规划、建设、招商和物业管理"四统一"运作。引进第三方专业企业（集团）建设工业园区，是借助雄厚外来资金和专业管理团队负责建设实施，严格控制项目投资、质量和工期，竣工验收后移交政府使用的建设新模式，为减轻县财政投资压力，加快推进定南工业园区基础设施建设、夯实工业强县基础具有突破性的历史意义。

定南台商创业园由东莞台商协会投资 5 亿元建设。恒明珠（定南）科技园：位于富田工业区，规划面积 5000 余亩，由深圳恒明珠集团计划总投资 60 亿元建设，主要从事工业地产开发和标准厂房建设。一期 358 亩已开工建设。金龙动漫产业园：位于富田工业区，规划面积 1300 亩，由中山市金龙游乐设备有限公司投资建设，计划总投资 15 亿元。致力建设成一个高科技、高标准、高效益的集科研、生产、销售经营，休闲娱乐于一体的游戏游乐动漫产业科技园。

（三）充分利用工业园区开发经营公司融资功能

2009 年 7 月，为积极应对世界金融危机，拓宽工业园区融资渠道，促进定南工业园区实现健康、持续、快速的发展。经定南县委、县政府研究决定，成立县工业园区开发经营有限责任公司，公司主要承担园区基础配套设施及公益性项目投资建设；通过项目建设，依托定南县城市建设投资公司注入的土地、国有资产经营权等各种资源，采取向银行融资，吸引聚合社会各类资金，银行整体授信、软贷款、借助县投资公司担保等形式，筹集项目建设资金，解决园区建设资金问题；同时，经营和管理园区内国有资产，开展资本运营；承接和运用基本建设资金和专项资金、政府信用资金和国债资金，对政府投资项目进行投资、建设、管理、经营、实现国有资产保值增值；根据授权对园区国有土地实施开发。

案例：全市首创土地一级开发项目融资新模式取得显著成效，与江西省八达科技发展有限公司合作的定南县城北新区土地一级开发项目进展胜利，总投资 5 亿多元，现已到位资金 1.2 亿元；通过与中能公司合作，成功向赣州银行融资贷款 1500 万元；由公司提供富田工业园区 186 亩商住用地作为抵押，与县城投公司合作向县农业发展银行融资贷款 1.5 亿元，确保了各产业小区建设的顺利实施。

六、赣县、东乡、宜丰等经济开发区

（一）赣县经济开发区

重点推动融资方式的改进，在赣州率先实施"银园保"融资项目，共组织了6批企业申报该项目,成功融资9800万元,覆盖园区企业28家。"银园保"具体操作为由县财政筹措贷款额度的10%即500万元给红金工业小区开发有限公司,作为专项贷款风险补偿金,存入省中小企业信用担保公司账户,并从2010年开始,县财政每年在县中小企业发展基金中列支200万元,用于补充贷款风险补偿金;由县自来水公司作为县经济开发区项目融资提供反担保;开发区企业服务局具体负责项目融资工作中的各项申报工作。

(二)东乡经济开发区

为破解企业融资难题,该区积极搭建融资担保、银企合作、资金汇集平台,有效地助推园区经济快速健康发展。一是搭建融资担保平台。在企业普遍存在抵押物有限的情况下,要解决融资难,担保公司等中介机构就显得十分必要。为此。该区协助县政府引进以民间资本为主、政府出资参股的民营担保机构——江西东弘投资担保有限公司,该公司注册资本3000万元,是东乡县在抚州市各县(区)率先引进境外民间投资担保公司。目前该公司正与农村信用社商洽开展担保业务,有望部分缓解东乡县非公企业融资担保难题。二是搭建政银企合作平台。该区积极推动政银企合作新机制,每年定期召开政银企项目现场会,推荐优质项目、优质企业,宣传积极的金融政策,促成银企合作。同时,积极开展"信用东乡"建设活动,打造良好的信用环境。近年来,累计促成银企双方达成合作项目26个,协议融资2.5亿元。三是搭建资金汇集平台。为进一步改善和优化全县非公企业融资环境,积极营造良好的金融生态环境,制定了《关于进一步改善和优化东乡县非公企业融资服务实施方案》。该方案的出台不仅有效地降低了非公企业的融资成本,还进一步改善了东乡县的金融生态环境。金融生态环境的改善,促使辖内各家银行安心放贷、敢于放贷。抚州市农发行、市中行、市联社先后将东乡县列为信贷投放重点县,这为东乡县非公经济发展提供了强有力的资金支撑。四是加大政府投入。东乡县每年安排创业扶持资金700万元,用于企业贷款贴息、厂房租赁、店面购置、水电等补助;安排创业贷款担保资金1500万元,用于增加担保机构的本金,扩大小额贷款担保规模;安排创业培训资金100万元,为企业提供免费培训;安排创业产品推介资金50万元,用于补贴县内创业企业在省级以上媒体进行广告宣传。同时,该县成立中小企业创业基地服务中心,为企业排忧解难,提供创业辅导、人员培训、政务代理、小额贷款、融资担保、信息咨询、企业管理等各类服务性工作。

(三) 宜丰工业园区

有道是:种下梧桐树,才有凤凰来。基础设施建设,是招商引资、拓展园区的先决条件,也是服务入园企业的硬指标。自2009年以来,园区每年投入的公共基础设施工程量均在1亿元以上。主要用于征地、拆迁、土地平整、水、电、路等公共设施建设,推进土地"六通一平"工程建设。但如此巨的大投资量,如何筹措?为此,宜丰工业园区创新投融资思路,拓宽投资渠道,改单一由政府财政投资,转变了多元化投入,有效地缓解了园区基础设施建设资金紧张的难题。一是组建宜丰工业园区投资开发有限公司和宜丰县竹产业开发有限公司,以存量土地或土地收益抵押贷款、项目包装贷款、中介担保贷款等方式,向银行融资贷款6000万元,用于园区建设开发。二是通过土地运作方式,争取政策支持,将部分土地商业化运作,先后筹集资金4500万元用于基础设施工程建设。三是完善园区财政机制,建立一级园区财政预算体制,3年来,园区本级财政预算投入资金近6000万元用于基础设施工程建设。与此同时,还采取了与企业联合开发、招标工程建设单位垫资等方式,筹措资金3000多万元,用于园区基础设施建设。对每个企业,园区实行落实项目跟踪服务制度,对每个重点项目安排一名班子成员,实行"保姆式"服务,帮扶企业解决生产生活难题。由于创立了科学的投融资模式,园区基础建设得以日趋完善,使入园企业来则安之便之,完善的基础建设环境,也吸引了更多的企业入园。

投资2.5亿元人民币的志超电器项目于2011年4月落户该工业园区,按企业的生产要求,最多只有半年的前期基础建设档期,否则要延误投产。园区了解到企业的迫切需要,立即启动资金运作模式,采取施工方垫资、向企业借资等方式,广泛筹措土地平整工程建设资金,使土石方平整工程立即得以实施。为了保证进度,园区克服雨季天气不利于施工建设等困难,采取"白+黑"、"5+2"的工作方法,安排专人督促施工队伍建设进度,用时30天,每天工作15~16小时,完成36万立方米土石方平整工程,及时交付企业用地400亩。与此同时,也同步快速推进供水、供电工程,园区协调供电公司在两个月的时间内,铺设35千伏线路12千米、10千伏线路3千米、供水管网7千米,确保企业生产、生活所需。仅仅4个月的时间,所有基础建设全部到位并完工,企业于2011年8月提前竣工投产,创造了园区项目建设史上最快速度,在园区企业中传为美谈。

第七章 土地利用创新

节约土地、集约用地是中共中央关于制定"十二五"规划建议的战略要求，是深入贯彻落实科学发展观、加快转变经济发展方式的必然选择。江西省工业园区建设在土地利用中，重扩张轻挖潜、重规模轻效率、重引资轻规划等问题仍时常存在。如何高度重视土地资源的有效利用，采取有力措施清理处置闲置建设用地，积极盘活存量，拓宽发展平台，确保项目用地，进一步推动工业园区的健康、快速、可持续发展，是地方政府急需破解的难题之一。奉新工业园区、全南工业园区、永新工业园区、樟树工业园区、南昌昌南工业园区、鄱阳工业园区、赣州经济技术开发区、定南工业园区、宜黄工业园区、东乡经济开发区、南康工业园区等从多方面探索提高土地利用的效率，积累了宝贵的经验。

一、奉新工业园区：推进土地节约集约利用　促进园区经济高速发展

近年来，奉新县强力推进招商引资工作，一大批投资大、效益好的重大项目签约落户工业园区，园区项目用地日益紧张，近期随着上级严控项目用地政策的影响，"用地难"成为制约园区经济发展的瓶颈，面对这一难题，园区在奉新县委、县政府的正确领导下，深刻认识节约集约利用土地资源对经济发展的重要意义，在实际工作中坚持科学合理配置和节约集约利用土地资源，不断探索土地集约利用特色模式，千方百计提高土地利用率，努力突破"用地难"，促进了工业项目落地开工建设，推动了园区经济的健康快速发展。

（一）强化总体规划控制作用，科学合理配置土地资源

园区吸取以往规划预留工业发展用地空间不够的教训，积极谋划开

展"一园两区"建设,并抓住当前县城冯川镇行政区划调整和江西省开展工业园区调区扩区工作的有利时机,结合奉新县土地利用总体规划和园区产业发展规划等其他规划要求,重新修订园区总体规划,超前谋划好今后发展空间问题。同时园区编制了纺织产业发展规划、印染集控区规划、化工集中区等产业规划,并切实按照相关规划要求,坚持以规划定方向、以项目定土地、以投资定面积、以土地定产出,科学合理确定了产业布局和工业布局,严格控制工业园区内基础设施、社会各项事业建设和行政办公等非工业用地规模,严格执行限制供地目录,对于高污染、高耗能、产能过剩和低水平重复建设项目不予安排用地,保证主导产业发展用地。

2006年奉新工业园区审批面积3.4平方公里,目前实际开发面积8平方公里,近期拟通过调区扩区工作,审批面积扩至15平方公里。同时园区规划包含县城所在区域——冯川镇全部,而根据《江西省主体功能区规划》要求,冯川镇属于重点开发区域。为进一步扩展园区发展空间,奉新县正在努力申报调整扩大冯川镇行政区划范围,预留园区工业开发空间。

园区先后编制了《纺织产业基地发展规划》、《印染集控区规划》、《化工集中区安全发展规划》等规划,对有限的土地资源进行了合理配置和功能划分,有序安排相关产业项目落户。通过严格按照规划重点推进支柱产业,目前作为园区重点推进产业的纺织产业,已经成为江西省规模最大、设备最新、发展速度最快的省级纺织产业基地,基地规划用地面积为325.2公顷(已开发建成约147公顷),落户企业18家,总投资64.77亿元,生产规模达185万纱锭(其中已投产150万纱锭),占全省总规模的41.2%,被评为"中国新兴纺织产业基地"。2011年,该产业实现主营业务收入61.2亿元、税收1.7亿元,分别占工业园区主营业务收入的31%、税收的24%。

(二)积极向上争取用地指标,促进重大项目快速落户

奉新县成立了项目包装工作组,形成了高位推进、多部门联动的工作机制,以最短的时间完成重大项目包装申报工作。园区也努力吃透有关用地政策文件精神,认真按照要求做好重大项目储备工作,抓好项目

申报的各项前期准备工作,力争入园重大项目进入全省重大项目调度会,全力争取省重大项目用地指标,以确保重点项目和产业政策鼓励发展的项目用地,促进项目快速落户。

2010年,园区在颖盛纺织、锦润纺织、三邦实业等5家投资超亿元的重大项目签约后,立即组织投资方做好省级可研报告、环评、能评等前期申报材料准备工作,并提交省重大项目调度会审议,成功获得工业项目用地指标910亩,保障了5家重点项目的顺利落户。

(三)提高准入门槛完善平台,提升土地资源利用效率

为有效提升园区宝贵的土地资源利用效率,园区通过严把入园项目关、完善项目公共配套设施、激励企业建设多层厂房等措施,促进园区用地产出效益最大化。截至2011年底,工业园区报批土地9197.3295亩,供地率达到95%以上;共引进项目155个(其中工业项目125个),合同金额293.47亿元,实际进资242.42亿元,开工投产项目83个,动工建设项目42个。2011年投产项目共实现主营业务收入193亿元、税收7.2亿元,亩均税收6.3万元。

1. 提高项目准入门槛

园区以国家新型工业化示范基地投资强度指标作为奉新工业园区控制指标,通过项目入园联合评审制度筛选入园项目,入园项目严格按照指标要求对项目用地需求进行预估,科学确定项目用地规模。对投资亿元以下的延链补链项目不再单独供地,通过产业配比开发的方式,吸引工业地产开发商按照统筹规划投资建设标准化工业厂房和相关配套设施,产业配套"小项目"全部进入标准化厂房。

近几年来,奉新工业园区入园企业投资指标逐步从100万元/亩提高到250万元/亩,建筑密度从30%提高到40%以上,容积率从0.5提高到1.0以上,亩均税收从2万元提高到5万元以上。园区于2007年引进江西君来投资有限公司投资2000万元建成标准厂房8栋、总建筑面积26246.4平方米,孵化园内拥有完善的水电、通信、消防、排污等配套基础设施,主要用于引进与园区支柱产业和重点行业相配套、产业链延伸的中小企业,以及科技含量高、市场前景好、发展潜力大的中小企业。该项目孵化园建成以来,先后有富邦制衣、正拓科技、成钰电控、天波

港联、钜扬电机等产业配套项目进驻。

2. 统筹规划公共配套设施

对产业项目急需的公共配套设施，园区积极引进开发商统筹规划建设，项目投资方不需另行单独建设，为项目后续扩产腾出用地空间，提高项目用地节约集约水平，带动产业集中和资源共享。

工业园区印染集控区于 2008 年 8 月通过环保审批，主体工程——污水处理厂主要包括 3 万吨印染污水集中处理项目、2 万吨工业和生活污水处理项目。项目总投资 1 亿元，项目采取 BOT 模式，中日合资（深圳金达莱环保、三菱丽阳、丰田通商）并于 2011 年 3 月动工建设。项目于 2012 年底建成后，园区内企业污水可直接排入污水处理厂统一处理排放，企业不需另行建设内部污水处理设施，节约了项目用地。

3. 建立集约用地激励机制

出台优惠政策鼓励企业建设多层厂房，同时以合同方式约定土地集约化利用的相关指标，待项目竣工经验收合格后，兑现有关优惠政策，否则不予优惠，引导企业提高土地利用率。

园区规定凡符合国家产业政策，且厂房建设容积率达到要求或行业标准要求的入园企业，建设第二层厂房，奉新县财政每平方米奖励 30 元，第三层每平方米奖励 50 元。依此类推，每增加一层，奖励标准提高 20 元。通过此激励措施，园区金源纺织、宝源彩纺、华春色纺、同和药业、东邦药业等企业都建设了两层或三层厂房，建筑总面积达 50.88 万平方米，企业容积率达到 1.0 以上。

（四）坚持土地节约挖潜，杜绝土地低效浪费使用

园区闲置工业用地清理处置工作从 2005 年开始启动，到 2006 年逐步完善，奉新县出台了《关于对工业园区用地进行清理整顿的意见》（奉发［2006］25 号），闲置工业用地清理工作成为一项常态性工作，园区针对造就土地闲置或低效益的企业不同的原因，从实际出发，科学分析，因企施策，一企一策，分别对待，截至目前，园区已清理搬迁和嫁接盘活企业 44 家，嫁接和盘活存量工业用地近 3000 亩。

1. 督促加压清理处置

对一些投资比较早的企业，占地较多，有投资能力但没有按合同约

定投资到位，下达期限整改责任书，同时，给予一定的激励政策，促其增加投资，整改后进行验收，有一批企业收到了良好的效果；但有一些企业仍然达不到效果的，园区按要求收回。

如园区鸿圣彩印、汇丽建材、金桥农业等早期入园项目，或有部分闲置用地，或土地产出率持续偏低，经过下达期限整改责任书，公司都陆续开展增资扩产工作，建设新厂房、引进新设备，税收也出现了明显增长，达到了预期效果。

2. 置换转移清理处置

对一些规模较小、分散经营的小企业，采取经过工业园区另行供地置换，使散户成大户，降低生产成本，实现共同发展，使企业增强聚集效应，做强做大。对不适合在工业园区发展的小企业，奉新县在附近乡镇提供等面积的土地置换，并享受工业园区的各项优惠政策，使其有更为广阔的发展前景。

宝源彩纺2007年11月投资1.2亿美元建设40万锭纺纱项目，由园区将辉煌铸造、化工搪瓷等6家企业规模比较小和另外3家停产半停产的企业进行置换，通过穿针引线，把9家企业中的3家搬迁企业与停产的南环新材料公司进行了对接，进行企业之间转让，其他6家企业用存量土地进行安置，把总共腾出来的320余亩土地安排给宝源彩纺。宝源彩纺2008年开始建设，2011年上缴税收约1500万元，企业毗邻园区主干道，建筑总面积22万平方米，有效提升了园区整体形象。

园区建园初落户的柒星器材、力峰砂轮等投资不到3000万元、用地不足10亩的企业，已经不适合在园区继续发展，经过土地置换盘活至园区周边赤田、宋埠等乡镇；原有用地则逐步化零为整，用于安排投资规模更大、效益更好的项目。

3. 搭桥嫁接清理处置

对停产、半停产和需盘活的企业积极寻找对接项目，穿针引线，做好服务。

亚泰尔药业于2006年签约，由于各种原因在建了一部分厂房后，无法续建，完成不了投资，致使土地长期闲置。经过多方努力，园区将这一企业的土地进行了"腾笼换鸟"，把该企业的用地成功转嫁给春红董氏竹业，既降低了老客商的损失，维护了工业园区的声誉，又为新项目的引进找到了可用的土地。江西康达竹业因扩产重新安置了用地，老厂用地则由园区先按要求收回，但回购的资金谈判是转让方、受让方和工业园区管委会三方认可的。

4. 清算回购清理处置

对确实难以经营的企业，暂时又找不到对接的企业用地，园区提前介入，请有资质的评估机构对企业的不动产（房屋、土地）进行评估，由政府清算回购。同时积极沟通对接洽谈中急需用地的重大项目，积极推进投资方选购已盘活的用地，解决"项目等地、地等项目"的问题。

联丰食品用地100亩，只建了部分车间，一直未投产，暂时不计划投资启动，经双方商议，奉新县对其现有资产进行评估，由政府回购，该土地又迅速安置了亟待用地的颖盛纺织项目；针对宝丰针织项目正在多地考察选址的情况，园区将近年因市场原因一直未能正常生产的朝日集团用地94亩进行了评估、收购，将该用地、厂房推荐给急需用地建厂投产的宝丰针织回购，促成了该项目顺利签约落户，有效解决了"项目等地、地等项目"的问题，降低了新企业建设成本和园区供地成本，缩短了建设时间和交付用地时间。

二、全南工业园区：节约集约利用土地助推园区经济发展

全南县地处江西省最南端，素有"江西南大门"之称，全县国土面积1535平方公里，人均耕地0.75亩，素有"八山半水半分田，一分道路和庄园"之称，是个典型的山区县。为破解山多地少与加快发展的矛盾，近年来，奉新县把工业园区节约集约利用资源作为加强国土资源管理的切入点，坚持"保护与开发并重，开源与节流并举"，切实做好转变土地利用方式、推进土地节约集约利用、促进园区经济发展方式转变文章，探索出了一条建设占地少、利用效率高、符合全南县情的土地利用新路子，有力地推动了全县经济社会的转型和跨越发展，各项节约集约用地考核指标均排在全省、全市前列。主要做了以下几个方面的工作：

（一）凝聚共识，在全社会形成节约集约用地良好氛围

全南县把工业园区节约集约用地作为保障全县经济社会可持续发展

的重要支撑,着力在高位推动、健全制度和凝聚共识上下工夫,在全社会营造了节约集约用地的良好氛围。

1. 高位推动

全南县委、县政府历来重视节约集约用地工作,全力推动使之成为县里的"顶层设计"。

(1) 加强组织领导。成立了由县长挂帅的节约集约用地工作领导小组,协调各方做到重要事项集体决策,重大项目亲自研究,重点地块实地踏勘。把节约集约用地、耕地保护等列入全南县委、县政府"八大考评"体系,与经济社会发展同部署、同检查、同考核。

(2) 加强执法监察。建立土地执法监察网络体系,全面加强对建设用地和违法违规用地行为的监测监管和依法查处。持续开展整顿和规范土地开发利用秩序,土地执法检查连续5年实现"零约谈、零问责"的目标。

2. 健全制度

按照节约集约用地的工作要求,全南县先后制定并印发了《关于加强工业园区用地及项目建设管理的若干规定》等规范性文件,从土地使用权出让到控制建设用地总量,从非农建设用地审批到项目竣工验收,从建设用地容积率到建筑密度、投资强度等方面进行了严格规范,从制度上遏制了违规用地、浪费土地等现象的发生。

3. 凝聚共识

全南县坚持不懈加大对节约集约用地的宣传,使之成为全县广大干部群众的共识共为。利用全国"4·22地球日"、"6·25土地日"、"12·4法制宣传日"等,组织国土干部走上街头开展政策咨询、法规宣传等;利用大型户外公益广告、宣传标语横幅和文艺晚会等开展节约集约用地宣传,使之家喻户晓。2010年以来,全县共发放国土资源节约集约利用方面宣传资料5万多份,投入各种宣传经费20多万元,在省级以上新闻媒体上刊发节约集约用地的文章10余篇。

(二) 严把关口,从源头上保证节约集约用地

全南县把推进节约集约用地作为解决土地供需矛盾的重要途径,严把规划编制、土地供应关口,从源头上保证了节约集约用地。

1. **严把规划关，严控超标违标用地**

科学编制土地利用总体规划，以土地规划统筹辖区内各区域、各业发展用地。坚决杜绝建设项目违反标准供地和超标准用地，对照《江西省建设用地控制指标》进行严格审核把关。全县对10多个申请建设项目已累计核减建设用地近千亩。

2. **严把准入关，严控低效粗放用地**

全南县委、县政府出台规定，明确要求入园项目投资额不得低于3000万元，投资强度不低于每亩150万元。凡达不到上述标准的企业，不得享受各类优惠政策。同时，变"招商引资"为"选商引资"，重点引进投资强度大、利税高、无污染，发挥聚集规模和集聚效应的企业，实现土地效益最大化，对园区内的低端产业进行转产、资产重组或政府有偿收回。

3. **严把审查关，严控违法违规用地**

建立节约集约用地联席会议制度，对各类用地行为进行联合审批、联合检查、联合执法。签订《出让合同》时，对投资强度、产出额度、上缴税收、就业规模、建设周期、履约保证等进行约束。对所有竣工项目实行联合验收，凡未达到出让合同约定投资强度或建筑容积率的项目，暂停办理土地和房产登记，并限期追加投资建设。

4. **严把问效关，严控闲置撂荒用地**

建立项目用地全程跟踪问效制度，对违反出让合同约定，逾期不开发建设甚至长期闲置的土地，通过无偿收回、公开出让等方式予以处置，有效避免了人为因素导致的土地资源闲置浪费。已清理处置闲置土地6宗323亩，盘活闲置厂房10栋建筑面积1.6万平方米；正在走法律程序拟收回闲置土地1宗300亩，厂房8栋1.2万平方米。

（三）转变方式，实现节约集约用地与工业发展"双丰收"

正确处理县域经济发展与土地资源短缺的矛盾，以土地利用方式转变促进经济发展方式转变，实现节约集约用地与工业发展"双丰收"。

1. **推动产业聚集，共享节地**

按照"布局集中、产业集聚、用地集约"的原则，在园区内划分功能小区，引导企业向园区集中，产业向集群发展，提高企业经济效益和土地利用效率。加大园区基础设施投入，实现基础设施共享，从而节约土地500多亩。

2. 推行立体绿化，巧妙省地

严防企业建设花园工厂，要求项目在报建过程中，利用厂房天台等进行立体绿化设计。通过这项措施，化解了规划和国土技术指标之间的矛盾。如江西国宝化工公司在厂房屋顶全部绿化无土草皮，取得了美化环境、低碳降温、节约土地"一石三鸟"的作用。2010年，工业园区通过立体绿化措施挤出土地120余亩。

3. 设立孵化基地，科学用地

为使中小企业有一个"锻炼暖身"的环境，防止因无力开发导致的圈地、囤地行为，全南县政府划拨25亩土地并投资建设标准厂房，设立了小企业创业孵化基地，培养有创业热情、创业基础的小企业，促其做强做大方给以供地准其建设厂房。目前，孵化基地已安排11家小企业入驻，累计产值2.8亿元，利税2000万元。

4. 推动厂房"长高"，空中要地

出台报建规费减免等优惠政策，引导企业建设多层标准厂房来节约用地。如全南三扬电子有限公司二期用地原来计划用地60亩，在县政府的政策支持下，改建为4层厂房，实际用地仅为25亩。同时，加大对低容积率企业用地的整改力度，在不影响企业发展的前提下，积极引导企业进行产权置换，提升土地容积率，拓展用地空间，向"空中"要地。

三、永新工业园区：多管齐下　打破桎梏　快速发展

在我国工业化、城镇化快速发展的大背景下，永新县工业经济也取得了较快的发展，但在这种喜人的形势中，一个问题凸显出来，并制约着园区、企业的进一步发展壮大。在园区的发展过程中，随着招商引资工作的开展，落户的企业大量增加，可供用地已经难以满足企业扩大规模的需要，一部分签约企业也因用地无法落实而迟迟不能落户，快速发展的工业经济和土地的稀缺性之间的矛盾成了园区发展急需突破的难题。面对这一难题，永新县工业开发区积极探索、认真实践，探索出一条土地节约集约化利用的创新特色之路。

（一）科学规划，产业集聚挖掘土地潜力

高水平的科学规划是最大的节约，在这种理念的引领下，永新县工业开发区按照"布局集中、用地集约、产业集聚"的原则，坚持"生态立园、环保先行、错位发展、产业带动"的思路，结合绿化、基础设施建设等编制开发区总体规划，因"地"制宜将工业开发区分为铜制品生产基地、皮制品加工基地、罗星产业园、返乡创业园、化工园、小屋岭产业园6个功能区板块，突出铜制品、皮制品等产业特色，大力培育和发展专业化企业集群，促进产业集聚，通过产业集聚的规模和集聚效益，最大限度发挥土地的多重功能，充分发挥土地资源的最大效益。

在铜制品加工基地，赣粤恒兴、同创欣科技等铜制品（电子）产业，基本形成了"铜板—铜线（铜棒）—电线电缆、电子元器件等"的产业链，催生了全国重点铜制品生产基地；在皮制品加工基地，基本形成了"蓝皮—皮革—皮制品"产业链，聚集了挺苏皮革、迦南皮革等20多家上下游企业，催生了华东地区最大的皮制品加工基地。

（二）营造氛围，基础设施共享省土地

"麻雀虽小五脏俱全"，园区内大部分企业建有自身的厂房、办公楼、宿舍、食堂、员工活动室等设施，且大多为1~2层，对土地的利用率不高。园区一方面加大土地节约集约利用思想宣传，在全县营造节约集约用地的良好氛围，鼓励有能力的企业建设多层建筑；另一方面根据开发区功能板块布局，合理配套建设公共基础设施，实现资源共享，节约了大量土地，确保有限的土地资源得到最充分、最有效的开发和利用。

如联富科技建起了3层以上的厂房，鸿讯通电子科技园已建成厂房均为4层，并正在动工兴建一栋12层高总面积近3万平方米的标准厂房；2011年，投资近2000万元在皮制品加工基地建成日处理能力达4000吨的皮革污水处理厂，集中为基地内的6家皮制品加工企业处理生产污水，在为企业节约了设备、建设支出的同时，节约用地达数十亩；在小屋岭产业园和返乡创业园分两期规划建设了9栋6层的廉租房，共有两室一厅的住房490套，可解决上千名员工的住宿问题。

（三）严格准入，精打细算用土地

努力建资源节约型和环境友好型工业开发区，始终是永新县工业开发区发展的方向。在招商引资中，摒弃"捡到篮里便是菜"的老观念，实行招商选资，提高门槛，严把项目进区关。对发展前景好、科技含量高、占地少且无污染、高附加值的产业，优先保证项目土地供应；在全力保障"大投资、大支柱、大基地、大企业、大项目"用地的同时，对新引进项目中投资大的企业实行分期供地，项目投产几期，就分几期进行考核、供地；对新引进项目中投资额较小的企业，尽量不新批地，鼓励企业先期租赁厂房，待发展壮大后，再购置厂房。同时，通过土地出让合同对入区企业投入产出强度加以约束，要求进区新建项目固定资产投资强度和实现税收分别要达到150万元/亩、8万元/亩·年以上，容积率不低于0.8，对不符合项目进区要求的，决不让入园。

（四）向"空中"要地，标准厂房提升土地潜力

永新县地貌多为丘陵，人均耕地在全国平均数以下，永新县工业开发区在县委、县政府的大力支持下以大决心、大投入进行了标准厂房建设，充分利用这一缓解土地供需矛盾的"良方"，在区内以多种方式建设了数批标准厂房，向"空中"拓展土地上百亩。

通过融通民资及采取BT模式，在园区返乡创业园建成了3层以上标准厂房9.5万平方米，等于向"空中"拓展土地95亩；在园区铜制品生产基地建了15栋总面积达10万平方米的三层标准厂房，等于向"空中"拓展了土地100亩。

（五）"腾笼换鸟"，新陈代谢促节约

受国内外经济环境的影响，开发区内部分企业处于半停产、停产状态，针对停产企业以及部分企业土地闲置或低效能利用的现状，永新县工业开发区大力推进"腾笼换鸟"工作进程，通过政策、法律手段进行处置，对符合法定收回条件的闲置土地坚决收回，对不符合法定收回条件的闲置土地、厂房，则采取"等价置换"等途径，及时盘活土地资源，使其产生出更好的效益。

润硕丝绸的56.2亩闲置土地经"腾笼换鸟"处理后，由投资3.2亿元的建兴丝绸"入驻"盘活；达胜纺织在原鸿运塑胶的土地上发展壮大，成为纳税百万企业；原康达瓷业闲置的13.4亩土地使用权由县人民政府依法收回。

虽然园区的土地节约集约化利用工作取得了一定的成效，但一些困难和问题不容忽视。突出表现在：一是建设资金筹措渠道较窄，园区配套基础设施建设较难，影响了园区建设的全面推进和招商引资工作成效；二是铜制品加工基地及罗星产业园相关企业进驻不多，土地的多重功能与效益未达到最大程度。这些问题还有待于今后进一步解决。

以5平方公里的面积承载着永新县90%多的工业经济，永新县工业开发区深感责任重大，将在今后继续高举邓小平理论和"三个代表"伟大旗帜，以科学发展观为指导，紧紧围绕省、市的"主攻项目，决战两区，做大总量，加快集聚"发展思路，坚定信心，积极应对，把工业园区打造成永新县腾飞的强大动力源，为永新的发展做出最大的贡献。

四、樟树工业园区：集约利用土地提升园区承载能力

樟树工业园区按照"布局合理、用地集约、产业集聚"的总体要求，进一步转变发展观念，创新发展模式、提高发展质量，进一步扩大对内、对外开放，着力壮大经济总量，优化经济结构，培植新的财源，增加就业岗位。真正把园区建设成为经济发展的带动区、体制和科技创新的试验区，城市发展的新区。但开发区又是一个特殊的经济区，它作为现在工业的集聚中心和区域经济增长的中坚力量，在土地利用上已体现出一定程度的集聚效应，资金集聚程度、地均投资强度和产出率远高于一般地区。然而，由于存在功能定位不清、产业结构趋同等问题，开发区的土地浪费与低效利用现象仍然存在。

（一）对于新入园项目把好三关

1. 供地前的预审关

入园项目投资规模达5000万元以上，投资强度为150万元/亩，容

积率 1.0 或建筑密度达 40%以上，亩均税收 5 万元/亩，供地价格采用招、拍、挂的形式，土地基价为 8 万元/亩，对企业采取奖励措施，实际价格为 4 万元/亩。企业入园应先编写可行性研究报告并向管委会上交入园申请，针对企业的情况由管委会召开班子会并请相关专业人士参加确定是否入园，拟入园的企业由园区管委会向市分管领导汇报，再提交市入园项目审批小组审批，同意后再由企业与市政府签订入园协议。引资单位交纳 1 万元/亩的配套费到工业园管委会（项目达产达标后返还引资单位）。园区项目评审委员会要对项目用地把关，即对项目在什么地方用地、应用多少地、用什么类别的土地、资金投入多少、规划平面布置等要进行预审，在预审中要根据项目的大小审定用地数量，对用地不合理的部分要核减。

2. 分批次供地环节把关

对面积较大的工业用地，可以按照组团的规划，分期供给土地，一期建成达产达标后，发一期土地证，再批准二期，在建土地不予发证，一、二期建成后，不再建三期的剩余土地收回，这样会有效地防止企业多圈地，对节约集约用地会起到很好的作用。

江西贝特药业有限公司，是一家主要生产人工牛黄的医药企业，企业最初预计投资 1.12 亿元，需要用地 100 亩，投资分三期完成。园区对企业分三期办理土地证，即开发多少办理多少，企业一期开发后，由于种种原因，无力再进行二、三期开发。市政府将剩余土地收回，避免对企业闲置土地收回走法律程序。

3. 批后监管关

项目签订协议后由园区、城建以及土管部门规划选址，办理证件以及划地放线。引资单位人员对园区企业进行相关的办证服务，园区管委会在企业动工 6 个月内负责为企业办理土地使用证并存放工业园管委会，待企业达产达标后 1 个月后发放给企业。项目领导小组要严格按照《入园协议》有关规定对项目的建设进度，特别是投资强度、亩平税收、建设密度、容积率等 5 项指标严格把关，对未达到要求的企业，项目审批领导小组要责令其限期整改，整改到位后方可发放土地使用证。

（二）在土地清理过程中应该把握好四个原则

1. 依法进行的原则

园区土地清理应该按照中华人民共和国相关法律法规规定，江西省人民政府有关土地清理整顿方面的政策文件规定以及入园及供地合同约定进行。成立以市人民政府市长为组长，分管领导为副组长、市委办、政府办、工业园区管委会、法院、监察局、国土局、建设局、房管局、财政局、商务局、国税局、地税局、环保局、审计局、发改委、司法局、工商局、人民银行、供电公司负责人为成员的清理整顿领导小组，依法依规对园区闲置土地进行清理。对拒不接受处置的闲置地块，国土资源部门不受理土地使用权转让、出租、抵押登记等手续，发改委不予立项，城建规划部门不予报建，金融部门不得将其作为抵押物提供银行贷款。对决定收回闲置土地拒交的企业，由国土部门责令限期交还或申请人民法院强制执行。

2. 分类处理的原则

按照"一地一策、一企一议"的原则，分类处置盘活工业闲置土地。一是征收土地闲置费，自政府供地给企业超过1年时间未开工建设的项目（除不可抗力造成无法建设的）征收土地闲置费，满两年还未开工建设的依法强制收回土地。建设周期超过合同规定1年的征收土地闲置费，超过两年的依法强制收回土地。二是限期建设，对于闲置1年以上的土地在征收土地闲置费之后，由清理整顿领导小组发出通知，责令土地使用权单位在1年期限内开工建设。三是依法收储，企业已建部分厂房，但一直未投产的或前期投产正常，但目前停产达2年以上的，收回土地使用权，请中介机构对拟收回土地企业内的建筑物进行评估，由政府收购，土地按原价（可适当考虑利息）收回。企业已建部分厂房，虽在投产，但容积率低的，对其闲置土地进行划割，收回划割部分的土地使用权。已无偿收回土地使用权的项目有：创思药业（30亩）、创力药业（115亩）、华生药业（20亩）、科海实业（30亩）、宇圣服饰（30亩）、双飞人制药（40亩）。

3. 集约利用的原则

对闲置土地的处置要贯彻集约利用的原则，不可因为消化闲置土地而粗放供地。收回的土地能收储,做到先行收储。要严格执行建设项目投资强度、容积率等控制标准,在盘活中实现节约集约利用。

4. 项目嫁接的原则

政府鼓励采取"腾笼换鸟"的方式对于停产、半停产的企业嫁接新项目,且免征全部交易税和土地、房产过户费,但新项目用地必须按政府规定标准补齐土地差价款(4万元/亩),且入园的新项目需由工业园区管委会核准,符合国家产业政策规定方可落户。若新项目从置换合同开始起两年内亩均税收3万元以上,其补交的土地差价款奖励给企业,杜绝企业与企业之间私自交易。现已嫁接新企业的有:东鑫生物嫁接利佳药业(40亩)、吴城实业嫁接黄岗冬酒(20亩)、聚龙化工嫁接华宝实业(35亩)、驰洋嫁接恒辉印业(280亩)、狮王日化嫁接狮王生物科技(45亩)、嘉成金属嫁接三诚实业和达尼斯保健品(40亩)、鸿润科技嫁接欣盛泰(32亩)、美科实业嫁接仁源实业(50亩)。

五、南昌昌南工业园区:突破约束瓶颈 加快园区发展

随着经济的快速发展,土地资源稀缺成为限制昌南工业园区发展的瓶颈。园区范围内可供土地面积不足原核准范围内可利用土地面积的5%,基本无地可供。针对国家宏观调控的新形势,园区积极转变招商方式,在合理利用土地、充分发挥土地的最大效益上下工夫,通过提高土地利用效率、拓展发展空间,突破土地瓶颈因素的制约。

(一)坚持招商选资,严把项目准入门槛

在如何解决建设用地不足的难题上,园区坚持在招商和项目建设过程中把招商工作的重点定位在产业招商上,围绕现代市场物流业、机械加工业两大产业,并适时引导一部分占用资源少、投入产出大、社会带动力强的科技创新型产业,从产业链的延伸配套着眼,紧盯国内500强企业和行业百强企业,着力引进知名品牌项目,力求引进一个龙头项目,跟进一批配套企业,培育一个产业集群。同时在签订项目投资协议时,对土地供应切实做到"三挂钩",即供地量与投资额挂钩、与产出率挂

钩、与容积率挂钩。

近年来，园区在成功引进深圳农产品昌南物流中心、华东建材博览城项目，并根据在发展过程中逐步形成的现代市场物流产业集群，又引进了位居国内500强企业和行业十强企业九州通医药物流项目，该集团公司是一家以药品、医疗器械、生物制品、保健品等产品批发、零售连锁、药品生产与研发及有关增值服务为核心业务的大型企业集团；已连续多年位列中国医药商业企业前列，中国民营医药商业企业第1位，入围中国500强企业；并于2010年11月2日在上海证券交易所挂牌上市，是在中国医药商业行业处于领先地位的上市公司。

在扶持该项目发展的同时，园区从产业链的延伸配套着眼，合理规划布局，先后引进了一批医药物流企业，围绕九州通打造昌南医药物流园。昌南医药物流园的建设，既是昌南工业园实施科学发展战略，打造特色园区的重要标志，也是对江西省医药物流产业发展的一次有益探索。昌南医药物流园项目总占地面积111.6亩，总投资约4.5亿元，主要涉及现代制造业、高新技术产业和现代服务业，现已成功入驻昌南生物科技有限公司等7家企业，项目达产后预计可实现营业收入30亿元，利税3000万元以上。

（二）探索"零土地招商"，巧做"无米之炊"

所谓"零土地招商"是指在不新增建设用地的情况下，通过老厂加层、老厂改建、老工业厂房改建标准厂房、利用企业闲置土地等各种途径增加建筑面积，提高土地利用率后进行招商选资。近年来，园区动足脑筋，挖足潜力，积极开展"零土地招商"。

1. 盘好家底

昌南工业园区管委会成立专门班子，将园区分片进行网格化管理，对园区内企业的生产经营情况、用地情况等调查摸底，摸清辖区内所有闲置、低利用的仓库、厂房等资源情况，并对地块位置、占地面积、建筑面积等重要数据进行仔细核实登记，对不同性质闲置厂房、闲置土地逐一分析论证，加快企业对闲置用地的开发建设。

洪都工业园项目系园区2003年建园之初，通过招商引资引进的重点项目。该项目系江西洪都航空工业集团公司投资兴建，项目总占地面积约 200 亩，是以专业化协作配套、产品延伸加工为主要内容的企业工业园。由于项目由洪都集团投资兴建，项目一期建成后，二期迟迟未能出资建设，造成用地闲置。经昌南工业园区管委会多次沟通，并报请区委、区政府协调，现该项目二期，即洪都民品工业园项目已通过中航集团立项批复，现已出资开工建设。该新建项目占地约 68 亩，总投资 1.7 亿元。

2. 用活资源

由于历史原因，一些企业内部存在部分征而未用的地块和建而未用的厂房，在企业正常经营过程中形成了部分资产的闲置，客观上影响了地块的综合产出。为此，园区根据引进项目的具体情况，在摸底调查的基础上，加大协调力度，采取有效措施，清理了一批低效闲置项目。同时，抓好土地资源整合，保障重点项目用地需求。采取"腾笼换鸟"的方式，利用引来的项目和资金，置换土地用途，改造老企业，发展新产业，经过努力，初显成效。

江西江铃集团车桥齿轮有限责任公司，该项目是在工业园成立之初，通过招商引资引进的重点项目。该公司是由江西江铃底盘股份有限公司和南昌齿轮有限责任公司两家共同出资，在原南昌齿轮有限责任公司桥齿分厂的基础上组建的新公司。以生产机动车齿轮及其他零部件为主导产品，项目占地面积 128.3 亩。由于该企业的投资及生产均由江铃集团统一筹划，项目建成后，尚有部分用地未能及时开发利用。为加大对园区已出让用地的集约使用，经园区与该公司沟通协调，该公司在闲置用地上自建标准厂房，并通过园区参与，进行了二次招商。目前引进了南京京华实业等一批钢材加工型企业入驻，有效地提高了土地集约利用水平及单位面积的产出率。

3. 引好项目

面对近年来土地资源趋紧而发展态势高涨的情形，昌南工业园区管委会根据园区用地实际情况，及时调整思路，将提高投资强度和土地的集约利用水平，作为土地约束突破创新的有效途径。坚持关口前移，把好源头，对新落户和在建项目，严格坚持"两个底线"，即项目投资不低于规定的投资强度，达不到投资强度坚决不予落户园区，坚持引进科技含量高、投资规模大、经济效益好、污染程度低的项目，切实保障土地的集约高效。同时，进一步规范投资管理合同，以项目建设用地保证金为抓手，加大对项目用地、开工时限、建设期限、投资强度、建筑密度、容积率等指标的监管力度，对违约项目依法追究相关责任，切实改变由于土地约束造成的经济发展后劲不足等问题。

（三）引导企业建设规模升级改造，向空间要土地

针对招商引资的形势和建设用地的实际，园区在严格控制项目建筑密度和建设容积率等技术指标的同时，探索"立体发展"新模式，实现由平面发展向立体发展转变，由向地面要效益到向空间要效益转变。

依托省级南昌昌南中小企业创业基地，建设标准厂房，扩大"孵化"面积，培育中小企业。基地总占地面积约为200亩，总建筑面积为57752.64平方米，是一个集汽车配套产品生产、建筑机械设备生产以及大型钢材加工生产的综合性机械加工类地区。近年来，基地新引进了聚昌投资担保有限公司、南昌市恒瑞科技有限公司、东欣实业有限公司等15家企业。

鼓励引导企业做强做大，在现有建设规模下，增加资金投入，扩大生产规模，从单一生产配套型向综合研发型企业转变。2011年，在园区的鼓励和扶持下，江西协中汽配在原建设规模的基础上，经发改委立项批准，新建了协中科研大楼项目。该项目总建筑面积约15000平方米，共9层，1~2、3~5层为生产车间4000平方米，3~5层为实验室，6~9层为研发中心。2012年以来，待批园区的园区企业新增项目十余个。这为园区在缓解用地紧张，突破土地约束，进一步提高单位面积投入及产出率，扩大税源等方面提供了增长点。

经过各种举措的实施，2011年南昌昌南工业园区财政总收入完成了1.37亿元，在除去目前正在施工建设以及尚未正式营业的项目用地，园区每年每亩用地产出约8万元。2012年1~8月，完成财政总收入1.4亿元，预计全年可完成财政总收入1.8亿元，每年每亩用地产出将达10万元。

六、鄱阳工业园区：实行三大举措，完善园区用地保障机制

随着鄱阳经济发展以及招商引资力度的加强，落户园区的工业企业大幅增加，而现有的工业用地已基本供完，新引进企业已面临着无地可

落的局面，已落户企业拓展空间有限，严重制约了园区的进一步发展，严重限制了经济的发展。园区通过提高土地利用效率，拓展发展空间，突破土地瓶颈因素的制约。

（一）争取省重点项目用地指标

重点项目具有极大的辐射和聚集效应，在用地方面有优先安排的优惠，工业园区充分利用这一优惠，积极争取一批项目进省重点项目供地"盘子"，2012年上半年四个重大项目争取到省重点用地指标1510亩，其中李冠成玻璃申请省级建设用地指标750亩，已通过预审，品博实业争取用地指标200亩，世华实业争取用地指标200亩，天聚太阳能争取省用地指标360亩。

（二）清理闲置土地

本着节约用地原则，提高土地投资强度，实行用地与效益挂钩。一方面加大清理闲置土地力度，对入园两年没有投资建设的企业，园区管委会严格按照入园合同，收回其土地使用权，纳入园区新增入园企业用地，3年来共清理土地20余宗，盘活土地1400余亩；另一方面收回投资强度不够的用地，园区在发展之初对入园企业投资强度没有过高的硬性要求，给予企业用地空间很大，而企业规模无法达到工业土地投资强度，过多的土地不但不能为企业带来效益，反而会增加企业负担，收回多余的土地既能为老企业减轻负担，又能为新企业提供土地，缓解用地紧张，一举两得。

（三）企业产业置换

企业产业置换即"企业嫁接"，也就是对那些经营效益不好、将要退出园区的企业，园区管委会将土地连同工程建筑一并收回，签订退园协议，退还土地工程款，再将这块土地和工程建筑签订给有需求的新入园企业。至此完成企业产业置换，成功"嫁接"，不但节约土地，盘活用地指标，更为园区企业结构调整提供了一条新路子。江西铭泰五金制造有限公司于2006年签订入园协议，由于对产品定位不准，投产后效益不好，企业一度处于亏损状态，经过园区管委会招商，2012年成功嫁接给投资 5000 万美元的马来西亚 SMART OPTION SDN. BHD，用于半导体芯片封装及电子元件生产项目，目前厂房正在装修，项目达标投产后，可实现年销售收入 5 亿元以上，税收 3000 万元以上。

七、赣州经济技术开发区：完善土地资源管理，探索节约集约用地新机制

赣州经济技术开发区在国土资源管理实践中，通过积极探索，采取了"五看一审"、"以税控地"、"监管三部曲"、"三色台账"、"土地四清"等五类节约集约用地措施，加快推进全区土地利用方式和管理方式的根本转变，2011 年 3 月被江西省政府评为"全省节约集约用地先进开发区"。

（一）五看一审，从源头上控制用地规模

通过"五看一审"，一看产业前景、二看用地规划、三看工艺流程、四看环保措施、五看财税贡献，"五看"过后审定用地规模，再安排用地计划。2011 年，对 88 个招商引资项目进行评审，通过项目 38 个，通过率仅为 43.2%，拒绝了 50 个项目入园，淘汰率为 56.8%，极大地提升了入园项目质量和土地节约利用水平。

（二）以税控地，引导企业自发提高土地效益

为促进企业节约集约用地，不断提高土地投入产出效益，开发区在土地税收环节强化征管力度，引导企业合理要地，堵住"囤地"、"圈地"的源头，对落户开发区的企业严格按照每年每亩 2667 元的标准征收税款，2011 年度征收 4976 万元，形成了企业自发控制用地规模，不断提高土地投入产出效益的良性循环。

（三）"监管三部曲"，全程监督土地利用

通过供地前项目评审，把好项目准入关；供地中对项目建设"八个监督"：是否按合同约定时间开（竣）工；是否按批准用途用地；是否按规划设计条件用地；是否达到规定的投资强度；是否按规定容积率、

建筑密度等建设;是否擅自转让、出租土地;是否达到亩产税收标准;是否有其他违反用地批准文件或出让合同规定的行为;用地单位在交清土地出让金后,只发《建设用地批准书》;供地后,由区联合验收领导小组和中介机构对项目建成投产情况出具《验资报告》,达到发证条件的,才发放土地证原件。

(四)"三色台账",实现节约用地安置模式

赣州开发区创新农民建房用地机制,实行红、黄、绿"三色台账"管理和指标控制,差别对待农民建房需求。红色台账:把即将开发建设的区域列为农民建房禁止区,严禁农民擅自建房,通过提前拆迁方式,解决困难户、无房户住房需求。黄色台账:把近期内暂时不会开发建设的区域列为农民建房严控区,允许困难户、缺房户拆旧建新。绿色台账:把建设规划外的区域列为农民建房控制区,鼓励农民在新农村建设规划建房点上集中建房。同时,开发区统一规划建设了22个康居社区,在农民自愿的前提下,积极推动宅基地安置向公寓楼安置过渡,实现人均现房安置≤35平方米,每年节约土地520余亩。

(五)"土地四清",确保土地高效利用

为进一步加快项目推进,提高土地利用效率,2011年开发区在历年土地清查的基础上,着力开展了"清土地、清厂房、清项目、清资金"的"土地四清"专项行动,在全省率先推出委托律师事务所清理闲置、低效土地方式,通过法律手段对落户项目的土地利用、厂房使用、出让金缴纳等情况进行全面清查,极大促进了项目早进资、早开工、早投产。通过清查,重新约定开、竣工时间项目9宗,督促16家企业按项目合同约定时间动工建设。

八、定南、宜黄、东乡、南康等工业园区

(一)定南工业园区

始建于1996年,2006年经江西省人民政府核准为江西定南工业园

区，定南工业的发展按照"生态绿园、科技兴园、产业强园"的发展思路，将定南工业园区建设成了"三区三园"的一园多区格局，包括富田、良富、东岭三个工业园和恒明珠、金龙动漫、环保涂料精细化工三个特色产业园。富田工业小区是定南县当前重点建设的工业小区，也是工业园核心区。该小区是根据定南地形特点，依据县城市总体规划在整治废旧稀土矿点的基础上形成发展起来的。由于该区域山地富含稀土，在20世纪八九十年代成了定南县重要的稀土矿开采区，到21世纪初形成了7个规模较大的稀土开采点，开采面积2000多亩。经过20多年的开采，该区域稀土资源日益减少。同时，随着国家加大对稀土资源开采的规范整治力度，加紧了对稀土资源的整合和控制，以及出于保护东江源区生态环境特别是东江水质的迫切需要，对富田区域实行停产禁采并进行环保水保治理势在必行。大力开发建设富田工业区是县"解放思想、化劣为优"作出的决策。坚持高起点科学规划，创造性地提出实行"拓展工业发展新区与治理废弃稀土矿区相结合"，着眼于实现富田区域的"开发建设与保护治理双赢"，把富田工业园建设成为定南工业园的新区和核心区，成为定南招商引资、主攻工业、承接转移的主阵地和主平台。

（二）宜黄工业园区

工业用地是搞好园区建设的"总开关"。宜黄县委、县政府专门成立工业园区用地工作领导小组，负责统筹抓好园区工业用地问题。在园区土地调整中，严格依据《中华人民共和国土地管理法》和《中华人民共和国城市规划法》，坚持了"落实一个优先、抓好两个调整、做到三个确保"的工作原则。"落实一个优先"，就是用地指标调整优先用于工业园区。"抓好两个调整"，就是充分利用好国家进行土地修编的机遇，最大限度地把园区土地用途和属性调整到位。"做到三个确保"，就是通过加快做好土地调整工作，确保园区用地需要，确保项目建设需要，确保合理开发利用土地资源。丰厚B区平台，是近年来工业园区建设的"主战场"。该区内一些土地的性质、权属和用途错综复杂，涉及许多比较棘手的矛盾和关系，解决起来难度较大。针对这一实际，工业园区用地工作领导小组通过"土地调整置换，大项目用地"等方法，将所需要的3969亩土地落实为工业园区建设用地。由于把握政策准确，坚持依法办事，工作周密细致，没有因征地问题引发上访。

（三）东乡经济开发区

该区围绕提高承载能力和水平，强化"一带五园"建设，为工业经济发展提供保障。按照修订完善的总体规划和"园区由分散孤立向连片成形转变、产业由混合交叉向相对集中转变、城区园区由相互制约向良性互动转变"的总体要求，加大投入，完善基础配套设施，努力营造"洼地"效应。实行一个"退出"、两个"控制"、两个"开辟"。形成以东临公路为纽带，以东山、南山、渊山岗、金桥、浅水湾为支撑的"一带五园"发展格局。

1. 加强拓展园区发展空间

根据东乡县红壤低丘缓坡地理特点，积极申请为工业发展红壤试验区，加大争取工业用地指标力度，尽可能拓展园区发展空间，并对征用的场地"三通一平"，使其达到利用基本条件。

2. 加强园区集约节约用地

对引进入园的项目，要在投资规模、投资强度、科技含量、税收贡献、就业容量、环境保护等方面明确要求，对项目的实力、市场、贡献进行综合评估，提高土地单位产出率和园区环境容量。同时，加大土地清理力度，实施外拓内盘战略，全力配合县委、县政府制定下发土地清理方案，清理企业27家，强力推进企业清理整改，完成嘉佳陶瓷、众和玻璃、兴东玻璃等企业土地清理近700亩，入驻新项目10家。

3. 加强园区基础设施建设

加大投入，不断完善园区水、电、路、通信、排水、排污等配套基础设施建设，做好园区绿化、环境美化、亮化工程。着力开拓好渊山岗主战场，加快改造东山科技园电力设施，推进燃气入园，促进企业能源多元化，加快兴建日处理4万吨工业污水处理厂，不断完善配套设施，在发展工业经济的同时，坚持以人为本，完善购物、休闲、娱乐、金融、医疗等配套功能建设，为园区企业员工解决衣食住行等实际问题，全面提升园区开发档次和服务水平。

（四）南康工业园区

抓园区土地管理，提升园区品位和档次。一是不断完善园区用地管理办法，提高园区投入产出水平。要求入园项目土地利用率达到85%以上，固定资产投资强度达100万元/亩以上，容积率不低于1.2，建筑物占地面积不少于40%，厂房3层以上、住宿办公楼4层以上等，所有项目规划设计列入城市规划委员会审批范畴严格把关。二是坚持节约集约用地。对占而不用、占多用少、用而不强的项目进行全面清理，通过收回土地、"腾笼换鸟"和嫁接重组等方式，将投资规模小、强度低、效益差的项目迁出园区，对清理出的土地重新进行产业布局。南康市近几年共收回宏龙矿业、通达汽运、恒达木业等工业项目用地400多亩。三是加强施工监督。项目建设都必须严格按照规划设计进行，并纳入建设质量监督管理，项目竣工后进行严格的审核把关，经验收合格后才予以办理土地使用证，提高了园区规范建设的质量和水平。四是着力加强了园区环境管理。近几年逐年将园区环卫、园林、路灯、市政建设等管理移交到了市直职能部门，通过专业管理优化园区形象；成立了工业园区执法大队，加强了园区建筑秩序管理；成立了园区派出所，加强了园区治安管理。

第八章 科技创新

随着科学技术的迅猛发展和全球经济一体化进程的加快,科技创新能力的强弱日渐成为工业园区获得竞争优势、保持经济可持续发展的决定性因素。工业园区科技创新能力强弱取决于企业是否能成为真正的创新主体,企业、研究机构、中介机构和政府之间能否形成促进创新资源合理配置、相互协调、良性互动、高效利用的体系。在科技创新体系建设方面,南昌高新技术产业开发区、萍乡经济技术开发区打出科技创新"牌"、高新技术"拳",呈现出自己独有的特色。

一、南昌高新技术产业开发区:科技体制改革大幕开启

南昌高新技术产业开发区已成为南昌市打造带动江西省经济增长核心增长极的排头兵,成为江西省科技创新的重要基地。近年来,南昌高新区坚持以"创新"为主题,大力实施产业高新化、区域国际化、发展集约化战略,取得了令人瞩目的成绩。

(一)高起点优化创新体制

为提高企业持续创新能力,南昌高新区成立了管委会科技局,负责推进科技创新工作,拨出专款为科技创新提供必要的资金保障。围绕增加科技投入力度,建立了高新区科技投入政策体系和强有力的扶持措施。如先后出台了《南昌高新区支持科研人员技术创新奖励办法》、《南昌高新区扶持发展知识产权奖励办法》、《南昌高新区推动企业实施科研与标准化同步工作指导意见》、《南昌高新区促进投融资服务体系建设若干扶持政策(试行)》和《南昌高新区扶持企业做强做大打造千亿工业园区若干政策》等政策,由区级财政每年列支设立企业创新创业扶持资金。

（二）高品位搭建创新孵化平台

通过整合现有资源与技术力量，在重要领域引导并建立工程技术研究中心、研发中心及重点实验室，采用开放联合、优势互补、共享资源、重点突破的机制，鼓励相关产业联盟的形成和发展。目前，高新区有科技型企业近千家，人才总量超过 4 万人，享受国务院和省、市政府特殊津贴的有 25 人。目前，已建立了 21 个国家级创新平台，包括 7 个国家级孵化基地、5 个国家级产业化基地、2 个国家级大学科技园等。

（三）高质量培育创新主体

高度重视培育企业创新载体，突出企业在科技创新中的主体地位与作用，加快构建以企业为主体、市场为导向、产学研紧密结合的技术创新体系。目前南昌高新区拥有各类技术中心 60 个，其中国家级技术中心 5 个；培育了国家级创新试点企业 6 家，高新技术企业 72 家。

（四）高标准完善科技投入体系

为助推战略性新兴产业的快速发展，南昌高新区着力推进了科技金融工作。

1. 积极引进产业基金

参与组建并引进了中科创投基金、南昌新世纪投资基金、金沙江 LED 产业基金，与中科招商合作成立了 10 亿元的产业基金，引进了一期注册资金 2 亿元的鄱阳湖租赁公司等金融机构。

2. 搭建融资平台

引进了汇隆、高能、高盛三家小额贷款公司，主要为区内中小企业尤其是高新技术企业和创业型企业提供小额贷款服务；入股江西省信用担保公司，成立南昌高新区创业投资有限公司，为园区企业提供风险投资和融资担保服务。

3. 推动企业上市

2011 年，"恒大高新"成功在中小板上市，成为高新区第 13 家上市企业。正在推进"新三板"工作，已有 5 家企业完成股改，14 家企业正进行股改或已签约准备股改。

二、萍乡经济技术开发区：打造中西部地区一流国家级开发区

萍乡经济技术开发区创建于1993年，2011年经国务院批准升级为国家经济技术开发区。近年来，在萍乡市委、市政府的正确领导下，开发区坚持以科学发展观为指导、以城市转型为主题、以产业兴区为主线，全力推进工业产业化、城市生态化、惠民常态化，经济社会发展取得了显著成效。已经成长为萍乡市新型工业化的主战地。荣获了"国家新材料高新技术产业化基地"、"全国模范劳动关系和谐工业园区"、"江西省先进工业园区"、"江西省节约集约用地先进开发区"、"江西省中小企业信用体系试验区"等国家和省级荣誉。园区在实践中大胆探索，在竞争中寻求主动，高度重视科技服务平台建设，规划将经贸大厦7~12层打造成全省一流的科技服务平台，在科技创新方面积累了宝贵的经验。

（一）科技服务平台建设现状

1. 完善科技创新服务机构，创新一条龙服务体系

目前，萍乡市生产力促进中心、区生产力促进中心、市创新创业服务中心、区留学人员创业创新服务中心、区知识产权工作站、高新技术产权交易中心、科技风险融资服务中心、律师事务所、会计事务所9家服务机构入驻平台，能为企业的科技创新提供一条龙服务。

2. 筑巢引凤，借脑引智

根据萍乡经济技术开发区园区的产业集群特点，与北京理工大学、湖南大学、武汉理工大学、南京大学4所高校建立了全面战略合作关系，并在平台8楼设立了武汉理工大学萍乡发展研究院（下设生物医药研发中心和汽车及其零部件研发中心）、北京理工大学萍乡高新技术研究院、湖南大学萍乡发展研究院等5家研发机构，南京大学萍乡新材料研究院即将入驻平台，这些研究院的入驻为企业的技术创新提供人才支持和智力保障。

3. 构筑信息平台，加快科技成果产业化步伐

"一网两库三台账"信息服务平台已基本建成（"一网"是科技网

站;"两库"是项目库和专家库;"三台账"是园区企业基本情况台账、企业科技需求台账和科技入园工作台账),已经发挥着积极的作用,收集企业技术难题,分门别类,面向合作研发机构的强势专业,开展人才、技术、项目对接活动,经常在网上发布科研成果信息,加快科技成果产业化步伐。

每双月发行一期《科技信息简报》,以区内企业和科技主管部门,相关科研院所、高等院校为主要发行对象,重点介绍企业科技和人才需求、高等院校科技成果发布、国际国内行业动态等,搭建起企业与科研院所、高等院校合作与开发的桥梁。

(二) 目前取得的成效

近年,特别是依托科技服务平台,与国内36所高校开展了合作,合作项目80余项,相继为企业引进了院士、博士等高科技技能人才,提升了企业的自主创新能力,提高了企业的科技研发水平,进一步促进区内高新技术企业成果产业化,使企业呈现出良好的发展态势。

1. 北京理工大学萍乡高新技术研究院致力于推动萍乡汽车及零部件产业和烟花鞭炮业的发展

目前,有2名北京理工大学教授常驻研究院,共引进成果或项目16项。北京理工大学与萍乡江丰艺术烟花燃放有限公司合作开发的《新型艺术烟花燃放技术及装置的研制与开发》、与萍乡慧成精密机电有限公司合作研究的《涡轮增压器混合陶瓷球轴承》等产品具有国际先进水平等。

2. 武汉理工大学萍乡发展研究院从产业发展、人才培养、技术服务、社会服务等方面提供服务

目前,武汉理工大学萍乡发展研究院有3名教授常驻发展研究院,累计引进或转化高校成果10项。武汉理工大学与萍乡市龙发陶瓷实业有限公司合作的《高铝全瓷球拱》获江西省政府重大科技成果转化资金项目支持,《红外线蜂窝陶瓷》等合作项目进展顺利,预计能成为公司今后的经济增长点;与萍乡德博科技发展有限公司合作研发《涡轮增压器喷嘴环叶片加工专用设备》,此专用加工设备可以明显地提高喷嘴环叶片加工效率和产品的一致性,使产品达到了国际一流水平,为公司进军国际高端市场，成为涡轮增压器的配套生产企业奠定基础。

3. 湖南大学萍乡科学技术研究院是萍乡市与湖南大学共建的服务于企业发展的研究机构

目前，该院有 3 名教授常驻，且由于双方地缘相近，人缘相亲，合作基础较好，2012 年有多项成果或技术在江西强联电瓷、萍乡龙发实业、江西华伟等陶瓷企业成功进行转化，经济效益显著。

在科技服务平台的带动下，该区有 85 家企业与海南大学、南昌大学、华南理工大学、清华大学等 36 所科研院校取得了紧密联系，合作项目 80 余项，攻克了许多科研难题，取得了较好的成效。如海南大学的李建保、南昌大学的杜国平等 5 位博士和中国科学技术学院的肖衍和博士为萍乡市新安工业有限责任公司开发设计的《钢化瓷系列产品的研制与开发》，获得 2009 年度省科技发明二等奖；华南理工大学的阮复昌博士与萍乡庞泰实业有限公司合作开发的 PT963 活性陶瓷膜过滤器获 2009 年度省科技进步三等奖、市科技进步一等奖。该公司与中国科学院、北京化工大学联合申报的国家科技支撑项目《160 万吨/年焦化废水废液深度治理与资源化利用关键技术及示范项目》在经过科技部众多专家、领导的层层遴选、答辩、论证后于 2010 年 9 月 28 日获得正式立项，这是萍乡市第一次承担国家科技支撑的项目。

第九章 用工创新

目前"用工难"已不是某一企业或某一行业的问题,它已成为制造、餐饮、零售等行业较为普遍的一个现象,在一定程度上制约了园区企业的发展,制约了地方经济的腾飞。从用人企业的角度看,"用工难"已不是园区企业一时的燃眉之急,它将始终伴随企业今后的发展,它迫使企业需要积极转变传统的用工观念,合理制定和完善企业的用工制度。为破解园区企业用工难的问题,江西省许多工业园区,如吉安工业园区、鄱阳工业园区、兴国经济开发区、宜丰工业园区、赣州经济技术开发区等园区,在劳动力市场建设、创新招工机制、优化用工环境等方面大胆创新,效果明显。

一、吉安工业园区:创优服务打造用工平台以人为本构建招工网络

近几年,吉安县以工业化为核心,大开放为主战略,主攻做强做大优势产业和园区重点企业,加大发展开放型经济力度,纵深推进人力资源体系建设,实现县域工业经济跨越式发展。工业园区作为区域经济发展的载体,在数量上、质量上、规模档次上都有较大发展,正成为投资热点区域,有力地推动了全县工业快速发展,对促进全县工业结构调整和县域经济的发展,提供了重要的支撑,但"招工难"一度成为制约吉安县经济发展的重要瓶颈,为此,吉安于2011年通过各种方式和渠道为园区企业招收员工1.5万余人,赢得投资商赞誉的同时也增加了不少企业扩大投资规模的信心和决心。

(一)企业用工问题的主要原因

从主观上看,近几年吉安县引进劳动密集型企业逐渐增多,对普通

工人的需求大幅增加。但16~35周岁的员工出生在1975~1994年，这期间国家已开始推行计划生育，该年龄段人口中有部分是独生子女。加之，国家从1998年开始实行高校扩招政策，16~35岁年龄段中的人口增加几百万人读了大学或正在读大学，这些读了大学的人一般不会做普通工人。以吉安看，1986年的吉安县包括兴桥、长塘、樟山、曲濑、值夏、文陂、新圩、云楼、富田、东固等乡镇当年连中专只考取441名，2005年吉安县在已划出上述10个乡镇的情况下，考取大专以上的学生为2253名。另外，随着国家经济社会的开放发展，自主创业人员逐渐增加，目前自主创业仍呈快速上升且进一步扩大。综上所述，16~35岁年龄段从事普通工人的人数呈急速下降趋势，今后相当长一段时期内任用普通工人情况日益趋紧。从客观上分析，在园区企业中也存在以下问题。

1. 企业工资待遇较低

这是企业缺工的一个重要原因。企业缺工严重和员工流失率较高的集中在针织缝纫和电子行业，工资不高缺少吸引力。

2. 工作时间长，劳动强度大

有的企业为了赶工期经常加班加点，员工休息不足，致使许多工人离厂转岗。

3. 企业以人为本意识淡薄，缺乏吸引力

有的企业计薪方法透明度不高，存在随意扣罚现象，管理简单粗暴，员工怨气较大。还有一些企业在用工方面一味依赖政府，甚至片面要求政府必须确保其用工，而不从企业内部管理找原因。

（二）主要做法

1. 加强组织领导，县乡村三级联动

县里成立园区企业招工领导小组，下设办公室，制定目标，强化考核；乡镇组建招工小分队，同时在辖区人口密集处建设人力资源市场；村级聘请劳动保障协管员，调查摸底，宣传动员。在吉安县委、县政府的统一调度下，形成县、乡、村三级联动帮扶园区企业招工的格局。

2. 组织招聘，打造用工平台

为切实做好园区企业招工用工服务工作，吉安县采取"多条腿走路"、"多个轮子一起转"的办法，精心策划招聘活动，打造用工平台，

构建招工网络。

（1）举办现场招聘会。充分利用春节、"五一"、"十一"等黄金节日做好招工工作。针对外来务工人员和吉安县籍外出返乡务工人员，县里举办了多台文艺演出，并于春节前后将招工宣传年画和《致吉安县在外务工人员的一封信》发送到农户手中。在此基础上，吉安县每年都在乡镇和县城人口密集地举办现场招聘会，帮助外出打工人员、下岗失业人员实现了在家门口打工再就业。此外，还组织园区企业到四川、云南、贵州及周边邻县举办用工招聘大会，为企业招收了一大批合格的员工。

（2）完善工作网络。各乡镇充分利用劳动保障事务所的职能作用，建立健全劳动力资源信息库。劳动力市场与城区劳动保障事务所融为一体，广泛收集园区企业招工信息，并建立下岗失业人员、农村富余劳动力、新增劳动力三个资源库，由专人进行动态管理，做到用工需求清晰，招工有的放矢。同时，充分利用广播、电视、宣传栏、互联网等媒体进行招工宣传。赴外定点招工。园区企业招工领导小组下设专业招工队，派专人在外驻点招工。2011年以来，招工队陆续在河南漯河、浙江永康、贵州遵义与毕节市、云南昆明与镇雄、广西柳州、湖南韶关、广东东莞、赣州安远县、南昌市、宜春市及周边县、市、乡镇招工考察，采取与当地劳动就业部门一站联络一站的方法进行了洽谈，布点宣传，并把吉安县的招商引资近况及政府协助园区企业招工情况作了详细介绍，还在当地圩镇人员较集中的地方设立了60余个联络点，委托当地人开展长年招工服务工作。

（三）建立机制，创新用工方式

1. 在工业园区成立劳动保障事务所

按照"一站式"服务的要求，开展政策咨询、求职登记、职业介绍、就业培训和企业用工服务，为企业和广大下岗失业人员、农村富余劳动力、大中专毕业生等搭建就业平台，提供更快捷、更高效的优质服务。

2. 委托招工

吉安县采取"借鸡生蛋、借船出海"的措施，与一些地方签订合作协议书，委托对方为定点招聘单位，负责为吉安县招聘员工，并实行政府牵头、部门联动、市场化运作、一体化服务等办法，加强对外来务工人员的组织、管理和服务，切实为他们排忧解难。另外，聘请招工员委托招工，充分利用社会各界资源，发挥民间中介的作用，发给委托招工聘书，给予招工补贴及奖励。

3. "以工招工"

利用亲朋好友以工招工，可以拓宽劳务输入渠道。在以县内及邻县招工为主的基础上，巩固多年来在省外、县外设立的定点招工联络处，继续加强与劳务输出大县的联络，建立长期友好合作关系。同时出台奖励机制，鼓励各企业发动员工回乡招工，使每个员工都成为企业的招工宣传员。

4. 网络招工

在吉安县招工办建立了一个官方人力资源信息网站，收集各乡镇人力资源市场提供的劳动力资源信息后，在网站上建立人力资源信息库，县园区企业通过人力资源信息网站向全国发布用工信息，利用网络招聘。另外，吉安县还扶持建立了吉安县才酷招聘网络信息服务所等民间职介机构。

（四）出台务工优惠政策，提升公共文化建设

1. 改善交通

免费开通城区至工业园起步区、西区和凤凰园区的公交直通线路，2012年6月又开通横江、永和、凤凰、永阳、梅塘等乡镇直达园区企业的公交直通车，园区企业职工凭上岗证就可免费乘坐园区公交直通车。

2. 积极保障园区务工者的居住条件

在园区同一企业工作满3年的本县籍员工，并续签2年以上劳动合同的低收入家庭，可与城镇居民一样按政策申请购买经济适用住房和租住廉租房。2012年调出适量廉租房，由园区办负责分配给在园区企业务工的职工居住。

3. 保障园区务工子女就近入学

在园区同一企业工作满三个月并签订了一年以上劳动合同的务工人员，其子女入学享受县城居民同等待遇。

4. 完善其他各项公共基础设施

加快工业园西区和凤凰园区公共配套服务设施建设，切实解决员工

的物质和精神文化生活需要,满足园区务工人员"衣、食、住、行、娱"的需求。

5. 改善企业用工环境,保障劳动者的合法权益

引导企业转变招工和用工观念,改进招工工作方法,尽量放宽年龄、学历等条件的限制,并改善工作和生活环境,提高员工待遇,重视企业文化建设,注重人性化管理,逐步形成以企业为主、政府有关部门为辅的市场化运作的招工新机制。

吉安县是农业大县,辖11个镇、8个乡,全县人口有46万余人,其中乡村人口35万余人,劳动力资源应该算是非常丰富的。特别是敦厚镇和凤凰镇被征地的村民全都走进企业。据初步统计,吉安县现有劳动力20万余人,目前外出务工人员8万余人,园区企业用工2万余人。应该说,吉安县劳动力市场非常有潜力,如何吸引在外人员回乡务工,破解企业招工难困境,是目前急需考虑的问题。

(五) 主要经验

1. 立足本县强化培训是根本

通过多年实践,结合县实际,吉安县招工的根本方向还应该是立足本县,面向周边县市地区。以引导县内城乡富余劳动力和吸引县外出务工人员返乡就业为主,辅以吸纳周边县市的人力资源。同时,要整合资源,多途径开展培训,提升城乡富余劳动力的技能水平,缓解园区用工结构性矛盾,促进用工对接,为园区企业输送紧缺的技术工和熟练工。

2. 提高员工待遇是关键

吉安县园区企业要认清形势,发挥自身招工主体作用,根据实际不断提高员工的工资待遇水平,缩小与发达地区的薪资差距,改善自身用工条件,这才是破解吉安县园区企业招工难题的关键所在。所以,要强化企业是招工工作责任主体的意识,引导企业转变招工和用工观念,注重人性化管理,以一定的投入获取比较稳定的用工储备,逐步形成以企业为主、政府有关部门为辅的市场化招工机制。

3. 校企合作是出路

通过考察,结合吉安县近几年的招工经验,校企合作是一种比较行之有效的招工方式,应该继续推而广之。目前,我国民办职技院校大多向企业挂靠，要么校企合办，要么学校建在企业里，这是市场规律影响的结果，学校尤其是民办职技院校需要企业的支持；同样，企业也需要学校的人力资源来支撑和发展。除了职技院校培养的专业技术人才紧俏不说，学生的实习和假期的实践也能解企业旺季的燃眉之急。因此，建议企业举办培训基地，把学校建在企业里，组织学生实行半工半学的方式，半天学习，半天见习，可源源不断补充企业缺岗人员。

4. 改善务工环境，加大务工优惠力度是必要条件

政府要不断建设和完善园区企业的"软"环境，要加大园区务工优惠力度，提高招工补贴，不断改善园区企业用工环境。

二、鄱阳工业园区：推进四个一工程完善用工保障机制

随着鄱阳经济发展以及招商引资力度的加强，落户园区的工业企业大幅增加，而作为承接"长三角"、"珠三角"地区和海西经济区产业梯度转移的第一站，聚集了更多的劳动密集型企业，对用工的需求日益增强，因为招工难而停产、缩小规模、闲置设备的企业不在少数，严重限制了经济的发展，这也对一个以劳务输出为主的人口大县提出了挑战。几年来不断树立"以大招工促进大招商、以大招工促进大就业、以大招工促进大发展"的工作思路，注重在"招、用、留"三个环节上做好招用工工作。

（一）组建一支招工队伍，实施专业招工

鄱阳县是一个农业大县，人口多，经济相对落后，一直以来以劳务输出为主，全县上下都把招工服务工作摆上重要议事日程，把招工工作视同招商引资工作、计划生育工作和社会稳定工作一样对待，把招工工作的重要性提到了县、乡、村各级工作的重要位置。县政府成立了以县长为组长，县委副书记、常务副县长、纪委书记、副县长为副组长，其他相关部门责任人为成员的招用工服务领导小组，服务小组下设的招用工办公室，专门负责工业企业招用工的调查，督查措施的制定、信息的发布等各项招用工工作的服务工作，各乡镇也相继成立招用工领导小组，

组织了招工小分队，村组也选派了招工联络员。

（二）出台一套措施，建立长效机制

县政府下发了《关于协助企业做好招工用工促进社会就业的意见》，制定了招工用工考核办法、工业园区企业用工培训方案。为鄱阳县招工工作提出了很多很好的指导意见并提供了一套完整的长效机制，保证了招工工作的持续开展。近年每年都下发了春季招聘活动的方案，为工业园区企业招工提供现场服务和对接；制定了招工用工考核办法，与各乡镇签订了招用工服务责任状。

（三）举办一系列招聘活动，服务平台前移

每年春季，鄱阳县都要趁返乡务工人员回乡之机，举办4~5场大型园区企业招聘会，为企业和求职者提供面对面的洽谈，号召和鼓励返乡人员回乡就业。在民工返乡潮和外出务工高峰期间，送岗位下乡，巡回开展招聘活动，将人才留住，引入园区的企业，让他们在家门口就业。

（四）创新一系列招工方式，保证工作的有效开展

一是在全省率先开通了6205191招工宣传信息语音自动查询系统，开创了鄱阳招工就业的语音自动查询先河。为企业和务工人员提供了更加便捷的求职信息。二是把企业招工用工信息制作成年历发放到千家万户，让求职人员在家中就能找到合适的岗位。三是通过邮局向外出务工人员寄出慰问信和企业招工信息卡，向外出务工人员发出家乡的问候和岗位信息。四是在各乡镇电信、邮政、各银行基层网点等人员比较集中流动的基层网点设置招聘宣传栏。

三、兴国经济开发区：实现三个转变破解用工难题

兴国经济开发区积极适应形势任务的变化，大胆务实创新，实现了由粗放经营向质量立园、效益兴园的转变，推动开发区步入了科学发展、绿色崛起的新阶段。特别是近年来，兴国经济开发区积极适应沿海发达

地区产业加速向内地转移的新形势，立足欠发达后发展，区位、交通等优势不明显的实际，着力打造企业招工服务优势，探索出了一条破解企业"用工难"问题的新路子。

（一）由单向招工向双向招工转变，实现政府与企业互动

满足企业用工需求是企业达产达标、发挥效益的根本保证。针对过去在招商引资工作中存在的重项目引进轻企业服务，导致企业自身招工力量单薄、用工需要难以解决的问题，兴国经济开发区主动融入企业生产经营，构建了企业用工由企业、政府双向解决的工作机制。

1. **企业用工信息互享**

开发区联合县就业部门编印了面向农村千家万户的《劳动就业报》，建立了开发区官方网站，在中心区域设立了招工文化广场等招工信息宣传推介媒体，组织企业每季度将招工信息报开发区汇总，并及时更新发布，使企业用工信息得到广泛的宣传。

2. **招工工作互做**

开发区每年在县城中心举办春、秋两季企业用工招聘大会，组织企业与群众面对面地招工，使企业的用工不断得到补充。对新投产的企业，根据企业的用工需求，组织全县各乡镇实行专项招工，使企业在短期内满足用工需求。

3. **优惠政策互配**

要求企业对在招工方面作出贡献的企业员工给予一定的物质奖励。如威保（江西）运动器材公司对老员工引进新员工并工作满6个月以上的，实行每引进一名500元的奖励。同时，政府出台奖励政策并设立招工专项奖励基金，对为开发区企业引进工人的单位和个人，实行每引进一名200元的奖励。

（二）由盲目招工向产业招工转变，实行有针对性招工

随着开发区矿产品深加工、新型建材、食品加工、机电制造四大主导产业的发展，企业对员工的技术要求越来越专业化，为企业输送与发展需要相对应的专业技术人员就成为招工服务工作的重点和方向。为此，兴国经济开发区改变过去"捡到篮里就是菜"的盲目招工工作模式，实

行了专业招工、招专业工人的系列措施。

1. 实施产业工人培训规划

整合县域范围内的职业技术教育资源，组织职业技术学校根据开发区主导产业发展的用工需要对接设置专业，并将本县初、高中"落选"毕业生和富余劳动力全部纳入产业工人培训规划，按照每年1万人的计划，对接抓好产业工人培训。自2011年以来，全县20余所职业技术学校纷纷调整专业设置，其中与开发区产业发展对接的专业达到56个，占设置专业总数的75%，至今已累计培训产业工人8900余人。

2. 开展企、校"订单"式培训

鼓励企业与职业技术学校合作，组织企业制订企业员工强化培训计划，职业技术学校开设短期专业技术培训班，实行"订单"培训合作，并对开展"订单"培训的企业和学校给予财政培训补贴。自2011年以来，通过企、校"订单"培训，累计培训企业员工4600余人，县财政已发放培训补贴100余万元。

3. 政府组织岗前培训

发挥劳动就业部门的职能优势，对企业招聘的新员工和项目投产专项招工的工人，根据企业的岗位要求，分类设置短期培训班，进行岗前培训。如针对劳动密集型产业的发展需要，开发区联合劳动就业部门于2012年初举办了8期平车培训班，培训员工1600人，使进入企业的员工在进入前就成为熟手，为企业实现开门红奠定了基础。

（三）由单纯招工向招工配套转变，提升园区服务水平

兴国县总人口79万人，劳动力资源十分丰富，也是招商引资工作的主要优势。但是由于种种原因，曾一度出现每年有20多万人外出务工就业，而开发区企业却又"用工难"的反常现象。对此，兴国经济开发区从完善配套服务入手，大力优化务工就业环境，吸引外出务工人员返乡就业。

1. 优化园区生活配套设施

按照将开发区打造成为城市发展的新城区的定位要求，围绕务工人员最关心的问题，先后对园区扩建县重点小学、重点高中，使小学容量达到1800余人、高中容量达到10000余人；建设了二级甲等医院、四星

级国际大酒店、大型超市等配套设施；大力推进了"森林园区"创建工程建设，美化了园区环境，使园区企业务工人员增强了"城市化生活"的幸福感。

2. 优化园区务工环境

引导企业改善员工就业条件，先后有 70 家企业设置了夫妻房，有 15 家企业为员工宿舍安装了空调，有 10 家企业为员工配备了一定数量的洗衣机，使园区企业务工人员享受到了"家"的温暖。同时，政府先后建设了 598 套面向园区企业员工的新市公寓，并把在园区就业列为保障房、公租房的申购条件，使 1000 余名企业员工实现了"安居"。

3. 优化激励保障政策

政府采取户籍、荣誉市民、帮助解决配偶工作、子女入学、供科研启动经费、住房补贴、安家费等政策措施，吸引各类管理技术人才尤其是高层次人才到园区务工就业。如对在园区就业的务工人员子女就读就近安排，享受城镇居民子女的同等待遇，不收取政策以外的任何费用；对在园区连续务工 1 年以上的员工，分别补助个人缴交养老保险、医疗保险费额的 30%、20%，连续补助 3 年；对在园区投资的外商和企业中层以上外籍管理人员、中级以上职称人员，除享受本县居民同等待遇之外，可将其本人及配偶子女户口迁入本县等；这些都为在园区务工就业的员工解决了后顾之忧。

兴国经济开发区招工工作方式方法的转变，有效破解了园区企业"用工难"的问题，为产业的发展、企业的达产达标提供了人力支撑，为园区经济的繁荣注入了活力，实现了企业、政府的"双赢"效果。今后一个时期，兴国经济开发区将紧紧把握国务院支持赣南等原中央苏区振兴发展的重大历史性机遇，发挥瑞（金）兴（国）于（都）经济振兴试验区特殊政策优势，按照将开发区打造成为县域经济增长极、主导产业集聚区、创新创业示范区、城市发展的新城区"一极三区"的发展定位，发挥后发优势，以发展资源主导型产业为主，科学规划、做好平台，整合资源、做深开发，完善配套、做大产业，加强服务、做优环境，加快推进开发区转型发展、振兴发展，力争到 2015 年园区主营业务收入突破 260 亿元，到 2020 年建设成为国家级经济技术开发区。

四、宜丰工业园区：以多管齐下形式，为企业解决"用工难"

宜丰工业园区在打造现代工业重要平台过程中，同时将园区打造成为服务企业的高效平台，强化园区安商、亲商、帮商职能，一切以服务企业为重，创新了一整套迅捷高效的机制，使园区经济发展不断壮大。随着入园企业的增多，企业"用工难"问题开始凸显。为了破解"用工荒"这个制约企业发展的瓶颈，园区实行了上下总动员，通过各个层面、各种渠道为园区企业提供招工服务。

（一）全民总动员，开展荐工宣传联系工作

园区每个成员，从一般干部到领导班子成员，都安排了招工工作任务，并发动各自的亲属广泛联系用工对象。

（二）建立企业用工信息服务平台

园区在每家企业聘请1名劳动用工保障协管员，负责企业用工信息收集、报送。园区将企业用工信息在服务平台发布，为企业和社会"搭建用工桥梁"，及时准确地发布企业用工需求情况和人员流动信息。用工信息服务平台，先后录入216家企业用工信息，累计为企业发布招工信息2589条，为企业介绍员工8646人次。

（三）创优企业用工环境

园区根据企业招聘岗位、技能要求，定期免费开展职业技能培训，近年，先后为鹰美制衣、信星鞋业、协升纸业等企业培训员工3200多人次。建立"新宜丰人"贡献奖励制度，对外地在宜丰务工人员，定期开展"新宜丰人"座谈会，让外籍务工人员感受到宜丰的关爱，每年评选一批优秀务工人员给予奖励；配套完善企业用工的硬件设施，争取政策支持，在园区建设2000套保障房，用于解决企业员工生活住宿问题，投资1800万元新建了一所完全小学，确保企业务工人员的子女能就近上学，解决企业员工的后顾之忧；健全完善企业劳资纠纷调度机制。园区

建立企业劳资纠纷调处服务中心，及时为企业和员工提供劳动法规服务，积极调处各类劳资纠纷，劳资纠纷得到了合理的调解。近年，共调处各类劳资纠纷81件，涉及金额209万元。通过劳资关系的合理调处，使工人稳定了情绪也安定了生活，不仅减少了用工外流现象，还吸引了不少在外务工人员返乡到园区就业。

鹰美制衣是一家投资上亿元的大企业，建设进度要求快，竣工投产时间要求紧，尤其是用工量大。为了快速帮扶企业招工用工，园区急企业之所急、想企业之所想，充分利用电视台、广告栏等各种媒体方式，加大项目招工宣传力度，向县内外做广告，在短短的3个月内，就为企业完成了3000多名合格员工的招工目标，为企业顺利投产提供了用工保障，企业订单交货任务得到了如期兑现，首期生产销售收入达8000万元。

五、赣州经济技术开发区：不断改善用工环境，努力破解用工难题

为缓解企业用工需求压力，破解因用工而无法正常生产难题，促进重点工业企业早日全面投产，该区主要采取了以下几方面措施：一是提升园区居住环境，完善农民工子女就学设施等；二是督促指导企业采取提高工资水平、改善食宿条件和实行人性化管理等办法，降低员工流失率；三是加大培训力度、出台了相应优惠政策，吸引了更多求职者到该区就业；四是强化服务意识，积极搭建招工平台，并组织企业走出开发区赴县和周边地区招工；五是制定出台了区各部门帮扶企业招工工作方案，强化部门协助招工考核；六是推动校企合作培养人才，开通开发区招工网点等措施，切实解决企业招工难的问题；七是加强高层次人才引进力度，完善相关政策，并积极开展了人才培养经费资助活动，通过推进"赣鄱英才555工程"为重点，实施了企业创新创业人才培养工程。成功培养了孚能科技有限公司郑为工博士等3人为"赣鄱英才555工程"人选；成功培养了孚能科技有限公司王禹博士为国家"千人计划"人选（江西省仅2人入选，孚能公司董事长王禹博士为其中之一）。2011年，全区共组织开展现场招聘会30余场，组织赴外地招工20余次，用工培

训60余次，促进校企合作5回，协助招工2万余名。截至2011年，全区共引进企业经营管理人才2507人、技能型人才4434人（其中，院士1人，博士24人，硕士155人，本科1726人）；共有专业技术人员1509人（其中，高级157人，中级680人，初级672人）；农村实用人才817人。

第十章　管理体制和运行机制创新

随着我国社会主义市场经济的深入发展和全方位对外开放格局的形成，特别是近年来国家政策的不断调整，工业园区原有的政策优势和体制优势已明显减弱，而工业园区的管理体制和运行机制的创新则显得至关重要。工业园区要创新管理体制和运行机制，就要突出"小政府、大服务"的特点，以优化经济发展环境为主线，以提高效能为手段，以项目环境建设为抓手，进一步优化投资环境，提高办事效率，加大服务型政府建设力度，以规范化的政府服务，营造公正、透明、廉洁、高效的政务环境，以便吸引更多的客商投资。分宜工业园、宜黄工业园、赣县经济开发区、东乡经济开发区、九江开发区、南康工业园、宜丰工业园、赣州开发区等园区在管理体制和运行机制创新方面，采取了系列新做法。

一、分宜工业园：从废墟中找黄金，促老企业焕新生

分宜工业园区是全省成立较晚、投入较少、规模较小的工业园区之一。园区成立之初，全国各地招商引资竞争十分激烈，而在区位优势并不凸显，基础设施还不完善的条件下，园区招商引资工作面临较大的困境，尤其是大项目、大企业落户寥寥无几。分宜县曾是全省30个重点工业调度县之一，工业基础雄厚，水泥建材、电力能源、机械锻造、矿产开发等传统工业产业是分宜的主导产业，但能耗高、污染大、规模小、工艺落后、污染治理水平低等成为制约这些企业发展的"瓶颈"，企业面临被淘汰的境地。面对园区招商引资难及传统企业求生存的问题，分宜工业园区创新思维，树立"引进新企业、新项目是招商引资，改造传统企业、传统项目也是招商引资"的理念，采取从"废墟"中找"黄

金"的办法，充分利用当地产业资源优势，靠大联强，通过寻找战略合作伙伴对原企业进行改制重组、增资扩股、"腾笼换鸟"，促进企业结构调整和产业升级，既引进了新兴企业，又盘活了传统产业。走出了一条工业园区招商引资创新特色之路。

（一）以存量换增量，完成企业改制蜕变

对具有一定技术品牌优势，但发展后劲不足、管理不善的大型企业，通过企业改制、股权转让等方式引进战略投资者，实现强强联合。通过这种方式，园区先后对江西锂厂、分宜煤矿电机厂、分宜水泥厂、江西锻压厂、分宜工程塑料厂等国有企业进行了重组改制，并分别引进了四川尼科国润、宏大电机、安徽海螺、上海运良锻造、宁波华翔集团等一批大企业、大集团投资落户，做大了园区的经济总量。

如江西江锂公司前身——江西锂厂（即国营805厂）是省属国有企业，因严重资不抵债，2001年全面停产，2004年划转分宜县管理。面对即将垮掉的江西锂厂，分宜县政府和园区在"废墟"中找到"江锂"牌这个"软黄金"，积极对外招商，大刀阔斧完成企业改制和破产，2005年12月，引进四川尼科国润新材料有限公司以1000万元收购江西锂厂，成立江锂科技有限公司，2006年公司与世界三大投资银行之一的摩根士丹利和沃尔玛德同资本结成资源性战略合作伙伴。近年来，江锂公司通过技术创新，坚持循环经济发展之路，对有限资源采用独创技术"吃干榨尽"、"点土成镍"、"化渣成镁"，在世界上首次突破了红土镍矿资源综合回收、无废水废渣全循环利用技术难题，实现了资源全循环利用。目前，公司已形成了年产1万吨锂盐、3万吨电解镍、60万吨硫酸、18兆瓦硫酸余热发电、20万吨铁精粉的生产能力，成为全球首家红土镍镁硅铁综合利用示范工厂、全球最大的红土镍矿湿法冶炼电解镍产业基地、全国第一大锂盐生产供应商、第二大电解镍生产供应商。到"十二五"期末，公司预计可实现主营业务收入1000亿元。

又如分宜宏大煤矿电机制造有限公司前身是分宜煤矿电机厂（原煤炭工业部三大煤矿电机专业制造厂之一），主要生产各种矿用防爆电动机及配套产品，2009年企业进行改制。为使企业找到新"主人"，园区充分发挥闻名全国的"防爆电机"这块牌子，积极开展招商活动，并随

即引进了浙商投资成立的分宜宏大煤矿电机制造有限公司。公司一期投入 1.5 亿元对企业进行技术改造，建设年产 100 万千瓦 10 千伏及以下隔爆型三相异步电动机项目，2011 年 10 月项目全面建成并投产，当年实现产量 62 万千瓦、销售收入 1.8 亿元，同比分别增长 30%、111%。

（二）以增量激存量，盘活停产闲置企业

对园区停产或半停产企业，鼓励其淘汰落后产能，通过破产重组甩掉包袱，明晰主营方向，利用有效资产招商引资。园区以"回购资产、腾笼换鸟"的形式，先后引进江镍新材料、华虎铜业等一批新兴企业，盘活园区停产闲置企业 15 家，既盘活了闲置多年的资产，也降低了外商投资成本。

如新余华普实业有限公司 2006 年落户园区，主要生产铜加工制品，项目完成固定资产投资 1500 万元，但因工艺落后和管理不善，经营不到 1 年就关闭停产。为盘活企业闲置资产，通过反复洽谈协商，园区首先回购了企业资产，同时积极做好项目对接招商，在最大限度发挥资产效益的情况下，引进了"中国民营企业 500 强"和"中国大企业集团 500 强"企业——浙江虎牌控股集团，该集团注册成立了分宜华虎铜业科技有限公司，并充分利用原企业厂房和设备，新上年产 4 万吨铜条、铜管生产线项目，项目总投资 5 亿元，建成投产后可实现年主营业务收入 10 亿元以上。目前，该项目两条引法无铜杆生产线正在进行试生产。

又如江西一鑫实业有限公司是园区一家生产复混肥为主的企业，由于技术落后，污染较大，企业一直未能正常生产。园区果断采取措施，要求企业关闭停产，并鼓励公司利用有效资产（约 3000 万元）进行招商引资，改变主营方向，盘活企业。2010 年引进江西江镍高纯材料有限公司，整体收购原江西一鑫实业有限公司厂房、土地及附属设施，新上年产 1 万吨镍丝镍带项目。项目总投资 5.9 亿元，建成投产后年产值达 18 亿元，利税超 1.6 亿元，员工总数达到 800 多名。公司已拥有数项高纯镍材生产技术的发明专利，已列为宜春市重点建设项目，并正在申报省重点建设项目，目前，公司镍丝、镍带生产线设备大部分安装调试完毕，单台镍带正在试生产。

（三）以产权换项目，实现产业改造升级

利用资产或股权划转等形式，推动因受资金制约发展后劲不足的企业与大型集团公司和优势企业进行资产重组，推进现有企业的增资扩股、增资扩产，实现产业改造升级。

如江西国燕高新材料科技有限公司是一家从事废旧轮胎资源循环综合利用的企业，公司自主创新研发了"国内第一条塑化胶粉暨高强力特级再生胶标准化自动清洁示范生产线"，被列入国家高新产业发展项目。但因受世界金融危机影响，公司资金紧缺，计划建设的"年产 2 万吨塑化胶粉、3 万吨高强力特级再生胶自动化清洁示范生产线"未能达产达标。为解决企业融资难问题，园区另辟蹊径，于 2012 年 1 月引进广州海汇投资管理有限公司，投资 3300 万元注入公司用于增资扩股，广州海汇成为国燕高新公司的新股东，占有部分股权。公司重组后，新上"利用光微波厌氧双螺杆技术暨装置年产 3 万吨环保型再生胶项目"已进入实质性建设阶段，项目建成投产后，可达到 5 万吨再生胶产量，年税收达 1000 万元以上。

又如分宜驱动桥有限公司是一家主要生产工程机械驱动桥的专业公司，公司前身为江西分宜驱动桥厂，2003 年企业改制后生产效益一直不好，资不抵债，企业生存困难。2010 年 3 月分宜县政府收回股权并通过委托管理方式，引入常州科试中心有限公司重组成立江西分宜驱动桥有限公司，同年 6 月，常州科试中心有限公司收购公司股权。重组后公司投资 3 亿元新建年产驱动桥 5 万台套、变速箱 5000 台生产线，项目竣工投产后，预计年新增主营业务收入 2 亿元，利税 5000 万元。

项目要引得进、留得住、发展好，投资环境是关键。园区在积极探索创新招商方式的同时，大力优化投资环境，以优越的环境吸引客商投资兴业，以招商的成效倒逼软环境建设。一是不断优化融资环境，让企业发展"不差钱"；二是不断优化政务环境，为企业发展提供全天候"保姆式"服务；三是不断优化治安环境，为广大客商创建一个和谐平安的家园。同时，不断加快硬环境建设，加大资金投入，完善基础设施，积极为项目搭建落户平台，做到园区项目建到哪里、基础设施就配套到哪里，努力降低客商投资创业成本。为吸引项目落户，园区在不断完善

机械制造产业园的基础上，又先后规划建设了动力与储能电池产业园、"城市矿产"产业园、通信电子信息产业园、小微企业孵化产业园等项目平台，园区承载力和集聚力进一步提升，为招商引资工作奠定了坚实的基础。

二、宜黄工业园：不断创新，走出一片新天地

宜黄县地处江西省中部偏东、抚州市南部，距省会南昌158公里、抚州61公里，境内无国道、无高速公路、无铁路、无水运。江西宜黄工业园区就坐落在这样一个毫无区位优势的小县城。近年来，宜黄通过不断创新出建设园区和服务客商的好举措，克服了"四无"区位劣势和当前经济环境对项目建设的影响，工业园区每年新增开工企业项目超过20个，持续保持了良好的发展态势。

（一）引资建园区，借力提升承载能力

工业园区建设能否迈大步，关键在于基础及配套设施的建设资金投入。为妥善解决建设资金问题，工业园区实行了"多元化投资、市场化运作"新体制，积极吸引外部资金参与到园区建设中来。园区管委会主要是对道路、排水、绿化等公益项目进行建设。对于一些能取得效益的项目，本着"谁投资、谁受益"的原则，面向市场引进资金进行建设。这样，既从体制上规避了政府投资风险，又实现了园区基础设施建设的快速推进。

丰厚多功能服务区，位于距县城30公里的丰厚工业小区内，总投资1.2亿元，占地面积163亩，建筑面积10.6万平方米，是专为改善丰厚小区内客商及员工生活、休闲环境而建。服务区分三大区块：第一区块行政服务中心占地面积34亩，主要建设园区服务中心、休闲文化广场；第二区块商贸交易区占地面积54亩，主要建设商务酒店、交易市场、商业步行街；第三区块住宅区占地面积75亩，主要建设各类住宅楼、学校、医院等。该项目由园区完成项目建议书、可行性研究、筹划报批等前期工作，再坚持"谁投资、谁受益"的原则，吸引外部资金进行开发建设。

（二）亲人般对待，使客商变招商团员

把客商当亲人待，用真心去对待每一个客商，让客商们感觉如同在自己的家中创业一样，将一种浓浓的亲情融入到每个客商心中。每个客商落户工业园区以后，都会有专门的挂点领导、跟踪服务单位提供"保姆式"服务。如今，只要在园区投资，从项目的立项、注册、规划选址、环保审批、土地出让到工程筹建、安全施工、招工融资再到饮食、起居、生活等所有环节均有专人专职跟踪代办和关心照顾。就是在这种把客商当亲人对待的理念引导下，宜黄亲商、安商、护商的氛围越发浓厚，极大地激发了客商以商招商的热情，越来越多的客商正如他们所说的一样在做好自身企业的同时，主动要求进入县里的招商团队，把更多的亲朋好友招引到宜黄投资兴业，用实际行动回报他们的"第二家乡"。

谢作衡，江西瑞峰工程塑料有限公司总裁，2011年来到宜黄投资。在宜黄投资、生活的一年多时间里，他深深感受到了亲情般的温暖。定期接受园区组织健康体检；逢年过节，与县领导吃"团圆饭"；老父亲八十大寿，县领导带队专程赶赴祝贺等。2012年，他第一个主动请缨加入县第28招商团队。7月，由他引进的投资1亿元的无纺布生产项目在签约1周后，正式开工建设。目前，宜黄29个招商团队，都有1~3名像谢作衡这样的编外招商团员，每个招商团队都有2个以上的签约项目在手。

（三）智囊式服务，把企业当幼苗育

在原有服务方式上，把解决企业在生产管理、科研创新、企业文化建设等方面遇到的难题纳为一项全新的服务。自2012年元月起，县里不仅多次邀请专家、学者举办经营讲座帮助企业更新经营观念，拓宽经营视野，还在企业中广泛建立党团、工会组织以帮助企业实施企业文化建设，营造和谐有序的环境；县委、县政府制定出台了《2012年县级领导干部"五挂一带"工作机制》，建立了"一个重点企业、挂钩一名县领导、配备一个服务单位"的帮扶制度；选调高素质的专业人才进入园区工作；相关职能部门联合成立工作小组，深入企业指导帮扶开展节能减排、科技创新；112名具有一定专长技能的特派员进驻74家企业，成为

企业编外行政助理、建筑施工监理员等。通过提供这些智囊式的服务，为企业解决了不少生产、建设、管理中的实际困难。

江西星泰纸业有限公司，是工业园区内一家生产高档彩印轻涂纸的企业，2012年3月建成试产。在试产运行的前两个月里，经常出现纸张厚薄度不一、纸张断裂的现象。为解决此问题，县里组织工信委、科技局和原国营造纸厂技术人员成立专门的工作小组，协助公司攻克此难关。在工作组的协助下，公司在天津找到一位已退休的老教授。该教授是一位研究现代造纸工艺和设备的专家。在这位教授的指点下，公司最终解决了纸张厚薄度不一和易断裂的问题，生产至此走上了正轨。

水虽无华，折荡乃成涟漪；石本无火，相击而发灵光。对于宜黄工业园区来说，天还是这片天，地还是这块地，人还是这里人，只因有了各级党委、政府的正确领导和一批批园区建设者与时俱进、不断创新的奋力拼搏，这块沉寂千年的土地才一天天变得火热起来，涌现出一个个光彩夺目的发展亮点。到2014年，一座入园企业达300家以上，从业人员逾2万人，坐拥丰厚工业小区、六里铺（潭坊）工业小区、官仓工业小区、高速挂线工业区四大工业区计开发面积达10平方公里以上，主营业务收入达160亿元，创税4亿元以上，以现代工业为主体、第三产业和社会服务型产业相配套的经济繁荣、设施完善、功能齐备、环境优美的现代化工业新城将矗立在人们眼前。

三、赣县经济开发区：创新铸辉煌

近年来，赣县经济开发区以科学发展观为统领，以思想大解放促大开放，以深化改革推快发展，凝心聚力构筑发展平台，千方百计优化发展环境，一心一意突出特色发展，使全区经济呈现了持续、稳定、快速发展的良好态势。主要创新做法有：

（一）构建精干高效管理模式

赣县经济开发区是2009年10月经省政府批准的省级开发区，为赣县人民政府直属正科级事业单位，2010年2月赣县县委批准成立中共赣县经济开发区委员会，党委书记高配为副县级领导，主任为正科级，设党政办、项目部、财务部。下设红金工业园管委会、洋塘工业园管委会、储潭工业园管委会和企业服务局四个正科级事业单位，分别对应管理三个工业园区和整个开发区企业服务工作；根据企业管理服务的实际需要，三个工业园管委会设置了办公室、工程项目建设科、规划建设科、经济运行科四个科室，各自成立了开发公司，企业服务局内设办公室、证照办理科、协调管理科、经济运行科；开发区有县国土局开发区分局、县城建局开发区分局、县城管局开发区分局三个派驻机构。开发区决策者针对实际，从行政管理体制上，积极推进"小政府、大社会"的新型运营机制；从干部队伍建设上，实行公开招聘、竞争上岗；从优化企业服务上，实行"保姆式"、"一站式服务"，真正建立起了一套适合开发区经济发展的高效的运转机制。

（二）编制科学合理发展规划

科学规划和合理布局是促进开发区科学发展的基础。赣县经济开发区坚持城区建设的理念，本着立足长远的准则，聘请专家编制了开发区总体规划和控制性细规，并严格按规划有序推进开发建设。赣县经济开发区规划面积52平方公里，其中红金工业园规划面积16.36平方公里，产业规划为有色金属园、电子信息材料园、铝产业园、机械产业园、LED产业园；洋塘工业园规划面积28.11平方公里，产业规划为食品加工产业园、鞋业产业基地和新型建材基地；储潭工业园规划面积7.35平方公里，规划为高新科技园区。根据传统产业基础、资源禀赋，结合国家产业政策编制的科学而可行的规划，将为土地利用和产业发展提供指导和框架作用，引领开发区经济跨越发展。

（三）创新方式拓展承接平台

开发区初始建成面积仅为2000亩，目前已拓展8.3平方公里。近年来，坚持政府财务投资为主导，开发区下设三个管委会开发公司，以县财政为担保，融资6亿多元，用于平台建设；创新运作模式，设法引进具有雄厚经济实力、成熟管理经验的客商，采用BT运作模式拓展园区规模；整合各方资源，撬动社会资金投资建设开发区卫生、饮食、住宿、金融、教育、商贸等配套设施；不断完善开发区开发带商业运作机制，力促开发区平台建设投资渠道多元化。按"适度超前"、"先地下、后地上"的原则，切实做好通路、通电、通水、排污通、排水通、网络通、有线电视通、地面平"七通一平"。2011 年以来，完成投资 9.2 亿元，加快推进了铜铝产业基地、红金物流中心、红金三期、鞋业产业基地、储潭高新技术产业园、建材产业基地等 6 个平台建设，新增"七通一平"场地 2.3 平方公里。

（四）创优机制推进项目建设

一是创优项目建设政策平台。出台了《赣县扶持工业企业发展政策》、涉企政策《一本通》、《关于加快推进承接产业转移工作的决定》等政策，对项目建设从资金、要素、税费等政策上给予支持和保证。二是优化项目建设服务环境。对项目建设采取一个项目、一名县领导、一个牵头单位、一支队伍、一套服务措施的"五个一"项目推进格局。三是创新项目建设调度机制。建立了重点项目分级（县、园区、项目办）调度制、工作情况日报制、周调度制、项目建设挂牌督办销号制、县领导现场办公会制等工作机制，做到"一天一梳理、一周一调度"，加快了项目推进。今年园区 30 个列入县调度的新型工业化项目大部分开工，预计年底竣工项目达到 20 个。

四、东乡经济开发区：雄关漫道真如铁，而今迈步从头越

近年来，东乡经济开发区紧紧围绕打造机电冶金、轻工纺织、医药化工"三大百亿产业"和培育全国变性淀粉基地、全省大输液生产基地、全省棉纱纺织品基地、全省汽摩配件生产基地"四个产业基地"目标，不断创新招商引资举措、创新项目管理制度、创新服务举措，取得重大突破。

（一）创新园区机制体制，抓管理

该区围绕"精简、统一、效能"的运行机制，加大机制体制创新，理顺管理体制。促进开发区又好又快发展。

1. 管理授权创新

该区享有项目投资建设的县级审批权。县委、县政府督促相关职能部门每年元月为开发区有关职能机构办理行政管理委托、授权法律手续，使该区内设机构、派驻机构或分支机构能充分行使开发区计划立项、规划、建设、国土、房产、安监、外资及相关社会事务等方面的本级行政审批和经济管理权限。凡该区管理审批的事项，县直属有关部门不再另行审查，只履行备案存档手续。

2. 财政支持创新

增加该区事业经费。在常规安排事业经费、人头经费的基础上，自2012年开始县财政每年安排100万元事业经费；按该区常规税收增量的地方所得部分（剔除优惠政策）的50%作为补充经费。县财政每年安排500万元机动资金，用于快速推进开发区建设和服务企业，在机动资金限额范围内由该区根据需要自主安排使用，在使用后每季度末报县政府备案。

3. 联动建园创新

该区周边乡镇全力支持配合开发区做好征地拆迁、企业招工、调解厂群纠纷等工作，明确党政一把手为该单位参与开发区建设第一责任人。在乡镇（场）年度工作目标考评中单列"参与开发区建设"工作加分项目，占一定的分值。

（二）创新招商引资举措，招大商

该区明确主攻方向，创新三大招商举措，在招大引强上做文章。

1. 主导产业招商

利用现已形成的三大主导产业，不间断开展招商活动，充实东乡县南方轻纺产业园、渊山岗五金产业园，大富、浅水湾汽摩配件产业园内涵，力争2013年内南方轻纺产业园企业数量达到40家，五金机电产业园企业达到30家，汽摩配件产业园企业达到20家。

2. 优化环境招商

近年来，该区大力改善投资环境，切实解决影响效率、影响环境的问题，努力营造亲商、富商、安商的社会氛围，真正把人才和项目引得来、落得下、留得住、做得大。同时，该区充分利用外出招商及重点项目对接会的机会,大力宣传开发区的综合环境优势,突出区位优势、服务优势、氛围优势,吸引客商。

3. 做好以商招商

该区加强与区内企业界人士的交流沟通,利用日常服务企业机会交心通气,联络感情。借助龙头企业影响力及企业家个人号召力,引进配套企业,发挥企业的招商主体作用。精心组织大型招商活动,坚持走出去、请进来,主攻大客商,寻求大项目,实现招商引资向招大引强的转变。

(三) 创新项目管理制度,扩规模

开发区是承接大项目、好项目的主要载体,抓好大项目建设是开发区义不容辞的责任和义务。该区围绕"签约项目早开工、开工项目早投产、投产项目早增效"的工作思路,建立三项制度,确保项目建设快速推进。

1. 实行项目建设进度日督法

由该区领导干部带队,一般干部跟进,每天上下午到挂点项目现场实地督查,重点督查现场机器、施工人员和项目建设进度等情况,现场协调解决企业施工中的困难,全力促进项目建设进度。

2. 实行项目建设工期倒排法

实行"五个一"工作机制,即:一个项目,一套班子,一个方案,一支队伍,一抓到底。该区调动一切力量,排除一切干扰,对33个在建项目按建设的竣工时间节点要求,以10天为一个节点倒推建设工期。

3. 实行项目建设分批推进法

加快推进一批:对华晨纺织、给力纺织等一批在建、扩建重点项目科学调度,多方配合,强化督导,确保一批在建项目6个月竣工投产;开工建设一批:对荣成汽配科技园、恒安三期、科伦药业等拟开工项目,认真落实项目分包责任制,通过协调配合,现场督办,重点解决好土地、拆迁等问题,力促早日开工;跟踪落户一批:该区充分发挥职能作用,对20万吨甲醇汽柴油项目等一批直接影响东乡县工业经济发展的投资额大、影响力强的在谈和待批大项目,采取盯、跑、争、要等多种形式,积极主动地与合作方和上级业务部门勤沟通、多联系,争取早日立项,早日开工建设，为工业经济扩规模奠定基础条件。

（四）创新企业帮扶措施，促成效

该区把优化投资环境作为工业强攻战的有力保障，理顺管理服务职能，创新工作机制。健全"挂点领导、引资服务单位、开发区挂点干部、企业项目负责人"四级联动项目服务体系。实行帮发展、帮办证照、帮维权，督企业抢时间、赶进度、出效益的"三帮一督"项目服务管理机制，拓展服务内涵，提升服务水平。

1. 帮协调发展

向挂点企业解读了国家经济发展政策及相关产业发展扶持信息，督促落实对口服务部门帮助企业进市赴省争资金、跑项目，争取国家及省有关扶持政策，积极协调企业研究解决项目建设和生产经营过程中遇到的各种困难和问题，帮助企业解决用工难题和融资难题。

2. 帮办证照

指导投资项目落户，办理各项手续，督促服务责任单位代办或协调指导企业办理立项审批、环评、安评、土地挂牌转让、纳税等各项证照。积极帮助企业申请打造国家及省级技术研发中心，支持企业申报国家及江西省驰名商标。

3. 帮维权

开发区努力改善企业发展环境，督促职能部门提高服务企业行政效能，帮助维护企业及员工合法权益不受侵害，协调企业解决建设和生产中的各种矛盾纠纷，营造一个全民"亲商、安商、富商"的良好氛围；开发区制定了项目建设倒排工期方案，督促企业抢时间，赶进度，树形象，严格履行项目投资合同。同时，挂点团队加大协调力度，促进客商与承建商之间的互动与沟通，使项目在规定时间内达到投资强度、容积率指标要求。

（五）推进企业自主创新，树品牌

该区充分发挥企业的主体作用，加快提升企业自主创新能力，增强企业发展动力，推动东乡县经济又好又快发展。

1. 积极实施人才战略

鼓励企业积极研究前沿技术、开发关键项目，以项目引才、聚才，加大高层次创新型人才创新创业活动的支持,大力培养高层次创新人才、紧缺急需专业人才、创新型技能人才,推进企业创新团队建设,构筑人才聚集高地。

2. 积极引导校企联姻

该区引导区内企业与浙江大学、中国药科大学、山东大学等20多家大专院校联姻,形成了"生产一批、研发一批、储备一批"的产品开发链,仅医药产业在研与待产业化的药品科研项目就超过15项,共有14个医药产品获国家级新药证书,有40多个产品被评为省用户满意产品或中国消费者信得过产品。

3. 加强扶持力度

以政策创新为先导,出台企业科研奖励办法,加大科研资金奖励进行改造及工艺更新,帮助企业申报重大专项,争取国家和省级资金扶持。

五、九江、南康、黎川、宜丰、赣州等工业园区

(一)九江开发区

开发区有政府行政职能,但又不复制地方政府,而是实行"小政府、大服务"的模式。从园区实际出发,所有工作人员实行企业分配制度,以提高奖勤罚懒的激励性。大规模地进行竞争上岗,打破干部职务传统的任命方法,从而激发干部活力。精简行政机构,不与地方政府机构一一对应,实行大部制管理。这些变革,使开发区管理体制以不断提高的行政效率适应了园区生产力不断发展的内在要求。开发区在优化投资环境中,有三个方面是独具特色的。一是实施企业用工配送制度。面对用工难这个中国对外开放特别是珠三角、长三角地区面临的最大难点,开发区创造了用工配送制度,开发区投资4000万元,办起了拥有4000名在校学生的职业技术学校,通过订单式培训,为园区企业提供合格的技术工人,使开发区的环境优势一下子显现出来。二是便捷快速通关。开发区高度重视通关效率问题,积极主动对接国际规则,实行节假日加班制度。2012年春节,铨讯电子有40万台相机出口任务,开发区海关放弃春节黄金周的假日,日夜加班,保证通关,企业对此予以高度评价。

由此，通关效率高成为开发区的一大品牌。

（二）南康工业园区

抓项目建设服务，增强园区带动作用。一是围绕产业招商，主攻大项目和产业相关配套项目的引进，近几年南康市针对大项目引进出台了一些政策，取得了一定的效果，引进入户的亿元项目达10多个。二是提高项目的入园门槛。入园项目的固定资产投资要求已经提高到3000万元，其中外资企业要求达到300万美元，每亩固定资产投资强度达100万元。如龙岭工业西区的30多个项目投资均达到3000万元或300万美元以上。三是加强调度督查，加快推进重点新建在建工业项目建设。实施高位推进措施，对重点企业每年推行"四个一"的帮扶方式，即"一名市领导、一个挂点单位、一家银行、一支服务队"。2011年选取了38个重点工业项目进行调度，采取的调度方式主要为分管领导会议调度、进展情况通报调度、市委市政府每月督查调度等。四是营造建设氛围，近几年工业园区举行了多次项目开竣工仪式。五是建立了园区项目建设与管理制度，出台了一系列措施调动项目单位积极性和主动性，切实提高项目单位履约能力。六是政策激励。如市财政对如期竣工投产的重点工业项目（高税收或高新技术或产业龙头项目）给予4.7万元/亩的基础设施奖励资金，现已兑现奖励资金近2000万元。

（三）黎川工业园区

一是优化园区政务环境，创新服务体系建设。政办、招商办、经贸办、规划环保办、建设施工办、督查验收办、劳动社会保障办、综治办、财政所9个办公室。通过把事权、财权全部下放给园区，使园区准政府职能得到强化；安排财政、税务、工商、国土、审计、劳动、公安、消防等一些与园区发展密切相关的职能部门在园区设立派出机构，并纳入园区统一管理，实行封闭式管理、一站式办公，制定并完善首问责任制、行风评议制、限时办结制、干部挂点服务制度等工作制度，将行政服务工作落实到个人；坚持为每一个企业提供全过程、全天候、全方位的服务；同时引导和鼓励会计事务所、律师事务所等社会中介组织进入园区，向企业提供法律、财务、审计等专业化配套服务。二是积极探索并加强物流、融资、科技、人才、劳动用工、信息、市场等方面的服务体系建设。高位推动一些经贸洽谈活动，几年来，黎川县在广东、福建等多地成功举办了多届大型经贸洽谈会，有效推介了黎川工业园区，帮助了企业拓展市场空间。鼓励高等院校、科研机构与园区企业开展多种形式的技术合作，如九州陶瓷与景德镇陶瓷学院便合作建立陶瓷产品研发基地，成功研发了科技含量较高的"欧麦特"超耐热瓷等系列产品。创建生产力促进中心、知识产权服务站、微企孵化基地等机构，提高产品的科技含量，促进科技成果产业化。如2008年黎川工业园区在全市工业园区系统内率先成立了园区知识产权服务站，设立了办事机构，配备了工作人员，制定了办事规则和章程，并成功申报省级民营科技园，康舒陶瓷、环球陶瓷、永华陶瓷、九州陶瓷、嘉顺陶瓷等企业被评为省级民营科技企业。建立和健全了促进人才合理流动的市场机制和激励机制，吸纳财智人才来园区投资工作。如县委、县政府先后出台的《黎川县主攻工业意见》、《鼓励客商投资优惠办法》、《科技型企业入园投资的优惠政策》以及激励人才创新创业的扶持措施等多项政策措施，以建立和完善招大引优、人才引进、培训等机制，促进企业快速发展。建立城乡企业招工网络和企业用工培训体系，帮助企业招工；加速园区信息化进程，逐步建立健全开放式的企业、园区信息服务系统。

（四）宜丰工业园区

宜丰是"中国竹子之乡"，竹加工产业是宜丰县优势与特色产业，宜丰从2007年起便着手在工业园区规划建设竹加工产业项目区，2008年12月正式被省经贸委批准为江西省竹加工产业基地。为整合竹业资源、提高竹产业创新能力，更好地为竹加工企业发展提供全方位的服务，2011年，组建成立了宜丰县竹加工产业"窗口"服务平台，服务平台按照政府引导、社会服务参与、市场化运作、机构协同发展的总体思路，整合了本县竹业资源和服务资源，加强与省市服务平台对接，实现省市县协同，共享平台网络的互联互通和服务，贴近企业，快速响应，便利快捷服务竹加工企业，通过平台示范，带动社会化服务资源的进入，实现公共服务与市场化服务的结合，成为竹产业发展、展示和宣传竹加工产业的重要平台。

竹加工产业"窗口"服务平台设有信息中心、研发中心、服务中心和竹产品展厅4个职能中心，工作场地建筑面积2000平方米，配有固定人员4名、流动人员4名。平台功能主要是为竹加工企业提供管理咨询、培训、创业辅导、信息服务、融资服务、法律咨询、产品检测、技术服务及推广等公共服务。通过平台，实现与省、市服务平台实现无缝衔接，实现全省范围内的信息互联互通、资源共享，全面展示园区竹加工企业产品。为了使行业企业及时了解行业情况，平台还编印了《宜丰县竹产业"窗口"服务平台简报》。

通过平台的有效服务，园区竹加工企业得到迅速的发展。迄今，全县竹制品加工企业达35家，其中规模以上企业有21家，产品品种有竹地板、竹胶板、竹纤维板、竹刨花板、竹窗帘、竹凉席、竹家具、竹工艺品、竹炭、竹笋等十几个系列上百个品种，有专利产品21个、江西名牌产品1个、江西著名商标4个、宜春市知名商标2个。今后三年内，全县竹加工产业发展将达到全国一流水平，并正式确定创建产学研基地，为竹材工程技术研究开发成果的转化打造一个重要平台。

投资3.2亿元的康替龙竹业有限公司是省级林业龙头企业，该企业通过园区服务平台与南京林业大学科研单位合作，新上年产9万立方米热固型科技重组竹板材、各类重竹地板、复合地板等创新科技产品，该产品主要销往欧美市场。2011年出口创汇5000多万美元，实现产值5.4亿元，创利税1.2亿元。

（五）赣州经济技术开发区

1. 强化现场调度，项目建设取得新进展

该区紧扣发展主题，充分运用调度、协调、督察等多种方式，大力推进工业项目建设，取得积极成效。2011年，全区新开工工业项目41个，其中亿元以上项目25个，完成市下达年度任务的125%；新投产工业项目43个，完成市下达年度任务的107.5%，其中亿元以上项目9个。这批项目全部建成达产达标后，预计可实现主营业务收入200亿元，实现利税23亿元；24个市重点调度工业项目全部开工建设，新投产14个，全年完成投资15.98亿元，累计完成投资51.96亿元。

（1）狠抓项目推进力度。大力实行"一线工作法"，坚持遇到问题，现场调度，企业反映问题，第一时间到达现场，第一时间摸清情况，第一时间协调解决。全年共召开各类项目调度会38次，现场协调会65次，解决项目征拆、平场、报批、水电等各类问题260余项。

（2）狠抓倒逼式推进机制落实。实行倒逼式推进，不断加大项目推进落实力度。年初，制定下发了全年项目推进工作任务，明确了全年项目推进工作目标和责任。新项目引进后，两天内抄告有关部门，10天内制定倒计时推进计划，对项目建设各环节设定目标，倒排时间，落实责任，全年共有36个新引进项目列入调度。

（3）狠抓项目建设督查。实行"每日一巡查，一周一汇总，十天一督办，每月一小结，半年一考核"，采取现场调度、发函督办、分组约谈、签订补充协议等形式，强化对项目业主的督查监管，切实提高项目开工效率，全年发放项目用地通知书30家，签订项目补充协议26家。

（4）开展"强势推进项目建设、打击违建百日大会战"活动。按照"全员参与、上下联动，任务分解、工作包干，整体推进、分类实施"的思路，重点突破了影响项目推进的节点、难点问题。通过会战，促使17个项目实现开工，16个项目实现投产，清退1个项目。

2. 深化企业服务，工业发展取得新成效

全区以"企业为本、服务至上、效率优先、满意为旨"为宗旨，立足服务过程的全覆盖、全跟踪和全满意，设身处地帮企业解困、助企业发展，为企业提供更加优质、高效的服务。

（1）积极做好企业走访调研活动。围绕企业融资、项目进度、报关报检、物流配套、中介服务等服务需求，2011年走访企业100余户，累计开展调研活动12次，召开各类对接会9次，为企业提供深层次和全方位服务，全年共帮助区内企业融资金额超10亿元。

（2）认真细致为企业解决各类问题。建立了企业问题快速处理机制，主动到企业、工地巡查，对企业反映问题，即受即理，全程跟踪，快速办结。主动加强与水电、交通、工商、税务、口岸、海关、国检、环保等涉企服务部门的沟通与联系。同时，还协调解决了企业招工留工、职工子女入学、车票代购、公交线路等各类问题，促使服务过程全覆盖、全跟踪、全满意。

（3）扎实推进中小企业成长工程。在认真做好工业经济运行监测工作的同时,加强与税务、工商等部门沟通联系,集中精力开展企业"上规模"工作,努力促进全区工业经济发展。2011年,江钨拉法格、烟叶复烤等15户企业成功实现上规模,成为全市新增规模以上工业企业最多的(县、市)区,全区规模以上工业企业达96户,为全区工业经济发展增强了后劲。

(4)加大企业扶持力度,促进重点企业做大做强。积极帮助了康尔竹业、金力永磁、华坚鞋城等企业做好上市前期工作,募集更多的发展资金;加大了重点企业在技术改造、科技创新、人才引进方面的财政扶持力度;积极帮助了江钨新型合金、金力永磁、孚能科技等龙头企业争取国家、省、市各类扶持资金,提升企业发展水平。

第三部分 展望篇

第十一章 2012年江西工业园区竞争力评价

一、江西工业园区竞争力评价目的及概念界定

(一) 江西工业园区竞争力评价目的及意义

目前,江西94个工业园区在促进省经济社会发展上取得了巨大的成绩,但也存在地区间发展不平衡、产业布局不合理、产业结构趋同、园区整体效益偏低、企业创新能力不足、园区土地和人力资源等关键要素受到制约等诸多问题。如何监测园区发展状况,评估其综合竞争力,是摆在政府决策部门、理论界和园区管理部门亟待解决的一个问题。

为此,课题组提出建立工业园区竞争力评价指标体系,来判断某工业园区的发展状况和综合竞争力水平。其意义主要表现在:一是可以反映某工业园区的整体竞争力情况和各个分系统竞争力情况,帮助工业园区管理者了解工业园区整体以及各个子系统内在的运行状况,工业园区建设和发展中的优势、特点和不足,以及与其他工业园区的比较优势;二是可以用来对不同工业园区的比较,揭示各工业园区的差异,为工业园区管理者制定发展政策有一定的启发作用;三是可以丰富工业园区竞争力评价理论研究,完善工业园区竞争力理论。

(二) 工业园区竞争力评价有关概念界定

1. 工业园区的概念

工业园区类型众多,目前还没有一个统一的定义。相对权威的观点

是联合国环境规划署（UNEP）的提法，即工业园区就是在一大片的土地上聚集若干工业企业的区域。它具有如下特征：①开发土地面积较大；②土地上建设有多个建筑物、工厂以及各种公共设施和娱乐设施；③对公司的准入、土地利用率和建筑物类型实施限制；④有详细的区域规划，对园区环境规定了执行标准和限制条件；⑤为制定园区长期发展政策与计划等提供必要的管理条件。

本报告的工业园区概念是一个比较宽广的概念，是指一个国家或一个地区的政府通过行政或市场化等多种手段，划出一定范围的土地进行发展规划，为园区入驻企业提供各种基础设施、服务与管理，在一定时间内聚集大量企业或产业，使之成为产业特色鲜明、集群优势明显、功能布局完整的现代化产业分工协作区。包括各类经济技术开发区、高新技术产业开发区、出口加工区、保税区、边境经济合作区等，这些工业园区中根据批准权限不同，又可以分为国家级工业园和省级工业园两种。

2. 工业园区竞争力的概念

目前，国内外学者对竞争力的研究涉及国家竞争力、城市竞争力、产业竞争力和企业竞争力等层面，对工业园区竞争力的研究主要集中在工业园区企业（产业）集群竞争力等视角，如李婉萍、罗贤栋在《工业园区竞争力》（2005年）一书中对工业园区竞争力的研究重点放在企业集群角度。到目前为止，理论界还没有对工业园区竞争力给出一个完整的界定。本报告通过借鉴前人的研究成果提出，工业园区竞争力是指工业园区通过为入驻企业提供硬环境和软环境的服务，形成的吸引、争夺、拥有、控制和配置资源的能力。工业园区的生产力水平和创新能力是竞争力的核心，企业是实现工业园区竞争力的关键。

3. 江西工业园区界定的范围

江西共有94个省级以上工业园区，包括高新技术开发区、出口加工区、经济技术开发区、工业园区等。它们分别是：

（1）南昌市。分别是南昌高新技术产业开发区（南昌出口加工区）、南昌经济技术开发区、南昌小蓝经济技术开发区、南昌昌东工业园区、新建长埼工业园区、南昌昌南工业园区、安义工业园区、英雄经济开发区。

（2）九江市。分别是九江经济技术开发区（九江出口加工区）、瑞昌工业园区、永修云山经济开发区、九江沙城工业园区、武宁工业园区、修水工业园区、德安工业园区、彭泽工业园区、共青城经济开发区、星子工业园区、都昌工业园区、湖口金砂湾工业园区。

（3）上饶市。分别是上饶经济技术开发区、广丰工业园区、弋阳工业园区、玉山工业园区、铅山工业园区、横峰工业经济开发区、余干工业园区、鄱阳工业园区、万年工业园区、婺源工业园区、德兴大茅山经济开发区。

（4）抚州市。分别是抚州高新技术产业园区、东乡经济开发区、抚北工业园区、南城工业园区、黎川工业园区、南丰工业园区、崇仁工业园区、宜黄工业园区、金溪工业园区、广昌工业园区。

（5）宜春市。丰城高新技术产业园区、奉新工业园区、上高工业园区、樟树工业园区、高安工业园区、宜春经济开发区（袁州医药工业园）、万载工业园区、宜丰工业园区、靖安工业园区。

（6）吉安市。分别是井冈山经济技术开发区（井冈山出口加工区）、吉州工业园区、吉安河东经济开发区、吉安工业园区、吉水工业园区、峡江工业园区、新干工业园区、永丰工业园区、泰和工业园区、遂川工业园区、万安工业园区、安福工业园区、永新工业园区。

（7）赣州市。分别是赣州经济技术开发区（赣州出口加工区）、赣州沙河工业园区、赣县经济开发区、龙南经济技术开发区、于都工业园区、信丰工业园区、大余工业园区、上犹工业园区、安远工业园区、定南工业园区、全南工业园区、宁都工业园区、兴国经济开发区、会昌工业园区、瑞金工业园区、南康工业园区。

（8）景德镇市。分别是景德镇高新技术产业开发区、景德镇陶瓷工业园区、乐平工业园区。

（9）萍乡市。分别是萍乡经济技术开发区、莲花工业园区、芦溪工业园区。

（10）新余市。分别是新余高新技术产业开发区、分宜工业园区。

（11）鹰潭市。分别是鹰潭高新技术产业开发区、贵溪工业园区、余江工业园区。

二、江西工业园区竞争力评价指标体系的构建

(一) 江西工业园区竞争力评价指标体系构建的有关理论依据

1. 国家竞争力理论

世界上对国家竞争力理论研究有两条脉络：一是迈克尔·波特提出的国家竞争优势理论；二是世界经济论坛 (WEF) 和瑞士国际管理发展学院 (IMD) 提出的全球竞争力报告，这两家机构每年都会对世界上主要国家的竞争力进行统计、分析和评价，并发布当年的专题研究报告。

(1) 迈克尔·波特的国家竞争优势理论。迈克尔·波特 (Michael Porter) 认为劳动成本、利率和规模经济是国家竞争力最主要的决定因素，而国家竞争优势实质上体现在企业和产业的国际竞争优势上，它们构成国家竞争力的基础。一国的特定产业能否在国际竞争中取胜，关键取决于四个基本要素和两个辅助要素：基本要素包括要素条件，需求因素，支持和相关性产业，企业战略、结构和竞争；辅助要素包括政府的作用和机遇因素。这六个要素构成了波特的国家竞争力模型（见图 3-1），又称"国家钻石模型"。

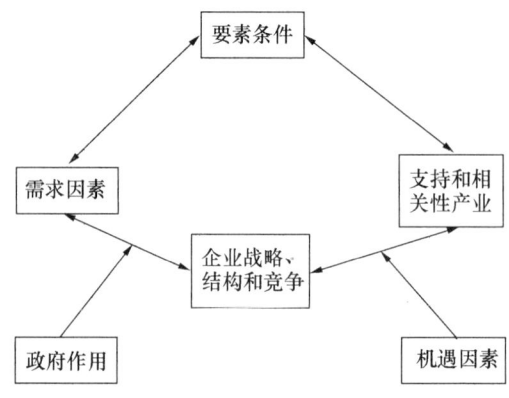

图 3-1 波特国家竞争力模型

（2）世界经济论坛（WEF）国家竞争力理论。位于瑞士日内瓦的世界经济论坛，从1979年就开始进行国家竞争力研究，创立了一套评价国家竞争力的指标体系和方法，每年对全球主要国家和地区的国际竞争力进行评价。WEF认为，国家竞争力是决定一国生产率水平的一系列制度、政策和因素，而生产率水平决定了经济的持续繁荣程度、民众的收入水平以及投资者的投资收益率，进而决定了一个国家的中长期增长潜力。2000年开始，WEF在《全球竞争力报告》中，对竞争力指标做出调整，将国家和地区的综合经济竞争力分为成长竞争力和商业竞争力。其中，成长竞争力指标分为技术、公共制度和宏观经济环境三个指数构成；商业竞争指标由企业运营与战略（或公司成熟度）、国家/地区商业环境两个子指标构成。其中对国家/地区商业环境评估的理论基础是波特的"钻石模型"。2004年开始，WEF尝试构建统一的全球竞争力指数，试图用这一指数全面反映一个国家或地区当前竞争力水平和潜在的经济增长能力。这个全球竞争力指数确立了12个竞争力支柱、构建了3个子指数，对不同地区和不同国家的竞争力指数进行排名。2011年世界经济论坛发布的全球竞争力报告显示，新型国家竞争力不断提升。瑞士连续三年排名第一，美国下降一位至第五位。德国排名第六，下降一位。"金砖四国"加快了追赶老牌工业国的步伐，其中中国排名第26位，居金砖国家之首。分项评价中，中国的创新力和教育制度得分比2010年都有所提高。

（3）瑞士国际管理发展学院（IMD）国家竞争力理论。IMD自1989年起每年发表一次《国际竞争力年度报告》，这份报告主要是根据主要国家和经济体的官方统计（占2/3）和针对民间企业家进行的问卷调查（占1/3）评估的名次做出的对各国竞争力排名。有关评选主要根据四项主要指标，即经济表现、政府效能、企业效能以及基础建设。IMD设计包括了国家经济实力、基础设施、国民素质、企业管理、科学技术、国际化、政府管理、金融体系八大要素，每个要素又包括若干方面，每个方面由若干具体指标组成的共244项计量指标的科学评价体系。这个评价体系是以年度为单位，系统评价和反映世界各国的国际竞争力水平，为分析世界国际竞争力发展格局和变化趋势，并为各国制定竞争发展战略提供了客观依据。

2. 城市竞争力理论

国内对城市竞争力研究有两条脉络：

（1）中国城市竞争力研究会对城市竞争力的研究。中国城市竞争力研究会（China Institute of City Competitiveness，CICC）于1998年在中国香港成立，是第一家由两岸四地和国外有志于中国城市研究发展、提升城市竞争力的专家、学者和上百名研究人员共同组成，专门从事中国城市竞争力研究、向城市提供竞争力提升、顾问与评价服务的国际性学术团体。《中国城市竞争力年鉴》由CICC主办，是一部全面反映中国城市竞争力现状的综合性大型工具书，是第一部代表中国各城市形象的城市竞争力统计年鉴，具有很高的权威性和实用价值，在国内外享有较高声誉。它创立了城市竞争力评价的GN体系，包括《GN中国城市成长竞争力评价指标体系》和《GN中国城市综合竞争力评价指标体系》。其中，《GN中国城市成长竞争力评价指标体系》由实力指数、潜力指数、活力指数、能力指数四大指标综合而成，包括4项一级指标、29项二级指标、67项三级指标；《GN中国城市综合竞争力评价指标体系》涵盖经济、社会、环境、文化四大系统，由包括综合经济竞争力、产业竞争力、财政金融竞争力、商业贸易竞争力、基础设施竞争力、社会体制竞争力、环境/资源/区位竞争力、人力资本教育竞争力、科技竞争力和文化形象竞争力等在内的10项一级指标、50项二级指标、217项三级指标综合计算而成。

（2）中国社会科学院财贸经济研究所对城市竞争力的研究。中国社会科学院财贸经济研究所创立了城市竞争力的飞轮模型，这一模型涵盖了人才本体竞争力、企业本体竞争力、生活环境竞争力、公共部门竞争力、商务环境竞争力、主要产业本体竞争力、创新环境竞争力和社会环境竞争力8个一级指标和48个二级指标，近几年每年都会发布《中国城市竞争力报告》。《2012年中国城市竞争力报告》显示，2011年中国两岸四地294个城市竞争力前10名的城市依次是：香港、台北、北京、上海、深圳、广州、天津、杭州、青岛、长沙。

3. 有关工业园区竞争力的理论

（1）国外对开发区竞争力理论研究。波特在《创新产业群初步研究——San Diego》中提出了评价高新产业区竞争力的方案，并将高新产业区竞争力的评价指标分为要素条件、需求条件、企业战略与竞争环境、有关支持产业四大方面，共 100 多项指标，依不同地区的具体情况而有所变化。要素条件包括高质量和专业化的人力资源、先进的技术条件、良好的基础设施以及为特定产业服务的专门基金等。需求条件包括家庭、社会以及政府等需求方面，要求越来越高的用户对产品和服务质量的改进是一个强大的推动力量。企业战略与竞争环境包括法规体系、激励机制（如鼓励投资和知识产权保护的政策等）、市场竞争压力等。有关支持产业主要指为高新技术产业发展服务的一系列配套产业，如良好的交通通信条件、优越的自然环境、灵活的销售体系以及便利的融资条件等。

（2）国内对高新区综合竞争力的评价。国内对高新区评价的出发点是基于国家对高新区的功能定位和发展前景。国内对高新区评价的指标也相对较多，一般包含经济基础、经济效益、发展条件等诸多方面，涉及的指标有 30 个左右。较有代表性的是国家科委颁布的《国家高新技术产业开发区考核标准（试行）》（征求意见稿），它从经济、资本、建设、企业、创业中心、人才、外国企业和工业产值 8 个方面 27 个指标构建了考核标准的评价指标体系。

4. 结论

目前，国内外学者对国家竞争力和城市竞争力已经给出了较为具体和全面的评价体系。很多学者在研究城市竞争力的评价指标体系时都是借鉴国家竞争力的评价指标体系，因为它们有很多共性，国家和城市都是区域，并且它们在很多功能上相似。

工业园区是一个小区域，工业园区的功能与国家和城市的某些功能相似。上述关于国家竞争力理论、城市竞争力理论以及工业园区竞争力评价的研究为本报告建立工业园区竞争力的评价指标体系提供了理论依据及方法上的指导。

（二）江西工业园区竞争力评价主要指标的构建

影响工业园区竞争力的因素很多，本报告将其概括为经济规模竞争力、经济效益竞争力、投资环境竞争力、产业集群竞争力、发展潜力竞争力、科学技术竞争力、土地利用竞争力和生态环境竞争力 8 个因素，利用这 8 个因素我们构造一个工业园区综合竞争力"飞轮模型"（见图 3-2）。

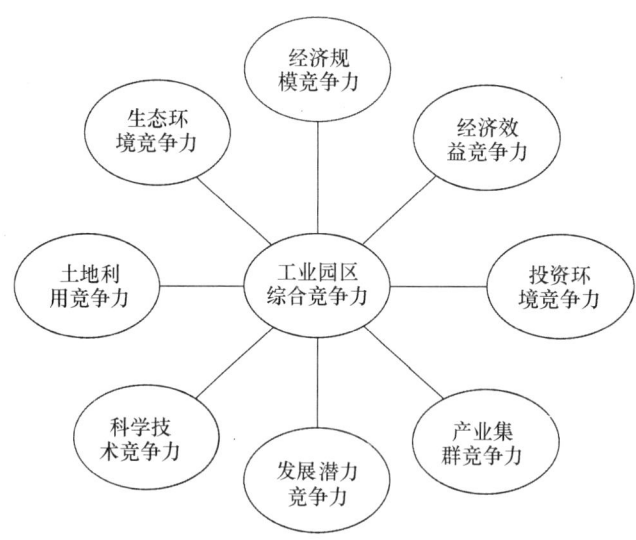

图 3-2 工业园区综合竞争力"飞轮模型"

在这 8 个指标中，经济规模竞争力是反映一个工业园区参与竞争的物质经济实力，是工业园区竞争力的物质基础；经济效益竞争力是反映工业园区利用各种资源创造社会财富的能力；投资环境竞争力是反映工业园区为入驻企业创造生产经营的条件和吸引其他企业入驻的能力；产业集群竞争力反映工业园区内主导产业的状况及相关产业集聚状况；发展潜力竞争力反映工业园区在较长时期内的未来发展趋势和能力；科学技术竞争力是反映工业园区及园区企业生产技术水平的能力；土地利用竞争力反映工业园区内土地资源的利用状况；生态环境竞争力反映工业园区利用环境、保护环境的状况。这 8 个指标的合力就构成一个工业园区的综合竞争力。

1. 经济规模竞争力

经济规模竞争力指的是该工业园区经济总量同其他工业园区相比所处的地位与实力。园区经济规模实力是从规模与总量上衡量园区在经济、文化、科技等领域的总体综合力量，它不仅反映了园区经济发展现状，也在相当大的程度上揭示了未来发展潜力。经济规模实力越强，说明园区的总体发展的实力越强，对园区未来发展的支撑作用也就越强，它是工业园区实现其竞争力的必要物质条件。经济规模竞争力可以用园区工业增加值、园区主营业务收入、园区出口交货值三个指标来分析。具体指标设计如表 3-1 所示。

表 3-1 经济规模竞争力指标设计

项目	权重	序号	指标	单位	标准分	评估分（百分制）
经济规模竞争力		1	园区工业增加值	万元		
		2	园区主营业务收入	万元		
		3	园区出口交货值	万元		

指标说明：

（1）园区工业增加值，是园区内工业企业在报告期内以货币形式表现的工业生产活动的最终成果，是企业生产过程中新增加的价值，是工业企业全部生产活动的总成果扣除了在生产过程中消耗或转移的物质产品和劳务价值后的余额，是工业企业生产过程中新增加的价值。

（2）园区主营业务收入，是指园区内企业从事某种主要生产经营活动所取得的营业收入。

（3）园区出口交货值，是指工业园区企业生产的交给外贸部门或自营（委托）出口（包括销往我国的香港、澳门和台湾地区），用外汇价格结算的批量销售，在国内或在边境批量出口等的产品价值，还包括外商来样、来料加工、来件装配和补偿贸易等生产的产品价值。在计算出口交货值时，要把外汇价格按交易时的汇率折成人民币。出口交货值是衡量工业企业生产的产品进入国际市场的一个重要指标，是现阶段衡量我国大型工业企业融入世界经济的一个主要参数。

2. 经济效益竞争力

经济效益竞争力反映园区利用现有资源创造出社会财富的能力，其指标主要有利税总额、利润总额、税收收入总额。其指标设计如表 3-2 所示。

表 3-2 经济效益竞争力指标设计

项目	权重	序号	指标	单位	标准分	评估分（百分制）
经济效益竞争力		4	园区利税总额	万元		
		5	园区利润总额	万元		
		6	园区税收收入总额	万元		

指标说明：

（4）园区利税总额是指企业净利润加上企业所得税的总额。

（5）园区利润总额是指企业净利润总额。

（6）园区税收收入总额 = 园区利税总额 - 利润总额。

3. 投资环境竞争力

投资环境竞争力是指吸引企业到工业园区投资的能力，如园区基础设施累计投入金额、园区道路通程数、园区日供水、日供电能力、从业人员数、招工难易程度、大专以上学历人数、土地平均购置成本、员工平均工资、税收优惠状况、企业获取贷款的利息率等都构成园区的投资环境。目前，选取了本年度完成基础设施投入金额、园区工业企业用电量、园区从业人员数 3 个指标，土地平均购置成本、劳动人口平均受教育年限、园区道路通车里程数等指标 2012 年没有相关数据，无法纳入。具体指标设计如表 3 - 3 所示。

表 3 - 3 投资环境竞争力指标设计

项目	权重	序号	指标	单位	标准分	评估分（百分制）
投资环境竞争力		7	园区本年度完成基础设施投入金额	万元		
		8	园区工业企业用电量	万千瓦时		
		9	园区从业人员数	人		

指标说明：

（7）园区本年度完成基础设施投入金额按照当年度的投入基础设施金额计算。

（8）园区工业企业用电量按照园区实际使用的用电量计算。

（9）园区从业人员数反映一个园区的用工需求，按在岗员工计算数量。

4. 发展潜力竞争力

园区发展潜力是指园区企业能为消费者带来的潜在效用和园区企业在市场空间中的内在发展趋势。可以表现在园区内企业创新能力、管理模式、市场网络、品牌形象、顾客服务等是否具有成长的动力。其中，园区内主导产业的主营业务的前景和主导产业的发展阶段是决定园区是否有发展潜力的主要因素。评价园区发展潜力的测量指标主要有：园区占地面积、园区实际开发面积、园区全部资产总额（包括园区企业的资产总额）、园区年度内招商引资实际到位资金数、园区年度内投资累计 1 亿元以上的项目开工数、主导产业中主营业务收入在 5 亿元以上的龙头企业数。为了便于操作，设计了四个指标，园区实际开发面积、园区年度内招商实际到位资金数、园区亿元及以上工业项目数、园区内工业企业个数。具体指标设计如表3-4所示。

表3-4 发展潜力竞争力指标设计

项目	权重	序号	指标	单位	标准分	评估分（百分制）
发展潜力竞争力		10	园区实际开发面积	亩		
		11	园区年度内招商实际到位资金数	万元		
		12	园区亿元及以上工业项目数	个		
		13	园区内工业企业个数	个		

指标说明：

（10）园区实际开发面积越大，园区未来的发展潜力就越大，因为土地是一个稀缺资源。

（11）园区招商实际到位资金，看园区招商效果如何，不仅要看园区的招商签约资金，最重要的是要看园区招商签约资金落实情况，即招商实际到位资金。

（12）年度内投资累计亿元及以上的项目开工数越多，则园区的发展后劲越大。

（13）园区内工业企业数越多，特别是主导产业中龙头企业数越多，则园区的未来发展前景就越好。

5. 科学技术竞争力

随着经济全球化进程的加速，国家和企业间的竞争，越来越表现为科技的竞争。科学技术作为第一生产力，已成为园区企业发展的第一推动力。衡量工业园区科学技术竞争力的指标主要有：园区企业年申请专利数、园区获得高新技术企业数、园区年高新技术产业产值、园区研究与试验发展经费支出。具体指标设计如表3-5所示。

表3-5 科学技术竞争力指标设计

项目	权重	序号	指标	单位	标准分	评估分（百分制）
科学技术竞争力		14	园区企业年申请专利数	个		
		15	园区获得高新技术企业数	个		
		16	园区年高新技术产业产值	万元		
		17	园区研究与试验发展（R&D）经费支出	万元		

指标说明:

(14) 园区企业年申请的专利数越多,则园区的科学技术竞争力越强。

(15) 园区获得高新技术企业称号数越多,说明园区企业产品的市场竞争力越强,技术水平就越高。

(16) 园区高新技术产业产值越多,说明园区企业产品的含金量就越高。

(17) 园区研究与试验发展的经费支出越多,该园区的科研实力就越好。

6. 产业集群竞争力

当前,全球经济已经由产业集群控制。产业集群对提高工业园区竞争力的优势主要体现在五个方面:低成本优势、市场优势、技术创新优势、规模扩张优势和品牌优势。然而,当前各个省、市对产业集群的统计并没有统一的标准,更没有综合评价的标准。

本报告认为,园区产业集群竞争力反映了工业园区产业集群的发展水平,其指标可以通过园区某主导产业产值百分比、园区产业间协作程度、园区产业规模效应系数、园区主导产业配套企业数量、园区出台扶持产业集群发展政策5个指标来判断某园区主导产业是否形成了产业集群。具体指标设计如表3-6所示。

表3-6 产业集群竞争力指标设计

项目	权重	序号	指标	单位	标准分	评估分(百分制)
产业集群竞争力		18	园区主导产业产值百分比	%		
		19	园区产业间协作度			
		20	园区产业规模效应系数			
		21	园区主导产业配套企业数量	个		
		22	园区出台扶持产业集群发展政策★			

注:"★"为主观指标。

指标说明:

(18) 园区主导产业产值百分比 = $\dfrac{主导产业产值}{园区全部产业产值} \times 100\%$。

园区主导产业产值百分比反映了产业集群生产能力集中情况,其百分比越高,则表明园区的产业集群度越高。

(19) 园区产业之间协作度 = $\dfrac{\text{园区内产业间内部采购额}}{\text{园区全部产业产值}}$。

园区内产业协作度表示园区内各个产业之间的协作程度,该指标数越高,则表明园区内各个产业分工协作程度越高,则产业集群越高。

(20) 园区产业规模效应系数 = $\dfrac{\text{园区产业内大中型企业销售收入}}{\text{园区该产业全部销售收入}}$。

园区产业规模效应系数表示某个产业大中型企业销售收入占产业全部销售收入的比值,该比值越高,说明该产业的产值集中度越高。

(21) 园区主导产业配套企业数量指的是在一个园区中,为主导产业服务的产业链上的企业数量,在这里用龙头企业配套服务的中小企业数量来表示。为龙头企业配套服务的企业数量越多,则该园区越容易形成以龙头企业为核心的产业集群。

(22) 园区出台了扶持产业集群发展的各项政策,指的是园区管委会或园区管理单位为了扶持园区产业集群的发展而出台的各项优惠政策,如土地优惠政策、招工方面的优惠政策、税收方面的优惠政策、各种办证方面的便利条件等。在具体评价时,要以园区出台的各项优惠政策为标准。它属于主观指标。

7. 土地利用能力竞争力

土地利用能力主要是用来判断工业园区利用土地的效率。当前,我国正处于城市化、工业化快速发展时期,一方面人多地少,耕地资源严重不足;另一方面城市急剧膨胀,工业园区土地资源需求巨大,土地粗放低效利用现象明显,土地集约利用成为工业园区的必然选择。

工业园区用地集约利用程度判别指标主要有:土地产出率、土地投资强度、土地税收产出率、吸纳就业率、建筑容积率和建筑密度等指标。这里主要选取园区每亩主营业务收入、园区每亩招商实际到位资金、园区每亩利税总额、园区每亩从业人员数 4 个指标,具体指标设计如表 3-7 所示。

表 3-7 土地利用能力竞争力指标设计

项目	权重	序号	指标	单位	标准分	评估分（百分制）
土地利用能力竞争力		23	园区每亩主营业务收入	万元/亩		
		24	园区每亩招商实际到位资金	万元/亩		
		25	园区每亩利税总额	万元/亩		
		26	园区每亩从业人员数	人/亩		

指标说明：

（23）园区每亩主营业务收入＝园区主营业务收入（万元）÷指标园区实际开发面积（亩）。

（24）园区每亩招商实际到位资金＝园区年度内招商实际到位资金（万元）÷园区实际开发面积（亩）。

（25）园区每亩利税总额＝园区利税总额（万元）÷园区实际开发面积（亩）。

（26）园区每亩从业人员数＝园区从业人员数（人）÷园区实际开发面积（亩）。

8. 生态环境竞争力

江西正处在绿色崛起，赶超发展的关键时期，加强环境保护、控制污染正成为全省上下的重要意识，因此生态工业园区将是未来工业园区发展的方向，生态环境竞争力是构成工业园区竞争力的重要内容。

生态环境竞争力指标涉及环境保护、生态建设、生态环境改善潜力、生态环境管理指标等方面，具体指标包括园区绿化覆盖率、入园企业污水排放达标率、生活垃圾无害化处理率、园区生态环境管理制度4个指标。在这些指标中，有些指标是主观指标。具体指标设计如表3-8所示。

表 3-8 生态环境竞争力指标设计

项目	权重	序号	指标	单位	标准分	评估分（百分制）
生态环境竞争力		27	园区绿化覆盖率	%		
		28	入园企业污水排放达标率	%		
		29	园区生活垃圾无害化处理率	%		
		30	园区生态环境管理制度★			

注："★"为主观指标。

指标说明：

（27）园区绿化覆盖率 = $\dfrac{\text{园区已开发范围内绿化覆盖面积（平方米）}}{\text{园区实际开发面积（平方米）}}$ ×100%。

园区绿化覆盖率反映园区绿化水平，具体计算方法为园区已开发范围内绿化覆盖面积占园区实际开发面积的比重。绿化覆盖面积指统计区域内的乔木、灌木、草坪等所有植被的垂直投影面积，包括公共绿地、居住区绿地、企业等单位附属绿地、防护绿地、生产绿地、道路绿地、风景林地等的绿化种植覆盖面积、屋顶绿化覆盖面积以及零散树木的覆盖面积。

（28）入园企业污水排放达标率 = $\dfrac{\text{工业污水排放达标量（万吨）}}{\text{工业污水排放量（万吨）}}$ ×100%。

入园企业污水排放达标率反映园区企业工业污水以及入园单位生活污水达标排放情况。入园企业污水排放达标率是指园区内的工业企业，经其所有排污口排到企业外部并稳定达到国家或地方排放标准的工业污水总量占外排工业污水总量的百分比。

（29）园区生活垃圾无害化处理率 = $\dfrac{\text{生活垃圾无害化处理量（万吨）}}{\text{生活垃圾清运量（万吨）}}$ ×100%。

园区生活垃圾无害化处理率反映报告期生活垃圾无害化处理量与生活垃圾产生量比率。因统计上生活垃圾产生量不易取得，在此用清运量代替，目前采用《生活垃圾焚烧污染控制标准（GB18485—2001）》、《生活垃圾填埋污染控制标准（GB16889—1997）》。

（30）园区生态环境管理制度。园区生态环境管理制度指园区环境监测及管理制度健全，具备环境应急反应能力，建立了环境应急预案。

三、江西工业园区竞争力评价指标体系的设计

（一）江西工业园区竞争力评价指标体系设计的原则

1. 系统性原则

在选择指标时，尽可能地考虑影响工业园区竞争力的各项因素，以

求系统全面地反映某个工业园区竞争力现状与潜力及其发展环境等因素。

2. 简明可操作性原则

该指标体系必须能明确反映出评价目标和评价指标之间的支配关系。并且指标体系的大小要适宜。因为指标体系层次过多，条目过细，将会在细小的问题上纠缠不清；指标体系层次过少，条目过粗，则不能完整地体现工业园区的综合竞争力水平。指标体系中所选用的指标要有可靠的数据来源，或者可以进行实际的计算和评价。

3. 生态性原则

工业园区未来发展的方向是生态工业园区，故在选取指标时应能够反映工业园区的生态竞争力。

4. 客观指标与主观指标相结合的原则

客观指标是指可量化的指标，如统计指标。量化指标比较客观地反映工业园区竞争力的一些方面，但不是所有指标都以量化的形式出现。在一个指标体系中，具有一些普遍被认可的客观指标，如一些经济指标、基础设施指标等。

主观指标是通过专家调查或社会调查得到的，有较大的主观成分，容易产生分歧，如政策因素、环境因素、创新因素等，它们是构成完整评估指标体系的重要组成部分。评估指标体系不但含有客观指标，而且含有主观指标，客观指标与主观指标相结合才形成一个比较全面、客观的评估指标体系。

5. 指标同类可比较原则

本报告研究的目的之一就是通过对各个工业园区综合竞争力的评价打分，进而对各个工业园区竞争力进行排名，故评估工业园区竞争力的指标体系应相对稳定，并且同类指标具有可比较性，从而增强评估结果的可信度。

（二）江西工业园区竞争力评价指标体系的建立

在本报告中，根据工业园区竞争力的组成要素，将评价指标体系设计为 8 个二级指标，二级指标下面又分设若干个具体指标，根据上面的分析设计结果，可以得到工业园区综合竞争力评价指标体系，其设计如表 3 – 9 所示。

第十一章 2012年江西工业园区竞争力评价

表 3-9 江西工业园区综合竞争力评价指标体系

一级指标	二级指标	权重	序号	三级指标	单位	标准分数	评估分数
江西省工业园区竞争力评价	经济规模竞争力		1	园区工业增加值	万元		
			2	园区主营业务收入	万元		
			3	园区出口交货值	万元		
	经济效益竞争力		4	园区利税总额	万元		
			5	园区利润总额	万元		
			6	园区税收收入	万元		
	投资环境竞争力		7	园区本年度完成基础设施投入金额	万元		
			8	园区工业企业用电量	万千瓦时		
			9	园区从业人员数	人		
	发展潜力竞争力		10	园区实际开发面积	亩		
			11	园区年度内招商实际到位资金数	万元		
			12	园区亿元及以上工业项目数	个		
			13	园区内工业企业个数	个		
	科学技术竞争力		14	园区企业年申请专利数	个		
			15	园区获得高新技术企业数	个		
			16	园区年高新技术产业产值	万元		
			17	园区研究与试验发展（R&D）经费支出	万元		
	产业集群竞争力		18	园区主导产业产值百分比	%		
			19	园区产业间协作度			
			20	园区产业规模效应系数			
			21	园区主导产业配套企业数量	个		
			22	园区出台扶持产业集群发展政策★			
	土地利用能力竞争力		23	园区每亩主营业务收入	万元/亩		
			24	园区每亩招商实际到位资金	万元/亩		
			25	园区每亩利税总额	万元/亩		
			26	园区每亩从业人员数	人/亩		
	生态环境竞争力		27	园区绿化覆盖率	%		
			28	入园企业污水排放达标率	%		
			29	园区生活垃圾无害化处理率	%		
			30	园区生态环境管理制度★			

注："★"为主观指标；土地平均购置成本、劳动人口平均受教育年限、园区道路通车里程数指标目前没有相关数据，无法纳入比较。

四、江西工业园区竞争力评价指标体系的应用

(一) 竞争力评价指标权重确立方法的选择

1. 层次分析法

层次分析法（Analytical Hierarchy Process，AHP）是美国运筹学家匹兹堡大学教授 A. L. Saaty 于 20 世纪 90 年代提出的，是一种定量与定性分析相结合的系统方法。这种方法是将一个复杂的多目标决策问题作为一个系统，将目标分解为多个目标或准则，进而分解为多指标（或准则、约束）的若干层次，通过定性指标模糊量化方法算出层次单排序（权数）和总排序，以作为目标（多指标）、多方案优化决策的系统方法。层次分析法的关键是要确定某一层次指标的权重。

确定权重的步骤如下：

第一步：建立指标体系层次结构。

AHP 要求的递阶层次结构一般由以下三个层次组成：

最高层：表示解决问题的目标或理想结果，又称目标层。

中间层（策略层、准则层）：表示采用某种政策或措施实现预定目标所涉及的中间环节，它可以由若干个子层次组成。

最底层（方案层）：表示为实现目标可供选择的各项措施、办法或方案。

明确各个层次的因素及其位置，并将它们之间的关系用连线连接起来，就构成了递阶层次结构。本报告按照需要把递阶层次划分为三层，如图 3-3 所示。

第二步：构造判断矩阵并赋值。

构造判断矩阵的方法是：每一个具有向下隶属关系的元素（被称作准则）作为判断矩阵的第一个元素（位于左上角），隶属于它的各个元素依次排列在其后的第一行和第一列。

接下来就是要填写判断矩阵。填写判断矩阵的方法主要是：向填写人（专家）反复询问：针对判断矩阵的准则，其中两个元素两两比较哪个重要，重要多少，对重要性程度按 1~9 赋值（重要性标度值见表 3-10）。

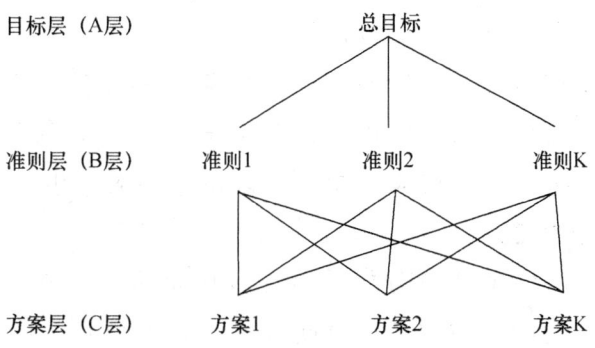

图3-3 评价指标体系层次结构

表3-10 重要性标度含义

重要性标度	含义
1	表示两个元素相比,具有同等重要性
3	表示两个元素相比,前者比后者稍重要
5	表示两个元素相比,前者比后者明显重要
7	表示两个元素相比,前者比后者强烈重要
9	表示两个元素相比,前者比后者极端重要
2,4,6,8	表示上述判断的中间值
倒数	若元素i与元素j的重要性之比为a_{ij},则元素j与元素i的重要性之比为$a_{ji}=1/a_{ij}$

设填写后的判断矩阵为A=(a_{ij})n×n,判断矩阵具有如下性质:

(1) $a_{ij}>0$

(2) $a_{ji}=1/a_{ij}$

(3) $a_{ii}=1$

根据上面的性质,判断矩阵具有对称性,因此在填写时,通常先填写$a_{ii}=1$部分,然后再仅需判断及填写上三角形或下三角形的n(n-1)/2个元素就可以了。在特殊情况下,判断矩阵可以具有传递性,即满足等式:$a_{ij} \times a_{jk} = a_{ik}$。当上式对判断矩阵所有元素都成立时,则称该判断矩阵为一致性矩阵。

第三步:层次排序(计算权向量)与检验。

层次排序是根据前面列出的判断矩阵A计算对于上一层次某一元素,本层次与之有联系的元素的重要性次序。它可归结为计算判断矩阵的特征根和特征向量。

第四步：层次总排序与一致性检验。

由于专家在对指标进行判断时，一般难以给出精确的两个指标重要性的标度，因此实际值与专家的判断值有一定偏差，需对矩阵进行一致性检验，通过多次一致性检验，得到各评价指标的权重。

2. 主成分分析法

主成分分析也称主分量分析，旨在利用降维的思想，把多指标转化为少数几个综合指标。在实证问题研究中，为了全面、系统地分析问题，必须考虑众多影响因素。这些涉及的因素一般称为指标，在多元统计分析中也称为变量。因为每个变量都在不同程度上反映了所研究问题的某些信息，并且指标之间彼此有一定的相关性，因而所得的统计数据反映的信息在一定程度上有重叠。在用统计方法研究多变量问题时，变量太多会增加计算量和增加分析问题的复杂性，人们希望在进行定量分析的过程中，涉及的变量较少，得到的信息量较多。

主成分分析法原理与步骤如下：

第一步：对原始指标数据进行标准化。

设有 n 个样本，p 个指标，可得到数据矩阵 $X = (X_{ij}) n \times p$，$i = 1, 2, \cdots, n$ 表示 n 个样本，$j = 1, 2, \cdots, p$ 表示 p 个指标，X_{ij} 表示第 i 个样本的第 j 项指标值。为消除原变量量纲、数量级的不同带来的影响，用 Z – score 法对数据进行标准化变换。

第二步：求指标数据间的相关矩阵。

第三步：求相关矩阵 R 的特征根特征向量，确定主成分。

第四步：求方差贡献率。

一般主成分个数等于原始指标个数，如果原始指标个数较多，进行综合评价时就比较麻烦。主成分分析法就是选取尽量少的 k 个主成分（k < p）来进行综合评价，同时还要使损失的信息量尽可能少。

第五步：对 k 个主成分进行综合评价。

先求每一个主成分的线性加权值 $F_g = L_{g1}Z_1 + L_{g2}Z_2 + \cdots + L_{gg}Z_g$（$g = 1, 2, \cdots, p$），再对 k 个主成分进行加权求和，即得最终评价值。

3. 德尔菲法

（1）基本概念。德尔菲法，又称专家意见法，是采用背对背的通信方式征询专家小组成员的预测意见，经过几轮征询，使专家小组的预测意见趋于集中,最后做出符合市场未来发生趋势的预测结论。德尔菲法是为了克服专家会议法的缺点而产生的一种专家预测方法。在预测过程中,专家彼此互不相识、互不往来,这就克服了在专家会议法中经常发生的专家们不能充分发表意见、权威人物的意见左右其他人的意见等弊病。各位专家能真正充分地发表自己的预测意见。通过多轮次调查专家对问卷所提问题的看法,经过反复征询、归纳、修改,最后汇总成专家基本一致的看法,作为预测的结果。这种方法具有广泛的代表性,较为可靠。

（2）应遵循的原则。

1）挑选的专家应有一定的代表性、权威性。

2）在进行预测之前,首先应取得参加者的支持,确保他们能认真地进行每一次预测,以提高预测的有效性。同时,也要向组织高层说明预测的意义和作用,取得决策层和其他高级管理人员的支持。

3）问题表设计应该措辞准确,不能引起歧义,征询的问题一次不宜太多,不要问那些与预测目的无关的问题,列入征询的问题不应相互包含;所提的问题应是所有专家都能答复的问题,而且应尽可能保证所有专家都能从同一角度去理解。

4）进行统计分析时,应该区别对待不同的问题,对于不同专家的权威性应给予不同权数而不是一概而论。

5）提供给专家的信息应该尽可能的充分,以便其作出判断。

6）只要求专家作出粗略的数字估计,而不要求十分精确。

7）问题要集中,要有针对性,不要过分分散,以便使各个事件构成一个有机整体,问题要按等级排队,先简单后复杂;先综合后局部。这样易引起专家回答问题的兴趣。

8）调查单位或领导小组意见不应强加于调查意见之中,要防止出现诱导现象,避免专家意见向领导小组靠拢,以致得出专家迎合领导小组观点的预测结果。

9）避免组合事件。如果一个事件包括专家同意的和专家不同意的两个方面,专家将难以做出回答。

（3）具体实施步骤。

第一步：组成专家小组。按照课题所需要的知识范围,确定专家。专家人数的多少,可根据预测课题的大小和涉及面的宽窄而定,一般不超过 20 人。

第二步：向所有专家提出所要预测的问题及有关要求，并附上有关这个问题的所有背景材料，同时请专家提出还需要什么材料。然后，由专家做书面答复。

第三步：各个专家根据他们所收到的材料，提出自己的预测意见，并说明自己是怎样利用这些材料并提出预测值的。

第四步：将各位专家第一次判断意见汇总，列成图表，进行对比，再分发给各位专家，让专家比较自己同他人的不同意见，修改自己的意见和判断。也可以把各位专家的意见加以整理，或请身份更高的其他专家加以评论，然后把这些意见再分送给各位专家，以便他们参考后修改自己的意见。

第五步：将所有专家的修改意见收集起来，汇总，再次分发给各位专家，以便做第二次修改。逐轮收集意见并为专家反馈信息是德尔菲法的主要环节。收集意见和信息反馈一般要经过三四轮。在向专家进行反馈的时候，只给出各种意见，但并不说明发表各种意见的专家的具体姓名。这一过程重复进行，直到每一个专家不再改变自己的意见为止。

第六步：对专家的意见进行综合处理。

（4）德尔菲法运用时的注意点。

1）并不是所有被预测的事件都要经过四步。可能有的事件在第二步就达到统一，而不必在第三步中出现。

2）在第四步结束后，专家对各事件的预测也不一定都达到统一。不统一也可以用中位数和上下四分点来作结论。事实上，总会有许多事件的预测结果都是不统一的。

总之，德尔菲法作为一种主观、定性的方法，不仅可以用于预测领域，而且可以广泛应用于各种评价指标体系的建立和具体指标的确定过程。

通过这些方法的选择与比较，确定工业园区竞争力评价指标的各个权重（注：一旦确定各个指标的权重，应在一个较长时期内保持不变，为方便比较，建议以 5 年为一个周期，即 5 年内其各个指标权重保持不变，评价指标不变，5 年后根据经济社会形势的变化再对各个指标进行增删，对各个指标的权重进行修订），如本课题通过德尔菲法（建议由江西中小企业局领导、各园区管理部门领导以及园区管理研究专家组成7~9名专家组，多轮打分，第一轮背靠背，统计整理后公布，第二轮打分各专家见面，并就第一轮打分权重讨论，然后再次打分，形成最终的权重分配）确定各个二级指标的权重。

确定二级指标的权重，则利用德尔菲法，通过多轮打分讨论，最终确定分数，这时二级指标下的各个具体指标的分数总和是100分。

（二）竞争力评价指标体系的应用

在第一节中，确定了各个等级指标的权重和各个具体指标的分数。但是这时存在的问题有两个：一是参考值标准如何确定；二是如何计算不同工业园区的具体指标的得分。方法是：参考标准值就以要比较的所有工业园区中数据最大的作为参考标准值。这时其他的工业园区的实际得分就可以将其具体指标的数据除以这个参考标准值再乘以这个具体指标的满分就得到该工业园区具体指标的实际得分。

本课题组通过发放课题调查问卷表，经过多位专家、学者和工业园区领导的打分，利用层次分析法和专家意见法，得出江西工业园区竞争力指标权重和标准分数的最终确定值，如表3-11所示。

表3-11 江西工业园区综合竞争力评价指标体系

一级指标	二级指标	权重	序号	三级指标	单位	标准分数
江西省工业园区竞争力评价	经济规模竞争力	0.18	1	园区工业增加值	万元	30
			2	园区主营业务收入	万元	50
			3	园区出口交货值	万元	20
	经济效益竞争力	0.15	4	园区利税总额	万元	30
			5	园区利润总额	万元	50
			6	园区税收收入	万元	20
	投资环境竞争力	0.16	7	园区本年度完成基础设施投入金额	万元	50
			8	园区工业企业用电量	万千瓦时	20
			9	园区从业人员数	人	30
	发展潜力竞争力	0.12	10	园区实际开发面积	亩	35
			11	园区年度内招商实际到位资金数	万元	20
			12	园区亿元及以上工业项目数	个	20
			13	园区内工业企业个数	个	25

续表

一级指标	二级指标	权重	序号	三级指标	单位	标准分数
江西省工业园区竞争力评价	科学技术竞争力	0.12	14	园区企业年申请专利数	个	30
			15	园区获得高新技术企业数	个	20
			16	园区年高新技术产业产值	万元	20
			17	园区研究与试验发展（R&D）经费支出	万元	30
	产业集群竞争力	0.07	18	园区主导产业产值百分比	%	30
			19	园区产业间协作度		20
			20	园区产业规模效应系数		20
			21	园区主导产业配套企业数量		20
			22	园区出台扶持产业集群发展政策★		10
	土地利用能力竞争力	0.15	23	园区每亩主营业务收入	万元/亩	30
			24	园区每亩招商实际到位资金	万元/亩	25
			25	园区每亩利税总额	万元/亩	25
			26	园区每亩从业人员数	人/亩	20
	生态环境竞争力	0.05	27	园区绿化覆盖率	%	20
			28	入园企业污水排放达标率	%	30
			29	园区生活垃圾无害化处理率	%	30
			30	园区生态环境管理制度★		20

注："★"为主观指标。

本报告数据全部采用江西省中小企业局提供的2011年的官方数据。通过采集这些官方数据，可以得到表3-12，有关数据说明及指标的计算见本章附件1。同时根据表3-12及有关计算方法可以得到表3-13，有关数据计算见本章附件2。

（三）江西工业园区经济规模竞争力的计算

江西工业园区经济规模竞争力分竞争力指标我们设定了三个指标：园区工业增加值、园区主营业务收入和园区出口交货值。这三个指标权重前的分数分别为30分、50分和20分，共100分。经济规模竞争力这个分竞争力的权重为0.18。我们选取表3-13中的指标1、指标2和指标3的数据，从而形成表3-14：江西各个工业园区2011年经济规模竞争力。这时就可以将江西省2011年的各个工业园区的经济规模竞争力给计算出来，具体指标计算说明见本章附件3。

第十一章 2012年江西工业园区竞争力评价

表3-12 江西各个工业园区2011年三级指标数值

序号	园区名称	1 (万元)	2 (万元)	3 (万元)	4 (万元)	5 (万元)	6 (万元)	7 (万元)	8 (万千瓦时)	9 (人)	10 (亩)	11 (万元)	12 (个)	13 (个)	23 (万元/亩)	24 (万元/亩)	25 (万元/亩)	26 (人/亩)
1	南昌昌东工业园区	6198142	507753	268816	233023	130913	102110	37150	31615	36472	14370	353079	0	306	175	25	16	2.5
2	南昌小蓝经济技术开发区	9675464	030094	359946	341217	215357	125860	33867	72287	54492	9900	555890	2	253	407	56	34	5.5
3	新建长堎工业园区	5990932	563004	98039	225506	150657	74849	8300	22353	25732	5250	81468	2	115	488	16	43	4.9
4	南昌经济技术开发区	13286415	370756	744417	405156	298861	106295	79588	149593	51791	24000	1022370	15	288	224	43	17	2.2
5	南昌高新技术产业开发区	24116588	040653	959308	1148732	383151	765581	259733	218040	81151	17550	686398	4	334	458	39	65	4.6
6	景德镇高新技术产业开发区	4787522	004104	170875	135442	68365	67077	45757	48426	21660	17010	645453	17	103	118	38	8	1.3
7	乐平工业园区	4431151	904198	74751	183108	116236	66872	14400	116160	17087	8385	180232	8	73	227	21	22	2.0
8	萍乡经济技术开发区	8640354	107851	294709	363443	227081	136362	197000	313617	51507	8400	605440	24	113	489	72	43	6.1
9	永修云山经济开发区	3923981	643607	44148	211855	169411	42444	98000	100984	19948	14550	407040	7	85	113	28	15	1.4
10	湖口金砂湾工业园区	4302152	518269	84103	102041	51607	50434	81000	183623	18051	7800	925711	13	51	323	119	13	2.3
11	瑞昌工业园区	4389741	884457	372172	243773	195080	48693	90045	133961	31405	7500	412130	11	100	251	55	33	4.2
12	九江经济技术开发区	8339363	712064	370212	283710	205689	78021	296179	109903	49669	21750	725830	7	182	171	33	13	2.3
13	新余高新技术产业开发区	15777518	5841896	744256	470209	366430	103779	85814	230363	44133	7350	1045884	21	142	795	142	64	6.0
14	鹰潭高新技术产业开发区	3777652	849138	54570	120160	75425	44735	26160	32145	20829	8550	456345	16	87	333	53	14	2.4
15	贵溪工业园区	3824912	806714	42223	33375	17879	15496	10512	38753	9829	6300	313971	10	77	446	50	5	1.6

续表

序号	指标序号 园区名称	1 (万元)	2 (万元)	3 (万元)	4 (万元)	5 (万元)	6 (万元)	7 (万元)	8 (万千瓦时)	9 (人)	10 (亩)	11 (万元)	12 (个)	13 (个)	23 (万元/亩)	24 (万元/亩)	25 (万元/亩)	26 (人/亩)
16	赣州沙河工业园区	412460	1670136	357579	312948	222171	90777	36468	50167	20958	8100	82559	3	98	206	10	39	2.6
17	赣县经济开发区	393386	1888766	243835	124252	74751	49501	71060	55792	21752	11400	268747	6	97	166	24	11	1.9
18	龙南经济技术开发区	389039	1553159	310374	178570	112464	66106	24859	73168	32893	13965	256025	7	131	111	18	13	2.4
19	于都工业园区	293487	1274708	323416	114572	53731	60841	26350	18781	19878	7200	16500	0	102	177	2	16	2.8
20	南康工业园区	327974	1376898	88104	115362	80345	35017	33310	20775	19887	6300	111486	2	108	219	18	18	3.2
21	赣州经济技术开发区	743274	3361557	577135	357726	224129	133597	108390	42846	50238	14250	729739	25	204	236	51	25	3.5
22	井冈山经济技术开发区	521975	2204534	230692	217319	112327	104992	37500	90441	25029	7650	524577	19	74	288	69	28	3.3
23	吉安工业园区	289193	1398143	249743	189460	129107	60353	42980	30635	26348	9000	330175	12	86	155	37	21	2.9
24	宜春经济开发区	358810	1523236	29443	183945	91806	92139	78269	34178	30371	22260	542339	11	141	68	24	8	1.4
25	奉新工业园区	414873	1926252	102969	227900	157204	70696	42759	48008	23730	5880	385242	10	81	328	66	39	4.0
26	上高工业园区	481482	2030216	303337	352293	278658	73635	13051	62883	40271	10860	436240	7	131	187	40	32	3.7
27	丰城工业园区	725052	3105980	76877	359975	238543	121432	34260	174995	28280	13200	476584	6	85	235	36	27	2.1
28	樟树工业园区	410620	1802536	3405	239679	167435	72244	18967	50506	24291	13905	282919	6	100	130	20	17	1.7
29	高安工业园区	569907	2393411	49801	303312	214629	88683	17550	147788	33548	12750	351078	14	127	188	28	24	2.6
30	抚州高新技术产业园区	415241	1840336	82317	143467	80924	62543	42170	36225	22032	15750	351294	10	142	117	22	9	1.4
31	上饶经济技术开发区	887650	4075139	771860	454458	330573	123885	64280	77847	47481	17700	517627	7	169	230	29	26	2.7
32	广丰工业园区	569054	2815486	255457	346361	180779	165582	68000	59143	34272	12300	335581	4	139	229	27	28	2.8
33	玉山工业园区	335589	1486547	72513	131828	66427	65401	31850	61336	12616	6930	117160	0	78	215	17	19	1.8

第十一章 2012年江西工业园区竞争力评价

续表

序号	园区名称	指标序号 1 (万元)	2 (万元)	3 (万元)	4 (万元)	5 (万元)	6 (万元)	7 (万元)	8 (万千瓦时)	9 (人)	10 (亩)	11 (万元)	12 (个)	13 (个)	23 (万元/亩)	24 (万元/亩)	25 (万元/亩)	26 (人/亩)
34	横峰工业经济开发区	278916	1543757	16736	146995	86492	60503	1700	9327	7710	6150	172186	3	40	251	28	24	1.3
35	南昌昌南工业园区	56721	231336	18097	5049	2835	2214	262	2425	2346	3000	1430	0	19	77	0.5	2	0.8
36	安义工业园区	142364	852385	43558	60798	52718	8080	0	16504	9471	6000	244846	5	76	142	41	10	1.6
37	景德镇陶瓷工业园区	244546	1020436	56776	85274	42383	42891	22800	15652	10268	10245	74383	0	59	100	7	8	1.0
38	莲花工业园区	127432	492695	63326	22553	13811	8742	13150	4987	8100	7500	115937	3	43	66	15	3	1.1
39	芦溪工业园区	174915	724169	27758	110230	86705	23525	9200	12386	6714	3000	158077	4	44	241	53	37	2.2
40	九江沙城工业园区	209226	950450	35589	83793	53075	30718	90188	57914	22335	12825	340422	12	84	74	27	7	1.7
41	武宁工业园区	274458	1112452	105917	160024	119434	40590	45095	40085	24027	13950	255248	6	102	80	18	11	1.7
42	修水工业园区	265470	922706	0	213308	160042	53266	65776	47989	18195	9015	368721	5	66	102	41	24	2.0
43	德安工业园区	283865	1361727	196965	131843	78867	52976	124200	43941	23739	15000	236026	8	99	91	16	9	1.6
44	星子工业园区	155616	589471	337291	59404	51829	7575	31000	7515	8258	4650	77339	3	50	127	17	13	1.8
45	都昌工业园区	139354	597353	35669	50560	27032	23528	32000	18519	16565	5850	86500	2	70	102	15	9	2.8
46	彭泽工业园区	153843	634235	55064	45041	32590	12451	70130	32081	7903	7680	130300	4	28	83	17	6	1.0
47	共青城经济开发区	273363	1359810	106049	112832	93080	19752	64600	10615	19464	10500	420201	7	91	130	40	11	1.9
48	分宜工业园区	337483	1641094	36312	147092	92240	54852	5847	28869	6265	5250	200763	5	35	313	38	28	1.2
49	余江工业园区	184025	1210730	36402	88657	60879	27778	3000	19622	10974	6900	134961	0	75	175	20	13	1.6
50	信丰工业园区	268407	1027109	180217	82943	54139	28804	25168	53389	28512	6450	281150	0	130	159	44	13	4.4
51	大余工业园区	122354	385394	4049	16162	5863	10299	14000	8347	8169	6045	98600	2	51	64	16	3	1.4

续表

序号	园区名称	指标序号 1 (万元)	2 (万元)	3 (万元)	4 (万元)	5 (万元)	6 (万元)	7 (万元)	8 (万千瓦时)	9 (人)	10 (亩)	11 (万元)	12 (个)	13 (个)	23 (万元/亩)	24 (万元/亩)	25 (万元/亩)	26 (人/亩)
52	上犹工业园区	111240	559192	58578	38769	20226	18543	24680	24580	5367	4515	47018	0	33	124	10	9	1.2
53	安远工业园区	37117	139103	8786	40062	30885	9177	3012	3063	3151	2805	21421	0	17	50	8	14	1.1
54	定南工业园区	137597	518623	38038	118628	88434	30194	9150	14455	5820	4800	73030	2	41	108	15	25	1.2
55	全南工业园区	122727	510797	44144	65371	39653	25718	8270	16300	8844	2205	39549	1	45	232	18	30	4.0
56	宁都工业园区	105990	433507	75722	13489	8704	4785	32165	15982	10688	6000	148488	1	53	72	25	2	1.8
57	兴国经济开发区	235071	992204	139533	109672	68416	41256	9235	38464	19402	4500	75701	0	97	220	17	24	4.3
58	会昌工业园区	74806	375795	61423	66964	45261	21703	5295	9471	5381	6990	48000	1	30	54	7	10	0.8
59	瑞金工业园区	123002	481915	97618	39067	23334	15733	30000	32487	10888	9900	243111	6	62	49	25	4	1.1
60	吉州工业园区	177858	852799	250502	89144	53476	35668	37780	12741	14063	4500	264660	8	51	190	59	20	3.1
61	吉安河东经济开发区	188716	890705	76333	101317	75360	25957	32660	12790	9980	7545	172822	8	51	118	23	13	1.3
62	吉水工业园区	198606	969718	59740	82733	48903	33830	35820	6874	18133	7320	201010	9	99	132	27	11	2.5
63	峡江工业园区	128744	628448	531	71324	42474	28850	60100	24485	6519	11910	285000	10	43	53	24	6	0.5
64	新干工业园区	229470	1213466	9529	124022	77664	46358	37150	29620	16094	14400	282676	7	142	84	20	9	1.1
65	永丰工业园区	263070	1126350	30637	154802	101343	53459	58600	35034	20602	5250	245220	10	100	215	47	29	3.9
66	泰和工业园区	303668	1371178	253915	148461	96187	52274	35806	32102	22567	9000	278200	11	128	152	31	16	2.5
67	遂川工业园区	165534	575172	171383	87295	56914	30381	32650	11324	17186	5280	42000	2	67	109	8	17	3.3
68	万安工业园区	111617	463087	20855	63542	37313	26229	25600	17341	8092	6000	158900	4	43	77	26	11	1.3
69	安福工业园区	218949	871242	30096	189670	127109	62561	26850	14780	19303	9000	266919	7	43	97	30	21	2.1
70	永新工业园区	154582	820171	6061	123082	84992	38090	37245	14823	13993	7020	63000	2	57	117	9	18	2.0

第十一章 2012年江西工业园区竞争力评价

续表

序号	指标序号 园区名称	1 (万元)	2 (万元)	3 (万元)	4 (万元)	5 (万元)	6 (万元)	7 (万元)	8 (万千瓦时)	9 (人)	10 (亩)	11 (万元)	12 (个)	13 (个)	23 (万元/亩)	24 (万元/亩)	25 (万元/亩)	26 (人/亩)
71	万载工业园区	179561	710012	95057	86006	52264	33742	9600	16537	25572	7500	77088	1	46	95	10	11	3.4
72	宜丰工业园区	156910	636416	27626	60157	34349	25808	12750	30174	19552	9000	250303	10	81	71	28	7	2.2
73	靖安工业园区	66682	306819	64738	12926	3151	9775	8000	8758	6699	6300	44883	1	25	49	7	2	1.1
74	抚北工业园区	123673	906690	9726	35083	10939	24144	29867	26659	7056	6600	103076	1	57	137	16	5	1.1
75	南城工业园区	120830	547805	66423	38632	24071	14561	60120	4694	12544	3000	79695	1	70	183	27	13	4.2
76	黎川工业园区	132485	532043	20828	41721	20539	21182	51210	6694	13299	6000	65735	0	75	89	11	7	2.2
77	南丰工业园区	93021	323409	2977	18693	12235	6458	27830	6863	8127	3075	78930	1	57	105	26	6	2.6
78	崇仁工业园区	180642	981485	86427	51875	31235	20640	53715	18982	10503	8250	66700	1	68	119	8	6	1.3
79	宜黄工业园区	130394	577525	25576	39020	20563	18457	26878	16544	13505	3150	32660	0	86	183	10	12	4.3
80	金溪工业园区	103361	492433	9574	27889	17153	10736	24610	7578	7044	3840	72290	0	91	128	19	7	1.8
81	东乡经济开发区	249412	1218472	3012	144523	106507	38016	49500	30564	13423	7500	194385	9	87	162	26	19	1.8
82	广昌工业园区	62431	421777	0	34273	15803	18470	25220	5868	5223	4110	68120	0	40	103	17	8	1.3
83	铅山工业园区	115586	774987	1621	63796	25402	38394	11842	6569	5095	7500	121303	7	34	103	16	9	0.7
84	弋阳工业园区	149250	795387	62036	81071	511377	29934	8100	55686	11128	6000	174075	0	78	133	29	14	1.9
85	余干工业园区	164601	762458	0	70313	37181	33132	11900	40061	5902	11250	166454	0	41	68	15	6	0.5
86	鄱阳工业园区	126783	550884	90761	51622	34486	17136	2040	6195	13578	10500	295483	9	36	52	28	5	1.3
87	万年工业园区	229175	1033917	303680	136575	91798	44777	10195	53483	15707	10050	173145	1	75	103	17	14	1.6
88	婺源工业园区	47153	223313	2416	19190	11183	8007	10674	2612	9261	6000	132295	2	52	37	22	3	1.5
89	德兴大茅山经济开发区	135814	656560	20055	61765	47316	14449	34660	33912	14357	10875	137240	3	86	60	13	6	1.3

表 3－13　江西各个工业园区 2011 年三级指标得分

序号	园区名称	指标1 30分	指标2 50分	指标3 20分	指标4 30分	指标5 50分	指标6 20分	指标7 50分	指标8 20分	指标9 30分	指标10 35分	指标11 20分	指标12 20分	指标13 25分	指标23 30分	指标24 25分	指标25 25分	指标26 20分
1	南昌东工业园区	7.71	15.59	5.60	6.09	17.08	2.67	6.27	2.02	13.48	20.96	6.75	—	22.90	6.60	4.40	6.15	8.20
2	南昌小蓝经济技术开发区	12.04	25.06	7.50	8.91	28.10	3.29	5.72	4.61	20.14	14.44	10.63	1.6	18.94	15.36	9.86	13.08	18.03
3	新建长堎工业开发区	7.45	15.94	2.04	5.89	19.66	1.96	1.40	1.43	9.51	7.66	1.56	1.6	8.61	18.42	2.82	16.54	16.07
4	南昌经济技术开发区	16.53	33.40	15.52	10.58	39.00	2.78	13.44	9.54	19.15	35.00	19.55	12.0	21.56	8.45	7.57	6.54	7.21
5	南昌高新技术产业开发区	30.00	50.00	20.00	30.00	50.00	20.00	43.85	13.90	30.00	25.59	13.13	3.2	25.00	17.28	6.87	25.00	15.08
6	景德镇高新技术产业开发区	5.96	12.46	3.56	3.54	8.92	1.75	7.72	3.09	8.01	24.81	12.34	13.6	7.71	4.45	6.69	3.08	4.26
7	乐平工业园区	5.51	11.84	1.56	4.78	15.17	1.75	2.43	7.41	6.32	12.23	3.45	6.4	5.46	8.57	3.70	8.46	6.56
8	萍乡经济技术开发区	10.75	25.54	6.14	9.49	29.63	3.56	33.26	20.00	19.04	12.25	11.58	19.2	8.46	18.45	12.68	16.54	20.00
9	永修云山经济开发区	4.88	10.22	0.92	5.53	22.11	1.11	16.54	6.44	7.37	21.22	7.78	5.6	6.36	4.26	4.93	5.77	4.59
10	湖口金砂湾工业园区	5.35	15.66	1.75	2.66	6.73	1.32	13.67	11.71	6.67	11.38	17.70	10.4	3.82	12.19	20.95	5.00	7.54
11	瑞昌工业园区	5.46	11.72	7.76	6.37	25.46	1.27	15.20	8.54	11.61	10.94	7.88	8.8	7.49	9.47	9.68	12.69	13.77
12	九江经济技术开发区	10.37	23.08	7.72	7.41	26.84	2.04	50.00	7.01	18.36	31.72	13.88	5.6	13.62	6.45	5.81	5.00	7.54
13	新余高新技术产业开发区	19.62	36.33	15.52	12.28	47.82	2.71	14.49	14.69	16.32	10.72	20.00	16.8	10.63	30.00	25.00	24.62	19.67
14	鹰潭高新技术产业开发区	4.70	17.72	1.14	3.14	9.84	1.17	4.42	2.05	7.70	12.47	8.73	12.8	6.51	12.57	9.33	5.38	7.87
15	贵溪工业园区	4.76	17.45	0.88	0.87	2.33	0.40	1.77	2.47	3.63	9.19	6.00	8.0	5.76	16.83	8.80	1.92	5.25

续表

序号	园区名称	指标1 30分	指标2 50分	指标3 20分	指标4 30分	指标5 50分	指标6 20分	指标7 50分	指标8 20分	指标9 30分	指标10 35分	指标11 20分	指标12 20分	指标13 25分	指标23 30分	指标24 25分	指标25 25分	指标26 20分
16	赣州沙河工业园区	5.13	10.39	7.45	8.17	28.99	2.37	6.16	3.20	7.75	11.81	1.58	2.4	7.34	7.77	1.76	15.00	8.52
17	赣县经济开发区	4.89	11.75	5.08	3.24	9.75	1.29	12.00	3.56	8.04	16.63	5.14	4.8	7.26	6.26	4.23	4.23	6.23
18	龙南经济技术开发区	4.84	9.66	6.47	4.66	14.68	1.73	4.20	4.67	12.16	20.37	4.90	5.6	9.81	4.19	3.17	5.00	7.87
19	于都工业园区	3.65	7.93	6.74	2.99	7.01	1.59	4.45	1.20	7.35	10.5	0.32	—	7.63	6.68	0.35	6.15	9.18
20	南康工业园区	4.08	8.56	1.84	3.01	10.48	0.91	5.62	1.32	7.35	9.19	2.13	1.6	8.08	8.26	3.17	6.92	10.49
21	赣州经济技术开发区	9.25	20.90	12.03	9.34	29.25	3.49	18.30	2.73	18.57	20.78	13.95	20.0	15.27	8.91	8.98	9.62	11.48
22	井冈山经济技术开发区	6.49	13.71	4.81	5.68	14.66	2.74	6.33	5.77	9.25	11.16	10.03	15.2	5.54	10.87	12.15	10.77	10.82
23	吉安工业园区	3.60	8.69	5.21	4.95	16.85	1.58	7.26	1.95	9.74	13.13	6.31	9.6	6.44	5.85	6.51	8.08	9.51
24	宜春经济开发区	4.46	9.47	0.61	4.80	11.98	2.41	13.21	2.18	11.23	32.46	10.37	8.8	10.55	2.57	4.23	3.08	4.59
25	奉新工业园区	5.16	11.98	2.15	5.95	20.51	1.85	7.22	3.06	8.77	8.58	7.37	8.0	6.06	12.38	11.62	15.00	13.11
26	上高工业园区	5.99	12.62	6.32	9.20	36.36	1.92	2.20	4.01	14.89	15.84	8.34	5.6	9.81	7.06	7.04	12.31	12.13
27	丰城工业园区	9.02	19.31	1.60	9.40	31.13	3.17	5.78	11.16	10.45	19.25	9.11	4.8	6.36	8.87	6.34	10.38	6.89
28	樟树工业园区	5.11	11.21	0.07	6.26	21.85	1.89	3.20	3.22	8.98	20.28	5.41	4.8	7.49	4.91	3.52	6.54	5.57
29	高安工业园区	7.09	14.88	1.04	7.92	28.01	2.32	2.96	9.42	12.40	18.59	6.71	11.2	9.51	7.09	4.93	9.23	8.52
30	抚州高新技术产业园区	5.17	11.44	1.72	3.75	10.56	1.63	7.12	2.31	8.14	22.97	6.72	8.0	10.63	4.42	3.87	3.46	4.59
31	上饶经济技术开发区	11.04	25.34	16.09	11.87	43.14	3.24	10.85	4.96	17.55	25.81	9.90	5.6	12.65	8.68	5.11	10.00	8.85
32	广丰工业园区	7.08	17.51	5.33	9.05	23.59	4.33	11.48	3.77	12.67	17.94	6.42	3.2	10.40	8.64	4.75	10.77	9.18
33	玉山工业园区	4.17	9.24	1.51	3.44	8.67	1.71	5.38	3.91	4.66	10.11	2.24	0.0	5.84	8.11	2.99	7.31	5.90

续表

序号	园区名称	指标1 30分	指标2 50分	指标3 20分	指标4 30分	指标5 50分	指标6 20分	指标7 50分	指标8 20分	指标9 30分	指标10 35分	指标11 20分	指标12 20分	指标13 25分	指标23 30分	指标24 25分	指标25 25分	指标26 20分
34	横峰工业经济开发区	3.47	9.60	0.35	3.84	11.29	1.58	0.29	0.59	2.85	8.97	3.29	2.4	2.99	9.47	4.93	9.23	4.26
35	南昌昌南工业园区	0.71	1.44	0.38	0.13	0.37	0.06	0.04	0.15	0.87	4.38	0.03	—	1.42	2.91	0.09	0.77	2.62
36	安义工业园区	1.77	5.30	0.91	1.59	6.88	0.21	—	1.05	3.50	8.75	4.68	4.0	5.69	5.36	7.22	3.85	5.25
37	景德镇陶瓷工业园区	3.04	6.35	1.18	2.23	5.53	1.12	3.85	1.00	3.80	14.94	1.42	—	4.42	3.77	1.23	3.08	3.28
38	莲花工业园区	1.59	3.06	1.32	0.59	1.80	0.23	2.22	0.32	2.99	10.94	2.22	2.4	3.22	2.49	2.64	1.15	3.61
39	芦溪工业园区	2.18	4.50	0.58	2.88	11.31	0.61	1.55	0.79	2.48	4.38	3.02	3.2	3.29	9.09	9.33	14.23	7.21
40	九江沙城工业园区	2.60	5.91	0.74	2.19	6.93	0.80	15.23	3.69	8.26	18.70	6.51	9.6	6.29	2.79	4.75	2.69	5.57
41	武宁工业园区	3.41	6.92	2.21	4.18	15.59	1.06	7.61	2.56	8.88	20.34	4.88	4.8	7.63	3.02	3.17	4.23	5.57
42	修水工业园区	3.30	5.74	—	5.57	20.89	1.39	11.10	3.06	6.73	13.15	7.05	4.0	4.94	3.85	7.22	9.23	6.56
43	德安工业园区	3.53	8.47	4.11	3.44	10.29	1.38	20.97	2.80	8.78	21.88	4.51	6.4	7.41	3.43	2.82	3.46	5.25
44	星子工业园区	1.94	3.67	7.03	1.55	6.76	0.20	5.23	0.48	3.05	6.78	1.48	2.4	3.74	4.79	2.99	5.00	5.90
45	都昌工业园区	1.73	3.71	0.74	1.32	3.53	0.61	5.40	1.18	6.12	8.53	1.65	1.6	5.24	3.85	2.64	3.46	9.18
46	彭泽工业园区	1.91	3.94	1.15	1.18	4.25	0.33	11.84	2.05	2.92	11.20	2.49	3.2	2.10	3.13	2.99	2.31	3.28
47	共青城经济开发区	3.40	8.46	2.21	2.95	12.15	0.52	10.91	0.68	7.20	15.31	8.04	5.6	6.81	4.91	7.04	4.23	6.23
48	分宜工业园区	4.20	10.20	0.76	3.84	12.04	1.43	0.99	1.84	2.32	7.66	3.84	4.0	2.62	11.81	6.69	10.77	3.93
49	余江工业园区	2.29	7.53	0.76	2.32	7.94	0.73	0.51	1.25	4.06	10.06	2.58	—	5.61	6.60	3.52	5.00	5.25
50	信丰工业园区	3.34	6.39	3.76	2.17	7.06	0.75	4.25	3.40	10.54	9.41	5.38	—	9.73	6.00	7.75	5.00	14.43
51	大余工业园区	1.52	2.40	0.08	0.42	0.77	0.27	2.36	0.53	3.02	8.82	1.89	1.6	3.82	2.42	2.82	1.15	4.59

续表

序号	园区名称	指标1 30分	指标2 50分	指标3 20分	指标4 30分	指标5 50分	指标6 20分	指标7 50分	指标8 20分	指标9 30分	指标10 35分	指标11 20分	指标12 20分	指标13 25分	指标23 30分	指标24 25分	指标25 25分	指标26 20分
52	上犹工业园区	1.38	3.48	1.22	1.01	2.64	0.48	4.17	1.57	1.98	6.58	0.90	—	2.47	4.68	1.76	3.46	3.93
53	安远工业园区	0.46	0.86	0.18	1.05	4.03	0.24	0.51	0.20	1.16	4.09	0.41	—	1.27	1.89	1.41	5.38	3.61
54	定南工业园区	1.71	3.23	0.79	3.10	11.54	0.79	1.54	0.92	2.16	7.00	1.40	1.6	3.07	4.08	2.64	9.62	3.93
55	全南工业园区	1.53	3.18	0.92	1.71	5.17	0.67	1.40	1.04	3.27	3.22	0.76	0.8	3.37	8.75	3.17	11.54	13.11
56	宁都工业园区	1.32	2.70	1.58	0.35	1.14	0.13	5.43	1.02	3.95	8.75	2.84	0.8	3.97	2.72	4.40	0.77	5.90
57	兴国经济开发区	2.92	6.17	2.91	2.86	8.93	1.08	1.56	2.45	7.17	6.56	1.45	—	7.26	8.30	2.99	9.23	14.10
58	会昌工业园区	0.93	2.34	1.28	1.75	5.91	0.57	0.89	0.60	1.99	10.19	0.92	0.8	2.25	2.04	1.23	3.85	2.62
59	瑞金工业园区	1.53	3.00	2.04	1.02	3.05	0.41	5.06	2.07	4.03	14.44	4.65	4.8	4.64	1.85	4.40	1.54	3.61
60	吉州工业园区	2.21	5.30	5.22	2.33	6.98	0.93	6.38	0.81	5.20	6.56	5.06	6.4	3.82	7.17	10.39	7.69	10.16
61	吉安河东经济开发区	2.35	5.54	1.59	2.65	9.83	0.68	5.51	0.82	3.69	11.00	3.30	6.4	3.82	4.45	4.05	5.00	4.26
62	吉水工业园区	2.47	6.03	1.25	2.16	6.38	0.88	6.05	0.44	6.70	10.68	3.84	7.2	7.41	4.98	4.75	4.23	8.20
63	峡江工业园区	1.60	3.91	0.01	1.86	5.54	0.75	10.15	1.56	2.41	17.37	5.45	8.0	3.22	2.00	4.23	2.31	1.64
64	新干工业园区	2.85	7.55	0.20	3.24	10.13	1.21	6.27	1.89	5.95	21.00	5.41	5.6	10.63	3.17	3.52	3.46	3.61
65	永丰工业园区	3.27	7.00	0.64	4.04	13.22	1.40	9.89	2.23	7.62	7.66	4.69	8.0	7.49	8.11	8.27	11.15	12.79
66	泰和工业园区	3.78	8.53	5.29	3.88	12.55	1.37	6.04	2.05	8.34	13.13	5.32	8.8	9.58	5.74	5.46	6.15	8.20
67	遂川工业园区	2.06	3.58	3.57	2.28	7.43	0.79	5.51	0.72	6.35	7.70	0.80	1.6	5.01	4.11	1.41	6.54	10.82
68	万安工业园区	1.39	2.88	0.43	1.66	4.87	0.69	4.32	1.11	2.99	8.75	3.04	3.2	3.22	2.91	4.58	4.23	4.26
69	安福工业园区	2.72	5.42	0.63	4.95	16.59	1.63	4.53	0.94	7.14	13.13	5.10	5.6	3.22	3.66	5.28	8.08	6.89
70	永新工业园区	1.92	5.10	0.13	3.21	11.09	1.00	6.29	0.95	5.17	10.24	1.20	1.6	4.27	4.42	1.58	6.92	6.56

续表

序号	园区名称	指标1 30分	指标2 50分	指标3 20分	指标4 30分	指标5 50分	指标6 20分	指标7 50分	指标8 20分	指标9 30分	指标10 35分	指标11 20分	指标12 20分	指标13 25分	指标23 30分	指标24 25分	指标25 25分	指标26 20分
71	万载工业园区	2.23	4.42	1.98	2.25	6.82	0.88	1.62	1.05	9.45	10.94	1.47	0.8	3.44	3.58	1.76	4.23	11.15
72	宜丰工业园区	1.95	3.96	0.58	1.57	4.48	0.67	2.15	1.92	7.23	13.13	4.79	8.0	6.06	2.68	4.93	2.69	7.21
73	靖安工业园区	0.83	1.91	1.35	0.34	0.41	0.26	1.35	0.56	2.48	9.19	0.86	0.8	1.87	1.85	1.23	0.77	3.61
74	抚北工业园区	1.54	5.64	0.20	0.92	1.43	0.63	5.04	1.70	2.61	9.63	1.97	0.8	4.27	5.17	2.82	1.92	3.61
75	南城工业园区	1.50	3.41	1.38	1.01	3.14	0.38	10.15	0.30	4.64	4.38	1.52	0.8	5.24	6.91	4.75	5.00	13.77
76	黎川工业园区	1.65	3.31	0.43	1.09	2.68	0.55	8.65	0.43	4.92	8.75	1.26	—	5.61	3.36	1.94	2.69	7.21
77	南丰工业园区	1.16	2.01	0.06	0.49	1.60	0.17	4.70	0.44	3.00	4.48	1.51	0.8	4.27	3.96	4.58	2.31	8.52
78	崇仁工业园区	2.25	6.10	1.80	1.35	4.08	0.54	9.07	1.21	3.88	12.03	1.28	—	5.09	4.49	1.41	2.31	4.26
79	宜黄工业园区	1.62	3.59	0.53	1.02	2.68	0.48	4.54	1.06	4.99	4.59	0.62	—	6.44	6.91	1.76	4.62	14.10
80	金溪工业园区	1.29	3.06	0.20	0.73	2.24	0.28	4.15	0.48	2.60	5.60	1.38	7.2	6.81	4.83	3.35	2.69	5.90
81	东乡经济开发区	3.10	7.58	0.06	3.77	13.90	0.99	8.36	1.95	4.96	10.94	3.72	—	6.51	6.11	4.58	7.31	5.90
82	广昌工业园区	0.78	2.62	—	0.90	2.06	0.48	4.26	0.37	1.93	5.99	1.30	5.6	2.99	3.89	2.99	3.08	4.26
83	铅山工业园区	1.44	4.82	0.03	1.67	3.31	1.00	2.00	0.42	1.88	10.94	2.32	—	2.54	3.89	2.82	3.46	2.30
84	弋阳工业园区	1.86	4.95	1.29	2.12	6.67	0.78	1.37	3.55	4.11	8.75	3.33	7.2	5.84	5.02	5.11	5.38	6.23
85	余干工业园区	2.05	4.74	—	1.83	4.85	0.87	2.01	2.55	2.18	16.41	3.18	—	3.07	2.57	2.64	2.31	1.64
86	鄱阳工业园区	1.58	3.43	1.89	1.35	4.50	0.45	0.34	0.40	5.02	15.31	5.65	7.2	2.69	1.96	4.93	1.92	4.26
87	万年工业园区	2.85	6.43	6.33	3.57	11.98	1.17	1.72	3.41	5.81	14.66	3.31	0.8	5.61	3.89	2.99	5.38	5.25
88	婺源工业园区	0.59	1.39	0.05	0.50	1.46	0.21	1.80	0.17	3.42	8.75	2.53	1.6	3.89	1.40	3.87	1.15	4.92
89	德兴大茅山经济开发区	1.69	4.08	0.42	1.61	6.17	0.38	5.85	2.16	5.31	15.86	2.62	2.4	6.44	2.26	2.29	2.31	4.26

表 3-14 江西各个工业园区 2011 年经济规模竞争力

序号	园区名称	园区工业增加值得分	园区主营业务收入得分	园区出口交货值得分	权重前得分合计	权重后得分合计
1	南昌昌东工业园区	7.71	15.59	5.60	28.90	5.20
2	南昌小蓝经济技术开发区	12.04	25.06	7.50	44.60	8.03
3	新建长坡工业园区	7.45	15.94	2.04	25.43	4.58
4	南昌经济技术开发区	16.53	33.40	15.52	65.45	11.78
5	南昌高新技术产业开发区	30.00	50.00	20.00	100.00	18.00
6	景德镇高新技术产业开发区	5.96	12.46	3.56	21.98	3.96
7	乐平工业园区	5.51	11.84	1.56	18.91	3.40
8	萍乡经济技术开发区	10.75	25.54	6.14	42.43	7.64
9	永修云山经济开发区	4.88	10.22	0.92	16.02	2.88
10	湖口金砂湾工业园区	5.35	15.66	1.75	22.76	4.10
11	瑞昌工业园区	5.46	11.72	7.76	24.94	4.49
12	九江经济技术开发区	10.37	23.08	7.72	41.17	7.41
13	新余高新技术产业开发区	19.62	36.33	15.52	71.47	12.86
14	鹰潭高新技术产业开发区	4.70	17.72	1.14	23.56	4.24
15	贵溪工业园区	4.76	17.45	0.88	23.09	4.16
16	赣州沙河工业园区	5.13	10.39	7.45	22.97	4.13
17	赣县经济开发区	4.89	11.75	5.08	21.72	3.91
18	龙南经济技术开发区	4.84	9.66	6.47	20.97	3.77
19	于都工业园区	3.65	7.93	6.74	18.32	3.30
20	南康工业园区	4.08	8.56	1.84	14.48	2.61
21	赣州经济技术开发区	9.25	20.90	12.03	42.18	7.59
22	井冈山经济技术开发区	6.49	13.71	4.81	25.01	4.50
23	吉安工业园区	3.60	8.69	5.21	17.50	3.15
24	宜春经济开发区	4.46	9.47	0.61	14.54	2.62
25	奉新工业园区	5.16	11.98	2.15	19.29	3.47
26	上高工业园区	5.99	12.62	6.32	24.93	4.49
27	丰城工业园区	9.02	19.31	1.60	29.93	5.39
28	樟树工业园区	5.11	11.21	0.07	16.39	2.95
29	高安工业园区	7.09	14.88	1.04	23.01	4.14
30	抚州高新技术产业园区	5.17	11.44	1.72	18.33	3.30
31	上饶经济技术开发区	11.04	25.34	16.09	52.47	9.44
32	广丰工业园区	7.08	17.51	5.33	29.92	5.39
33	玉山工业园区	4.17	9.24	1.51	14.92	2.69

续表

序号	园区名称	园区工业增加值得分	园区主营业务收入得分	园区出口交货值得分	权重前得分合计	权重后得分合计
34	横峰工业经济开发区	3.47	9.60	0.35	13.42	2.42
35	南昌昌南工业园区	0.71	1.44	0.38	2.53	0.46
36	安义工业园区	1.77	5.30	0.91	7.98	1.44
37	景德镇陶瓷工业园区	3.04	6.35	1.18	10.57	1.90
38	莲花工业园区	1.59	3.06	1.32	5.97	1.07
39	芦溪工业园区	2.18	4.50	0.58	7.26	1.31
40	九江沙城工业园区	2.60	5.91	0.74	9.25	1.67
41	武宁工业园区	3.41	6.92	2.21	12.54	2.26
42	修水工业园区	3.30	5.74	—	9.04	1.63
43	德安工业园区	3.53	8.47	4.11	16.11	2.90
44	星子工业园区	1.94	3.67	7.03	12.64	2.28
45	都昌工业园区	1.73	3.71	0.74	6.18	1.11
46	彭泽工业园区	1.91	3.94	1.15	7.00	1.26
47	共青城经济开发区	3.40	8.46	2.21	14.07	2.53
48	分宜工业园区	4.20	10.20	0.76	15.16	2.73
49	余江工业园区	2.29	7.53	0.76	10.58	1.90
50	信丰工业园区	3.34	6.39	3.76	13.49	2.43
51	大余工业园区	1.52	2.40	0.08	4.00	0.72
52	上犹工业园区	1.38	3.48	1.22	6.08	1.09
53	安远工业园区	0.46	0.86	0.18	1.50	0.27
54	定南工业园区	1.71	3.23	0.79	5.73	1.03
55	全南工业园区	1.53	3.18	0.92	5.63	1.01
56	宁都工业园区	1.32	2.70	1.58	5.60	1.01
57	兴国经济开发区	2.92	6.17	2.91	12.00	2.16
58	会昌工业园区	0.93	2.34	1.28	4.55	0.82
59	瑞金工业园区	1.53	3.00	2.04	6.57	1.18
60	吉州工业园区	2.21	5.30	5.22	12.73	2.29
61	吉安河东经济开发区	2.35	5.54	1.59	9.48	1.71
62	吉水工业园区	2.47	6.03	1.25	9.75	1.76
63	峡江工业园区	1.60	3.91	0.01	5.52	0.99
64	新干工业园区	2.85	7.55	0.20	10.60	1.91
65	永丰工业园区	3.27	7.00	0.64	10.91	1.96
66	泰和工业园区	3.78	8.53	5.29	17.60	3.17

续表

序号	指标 园区名称	园区工业增加值得分	园区主营业务收入得分	园区出口交货值得分	权重前得分合计	权重后得分合计
67	遂川工业园区	2.06	3.58	3.57	9.21	1.66
68	万安工业园区	1.39	2.88	0.43	4.70	0.85
69	安福工业园区	2.72	5.42	0.63	8.77	1.58
70	永新工业园区	1.92	5.10	0.13	7.15	1.29
71	万载工业园区	2.23	4.42	1.98	8.63	1.55
72	宜丰工业园区	1.95	3.96	0.58	6.49	1.17
73	靖安工业园区	0.83	1.91	1.35	4.09	0.74
74	抚北工业园区	1.54	5.64	0.20	7.38	1.33
75	南城工业园区	1.50	3.41	1.38	6.29	1.13
76	黎川工业园区	1.65	3.31	0.43	5.39	0.97
77	南丰工业园区	1.16	2.01	0.06	3.23	0.58
78	崇仁工业园区	2.25	6.10	1.80	10.15	1.83
79	宜黄工业园区	1.62	3.59	0.53	5.74	1.03
80	金溪工业园区	1.29	3.06	0.20	4.55	0.82
81	东乡经济开发区	3.10	7.58	0.06	10.74	1.93
82	广昌工业园区	0.78	2.62	—	3.40	0.61
83	铅山工业园区	1.44	4.82	0.03	6.29	1.13
84	弋阳工业园区	1.86	4.95	1.29	8.10	1.46
85	余干工业园区	2.05	4.74	—	6.79	1.22
86	鄱阳工业园区	1.58	3.43	1.89	6.90	1.24
87	万年工业园区	2.85	6.43	6.33	15.61	2.81
88	婺源工业园区	0.59	1.39	0.05	2.03	0.37
89	德兴大茅山经济开发区	1.69	4.08	0.42	6.19	1.11

（四）江西工业园区经济效益竞争力的计算

江西工业园区经济效益竞争力分竞争力指标我们设定了三个指标：园区利税总额、园区利润总额和园区税收收入。这三个指标权重前的分数分别为30分、50分和20分，共100分。经济效益竞争力这个分竞争力的权重为0.15。我们选取表3－13中的指标4、指标5和指标6的数据，从而形成表3－15：江西各个工业园区2011年经济效益竞争力。这时就可以将江西2011年的各个工业园区经济效益竞争力给计算出来，具体指标计算说明见本章附件4。

表 3-15　江西各个工业园区 2011 年经济效益竞争力

序号	指标 园区名称	园区利税 总额得分	园区利润 总额得分	园区税收 收入得分	权重前 得分合计	权重后 得分合计
1	南昌昌东工业园区	6.09	17.08	2.67	25.84	3.88
2	南昌小蓝经济技术开发区	8.91	28.10	3.29	40.30	6.05
3	新建长堎工业园区	5.89	19.66	1.96	27.51	4.13
4	南昌经济技术开发区	10.58	39.00	2.78	52.36	7.85
5	南昌高新技术产业开发区	30.00	50.00	20.00	100.00	15.00
6	景德镇高新技术产业开发区	3.54	8.92	1.75	14.21	2.13
7	乐平工业园区	4.78	15.17	1.75	21.70	3.26
8	萍乡经济技术开发区	9.49	29.63	3.56	42.68	6.40
9	永修云山经济开发区	5.53	22.11	1.11	28.75	4.31
10	湖口金砂湾工业园区	2.66	6.73	1.32	10.71	1.61
11	瑞昌工业园区	6.37	25.46	1.27	33.10	4.97
12	九江经济技术开发区	7.41	26.84	2.04	36.29	5.44
13	新余高新技术产业开发区	12.28	47.82	2.71	62.81	9.42
14	鹰潭高新技术产业开发区	3.14	9.84	1.17	14.15	2.12
15	贵溪工业园区	0.87	2.33	0.40	3.60	0.54
16	赣州沙河工业园区	8.17	28.99	2.37	39.53	5.93
17	赣县经济开发区	3.24	9.75	1.29	14.28	2.14
18	龙南经济技术开发区	4.66	14.68	1.73	21.07	3.16
19	于都工业园区	2.99	7.01	1.59	11.59	1.74
20	南康工业园区	3.01	10.48	0.91	14.4	2.16
21	赣州经济技术开发区	9.34	29.25	3.49	42.08	6.31
22	井冈山经济技术开发区	5.68	14.66	2.74	23.08	3.46
23	吉安工业园区	4.95	16.85	1.58	23.38	3.51
24	宜春经济开发区	4.80	11.98	2.41	19.19	2.88
25	奉新工业园区	5.95	20.51	1.85	28.31	4.25
26	上高工业园区	9.20	36.36	1.92	47.48	7.12
27	丰城工业园区	9.40	31.13	3.17	43.70	6.56
28	樟树工业园区	6.26	21.85	1.89	30.00	4.50
29	高安工业园区	7.92	28.01	2.32	38.25	5.74
30	抚州高新技术产业园区	3.75	10.56	1.63	15.94	2.39
31	上饶经济技术开发区	11.87	43.14	3.24	58.25	8.74
32	广丰工业园区	9.05	23.59	4.33	36.97	5.55
33	玉山工业园区	3.44	8.67	1.71	13.82	2.07

续表

序号	园区名称	园区利税总额得分	园区利润总额得分	园区税收收入得分	权重前得分合计	权重后得分合计
34	横峰工业经济开发区	3.84	11.29	1.58	16.71	2.51
35	南昌昌南工业园区	0.13	0.37	0.06	0.56	0.08
36	安义工业园区	1.59	6.88	0.21	8.68	1.30
37	景德镇陶瓷工业园区	2.23	5.53	1.12	8.88	1.33
38	莲花工业园区	0.59	1.80	0.23	2.62	0.39
39	芦溪工业园区	2.88	11.31	0.61	14.80	2.22
40	九江沙城工业园区	2.19	6.93	0.80	9.92	1.49
41	武宁工业园区	4.18	15.59	1.06	20.83	3.12
42	修水工业园区	5.57	20.89	1.39	27.85	4.18
43	德安工业园区	3.44	10.29	1.38	15.11	2.27
44	星子工业园区	1.55	6.76	0.20	8.51	1.28
45	都昌工业园区	1.32	3.53	0.61	5.46	0.82
46	彭泽工业园区	1.18	4.25	0.33	5.76	0.86
47	共青城经济开发区	2.95	12.15	0.52	15.62	2.34
48	分宜工业园区	3.84	12.04	1.43	17.31	2.60
49	余江工业园区	2.32	7.94	0.73	10.99	1.65
50	信丰工业园区	2.17	7.06	0.75	9.98	1.50
51	大余工业园区	0.42	0.77	0.27	1.46	0.22
52	上犹工业园区	1.01	2.64	0.48	4.13	0.62
53	安远工业园区	1.05	4.03	0.24	5.32	0.80
54	定南工业园区	3.10	11.54	0.79	15.43	2.31
55	全南工业园区	1.71	5.17	0.67	7.55	1.13
56	宁都工业园区	0.35	1.14	0.13	1.62	0.24
57	兴国经济开发区	2.86	8.93	1.08	12.87	1.93
58	会昌工业园区	1.75	5.91	0.57	8.23	1.23
59	瑞金工业园区	1.02	3.05	0.41	4.48	0.67
60	吉州工业园区	2.33	6.98	0.93	10.24	1.54
61	吉安河东经济开发区	2.65	9.83	0.68	13.16	1.97
62	吉水工业园区	2.16	6.38	0.88	9.42	1.41
63	峡江工业园区	1.86	5.54	0.75	8.15	1.22
64	新干工业园区	3.24	10.13	1.21	14.58	2.19
65	永丰工业园区	4.04	13.22	1.40	18.66	2.80
66	泰和工业园区	3.88	12.55	1.37	17.80	2.67

续表

序号	指标\园区名称	园区利税总额得分	园区利润总额得分	园区税收收入得分	权重前得分合计	权重后得分合计
67	遂川工业园区	2.28	7.43	0.79	10.50	1.58
68	万安工业园区	1.66	4.87	0.69	7.22	1.08
69	安福工业园区	4.95	16.59	1.63	23.17	3.48
70	永新工业园区	3.21	11.09	1.00	15.30	2.30
71	万载工业园区	2.25	6.82	0.88	9.95	1.49
72	宜丰工业园区	1.57	4.48	0.67	6.72	1.01
73	靖安工业园区	0.34	0.41	0.26	1.01	0.15
74	抚北工业园区	0.92	1.43	0.63	2.98	0.45
75	南城工业园区	1.01	3.14	0.38	4.53	0.68
76	黎川工业园区	1.09	2.68	0.55	4.32	0.65
77	南丰工业园区	0.49	1.60	0.17	2.26	0.34
78	崇仁工业园区	1.35	4.08	0.54	5.97	0.90
79	宜黄工业园区	1.02	2.68	0.48	4.18	0.63
80	金溪工业园区	0.73	2.24	0.28	3.25	0.49
81	东乡经济开发区	3.77	13.90	0.99	18.66	2.80
82	广昌工业园区	0.90	2.06	0.48	3.44	0.52
83	铅山工业园区	1.67	3.31	1.00	5.98	0.90
84	弋阳工业园区	2.12	6.67	0.78	9.57	1.44
85	余干工业园区	1.83	4.85	0.87	7.55	1.13
86	鄱阳工业园区	1.35	4.50	0.45	6.30	0.95
87	万年工业园区	3.57	11.98	1.17	16.72	2.51
88	婺源工业园区	0.50	1.46	0.21	2.17	0.33
89	德兴大茅山经济开发区	1.61	6.17	0.38	8.16	1.22

(五) 江西工业园区投资环境竞争力的计算

江西工业园区投资环境竞争力分竞争力指标我们设定了三个指标：园区本年度完成基础设施投入金额、园区工业企业用电量和园区从业人员数。这三个指标权重前的分数分别为50分、20分和30分，共100分。投资环境竞争力这个分竞争力的权重为0.16。我们选取表3-13中的指标7、指标8和指标9的数据，从而形成表3-16：江西各个工业园区2011年投资环境竞争力。这时就可以将江西2011年的各个工业园区投资环境竞争力给计算出来，具体指标计算说明见本章附件5。

第十一章 2012年江西工业园区竞争力评价

表3-16 江西各个工业园区2011年投资环境竞争力

序号	园区名称	园区本年度完成基础设施投入金额得分	园区工业企业用电量得分	园区从业人员数得分	权重前得分合计	权重后得分合计
1	南昌昌东工业园区	6.27	2.02	13.48	21.77	3.48
2	南昌小蓝经济技术开发区	5.72	4.61	20.14	30.47	4.88
3	新建长堎工业园区	1.40	1.43	9.51	12.34	1.97
4	南昌经济技术开发区	13.44	9.54	19.15	42.13	6.74
5	南昌高新技术产业开发区	43.85	13.90	30.00	87.75	14.04
6	景德镇高新技术产业开发区	7.72	3.09	8.01	18.82	3.01
7	乐平工业园区	2.43	7.41	6.32	16.16	2.59
8	萍乡经济技术开发区	33.26	20.00	19.04	72.30	11.57
9	永修云山经济开发区	16.54	6.44	7.37	30.35	4.86
10	湖口金砂湾工业园区	13.67	11.71	6.67	32.05	5.13
11	瑞昌工业园区	15.20	8.54	11.61	35.35	5.66
12	九江经济技术开发区	50.00	7.01	18.36	75.37	12.06
13	新余高新技术产业开发区	14.49	14.69	16.32	45.50	7.28
14	鹰潭高新技术产业开发区	4.42	2.05	7.70	14.17	2.27
15	贵溪工业园区	1.77	2.47	3.63	7.87	1.26
16	赣州沙河工业园区	6.16	3.20	7.75	17.11	2.74
17	赣县经济开发区	12.00	3.56	8.04	23.60	3.78
18	龙南经济技术开发区	4.20	4.67	12.16	21.03	3.36
19	于都工业园区	4.45	1.20	7.35	13.00	2.08
20	南康工业园区	5.62	1.32	7.35	14.29	2.29
21	赣州经济技术开发区	18.30	2.73	18.57	39.60	6.34
22	井冈山经济技术开发区	6.33	5.77	9.25	21.35	3.42
23	吉安工业园区	7.26	1.95	9.74	18.95	3.03
24	宜春经济开发区	13.21	2.18	11.23	26.62	4.26
25	奉新工业园区	7.22	3.06	8.77	19.05	3.05
26	上高工业园区	2.20	4.01	14.89	21.10	3.38
27	丰城工业园区	5.78	11.16	10.45	27.39	4.38
28	樟树工业园区	3.20	3.22	8.98	15.40	2.46
29	高安工业园区	2.96	9.42	12.40	24.78	3.96
30	抚州高新技术产业园区	7.12	2.31	8.14	17.57	2.81
31	上饶经济技术开发区	10.85	4.96	17.55	33.36	5.34
32	广丰工业园区	11.48	3.77	12.67	27.92	4.47
33	玉山工业园区	5.38	3.91	4.66	13.95	2.23
34	横峰工业经济开发区	0.29	0.59	2.85	3.73	0.60

续表

序号	园区名称	园区本年度完成基础设施投入金额得分	园区工业企业用电量得分	园区从业人员数得分	权重前得分合计	权重后得分合计
35	南昌昌南工业园区	0.04	0.15	0.87	1.06	0.17
36	安义工业园区	—	1.05	3.50	4.55	0.73
37	景德镇陶瓷工业园区	3.85	1.00	3.80	8.65	1.38
38	莲花工业园区	2.22	0.32	2.99	5.53	0.88
39	芦溪工业园区	1.55	0.79	2.48	4.82	0.77
40	九江沙城工业园区	15.23	3.69	8.26	27.18	4.35
41	武宁工业园区	7.61	2.56	8.88	19.05	3.05
42	修水工业园区	11.10	3.06	6.73	20.89	3.34
43	德安工业园区	20.97	2.80	8.78	32.55	5.21
44	星子工业园区	5.23	0.48	3.05	8.76	1.40
45	都昌工业园区	5.40	1.18	6.12	12.70	2.03
46	彭泽工业园区	11.84	2.05	2.92	16.81	2.69
47	共青城经济开发区	10.91	0.68	7.20	18.79	3.01
48	分宜工业园区	0.99	1.84	2.32	5.15	0.82
49	余江工业园区	0.51	1.25	4.06	5.82	0.93
50	信丰工业园区	4.25	3.40	10.54	18.19	2.91
51	大余工业园区	2.36	0.53	3.02	5.91	0.95
52	上犹工业园区	4.17	1.57	1.98	7.72	1.24
53	安远工业园区	0.51	0.20	1.16	1.87	0.30
54	定南工业园区	1.54	0.92	2.16	4.62	0.74
55	全南工业园区	1.40	1.04	3.27	5.71	0.91
56	宁都工业园区	5.43	1.02	3.95	10.40	1.66
57	兴国经济开发区	1.56	2.45	7.17	11.18	1.79
58	会昌工业园区	0.89	0.60	1.99	3.48	0.56
59	瑞金工业园区	5.06	2.07	4.03	11.16	1.79
60	吉州工业园区	6.38	0.81	5.20	12.39	1.98
61	吉安河东经济开发区	5.51	0.82	3.69	10.02	1.60
62	吉水工业园区	6.05	0.44	6.70	13.19	2.11
63	峡江工业园区	10.15	1.56	2.41	14.12	2.26
64	新干工业园区	6.27	1.89	5.95	14.11	2.26
65	永丰工业园区	9.89	2.23	7.62	19.74	3.16
66	泰和工业园区	6.04	2.05	8.34	16.43	2.63
67	遂川工业园区	5.51	0.72	6.35	12.58	2.01
68	万安工业园区	4.32	1.11	2.99	8.42	1.35

续表

序号	园区名称	园区本年度完成基础设施投入金额得分	园区工业企业用电量得分	园区从业人员数得分	权重前得分合计	权重后得分合计
69	安福工业园区	4.53	0.94	7.14	12.61	2.02
70	永新工业园区	6.29	0.95	5.17	12.41	1.99
71	万载工业园区	1.62	1.05	9.45	12.12	1.94
72	宜丰工业园区	2.15	1.92	7.23	11.30	1.81
73	靖安工业园区	1.35	0.56	2.48	4.39	0.70
74	抚北工业园区	5.04	1.70	2.61	9.35	1.50
75	南城工业园区	10.15	0.30	4.64	15.09	2.41
76	黎川工业园区	8.65	0.43	4.92	14.00	2.24
77	南丰工业园区	4.70	0.44	3.00	8.14	1.30
78	崇仁工业园区	9.07	1.21	3.88	14.16	2.27
79	宜黄工业园区	4.54	1.06	4.99	10.59	1.69
80	金溪工业园区	4.15	0.48	2.60	7.23	1.16
81	东乡经济开发区	8.36	1.95	4.96	15.27	2.44
82	广昌工业园区	4.26	0.37	1.93	6.56	1.05
83	铅山工业园区	2.00	0.42	1.88	4.30	0.69
84	弋阳工业园区	1.37	3.55	4.11	9.03	1.44
85	余干工业园区	2.01	2.55	2.18	6.74	1.08
86	鄱阳工业园区	0.34	0.40	5.02	5.76	0.92
87	万年工业园区	1.72	3.41	5.81	10.94	1.75
88	婺源工业园区	1.80	0.17	3.42	5.39	0.86
89	德兴大茅山经济开发区	5.85	2.16	5.31	13.32	2.13

（六）江西工业园区发展潜力竞争力的计算

江西工业园区发展潜力竞争力分竞争力指标我们设定了四个指标：园区实际开发面积、园区年度内招商实际到位资金、园区亿元及以上工业项目数和园区内工业企业个数。这四个指标权重前的分数分别为35分、20分、20分和25分，共100分。发展潜力竞争力这个分竞争力的权重为0.12。我们选取表3-13中的指标10、指标11、指标12和指标13的数据，从而形成表3-17：江西各个工业园区2011年发展潜力竞争力。这时就可以将江西2011年的各个工业园区发展潜力竞争力给计算出来，具体指标计算说明见本章附件6。

表 3-17 江西各个工业园区 2011 年发展潜力竞争力

序号	指标 园区名称	园区实际开发面积得分	园区年度内招商实际到位资金得分	园区亿元及以上工业项目数得分	园区内工业企业个数得分	权重前得分合计	权重后得分合计
1	南昌昌东工业园区	20.96	6.75	0.00	22.90	50.61	6.07
2	南昌小蓝经济技术开发区	14.44	10.63	1.60	18.94	45.61	5.47
3	新建长堎工业园区	7.66	1.56	1.60	8.61	19.43	2.33
4	南昌经济技术开发区	35.00	19.55	12.00	21.56	88.11	10.57
5	南昌高新技术产业开发区	25.59	13.13	3.20	25.00	66.92	8.03
6	景德镇高新技术产业开发区	24.81	12.34	13.60	7.71	58.46	7.02
7	乐平工业园区	12.23	3.45	6.40	5.46	27.54	3.30
8	萍乡经济技术开发区	12.25	11.58	19.20	8.46	51.49	6.18
9	永修云山经济开发区	21.22	7.78	5.60	6.36	40.96	4.92
10	湖口金砂湾工业园区	11.38	17.70	10.40	3.82	43.30	5.20
11	瑞昌工业园区	10.94	7.88	8.80	7.49	35.11	4.21
12	九江经济技术开发区	31.72	13.88	5.60	13.62	64.82	7.78
13	新余高新技术产业开发区	10.72	20.00	16.80	10.63	58.15	6.98
14	鹰潭高新技术产业开发区	12.47	8.73	12.80	6.51	40.51	4.86
15	贵溪工业园区	9.19	6.00	8.00	5.76	28.95	3.47
16	赣州沙河工业园区	11.81	1.58	2.40	7.34	23.13	2.78
17	赣县经济开发区	16.63	5.14	4.80	7.26	33.83	4.06
18	龙南经济技术开发区	20.37	4.90	5.60	9.81	40.68	4.88
19	于都工业园区	10.50	0.32	0.00	7.63	18.45	2.21
20	南康工业园区	9.19	2.13	1.60	8.08	21.00	2.52
21	赣州经济技术开发区	20.78	13.95	20.00	15.27	70.00	8.40
22	井冈山经济技术开发区	11.16	10.03	15.20	5.54	41.93	5.03
23	吉安工业园区	13.13	6.31	9.60	6.44	35.48	4.26
24	宜春经济开发区	32.46	10.37	8.80	10.55	62.18	7.46
25	奉新工业园区	8.58	7.37	8.00	6.06	30.01	3.60
26	上高工业园区	15.84	8.34	5.60	9.81	39.59	4.75
27	丰城工业园区	19.25	9.11	4.80	6.36	39.52	4.74
28	樟树工业园区	20.28	5.41	4.80	7.49	37.98	4.56
29	高安工业园区	18.59	6.71	11.20	9.51	46.01	5.52
30	抚州高新技术产业园区	22.97	6.72	8.00	10.63	48.32	5.80
31	上饶经济技术开发区	25.81	9.90	5.60	12.65	53.96	6.48
32	广丰工业园区	17.94	6.42	3.20	10.40	37.96	4.56
33	玉山工业园区	10.11	2.24	0.00	5.84	18.19	2.18
34	横峰工业经济开发区	8.97	3.29	2.40	2.99	17.65	2.12

第十一章 2012年江西工业园区竞争力评价

续表

序号	指标\园区名称	园区实际开发面积得分	园区年度内招商实际到位资金得分	园区亿元及以上工业项目数得分	园区内工业企业个数得分	权重前得分合计	权重后得分合计
35	南昌昌南工业园区	4.38	0.03	0.00	1.42	5.83	0.70
36	安义工业园区	8.75	4.68	4.00	5.69	23.12	2.77
37	景德镇陶瓷工业园区	14.94	1.42	0.00	4.42	20.78	2.49
38	莲花工业园区	10.94	2.22	2.40	3.22	18.78	2.25
39	芦溪工业园区	4.38	3.02	3.20	3.29	13.89	1.67
40	九江沙城工业园区	18.70	6.51	9.60	6.29	41.10	4.93
41	武宁工业园区	20.34	4.88	4.80	7.63	37.65	4.52
42	修水工业园区	13.15	7.05	4.00	4.94	29.14	3.50
43	德安工业园区	21.88	4.51	6.40	7.41	40.20	4.82
44	星子工业园区	6.78	1.48	2.40	3.74	14.40	1.73
45	都昌工业园区	8.53	1.65	1.60	5.24	17.02	2.04
46	彭泽工业园区	11.20	2.49	3.20	2.10	18.99	2.28
47	共青城经济开发区	15.31	8.04	5.60	6.81	35.76	4.29
48	分宜工业园区	7.66	3.84	4.00	2.62	18.12	2.17
49	余江工业园区	10.06	2.58	0.00	5.61	18.25	2.19
50	信丰工业园区	9.41	5.38	0.00	9.73	24.52	2.94
51	大余工业园区	8.82	1.89	1.60	3.82	16.13	1.94
52	上犹工业园区	6.58	0.90	0.00	2.47	9.95	1.19
53	安远工业园区	4.09	0.41	0.00	1.27	5.77	0.69
54	定南工业园区	7.00	1.40	1.60	3.07	13.07	1.57
55	全南工业园区	3.22	0.76	0.80	3.37	8.15	0.98
56	宁都工业园区	8.75	2.84	0.80	3.97	16.36	1.96
57	兴国经济开发区	6.56	1.45	0.00	7.26	15.27	1.83
58	会昌工业园区	10.19	0.92	0.80	2.25	14.16	1.70
59	瑞金工业园区	14.44	4.65	4.80	4.64	28.53	3.42
60	吉州工业园区	6.56	5.06	6.40	3.82	21.84	2.62
61	吉安河东经济开发区	11.00	3.30	6.40	3.82	24.52	2.94
62	吉水工业园区	10.68	3.84	7.20	7.41	29.13	3.50
63	峡江工业园区	17.37	5.45	8.00	3.22	34.04	4.08
64	新干工业园区	21.00	5.41	5.60	10.63	42.64	5.12
65	永丰工业园区	7.66	4.69	8.00	7.49	27.84	3.34
66	泰和工业园区	13.13	5.32	8.80	9.58	36.83	4.42
67	遂川工业园区	7.70	0.80	1.60	5.01	15.11	1.81
68	万安工业园区	8.75	3.04	3.20	3.22	18.21	2.19

续表

序号	指标 园区名称	园区实际开发面积得分	园区年度内招商实际到位资金得分	园区亿元及以上工业项目数得分	园区内工业企业个数得分	权重前得分合计	权重后得分合计
69	安福工业园区	13.13	5.10	5.60	3.22	27.05	3.25
70	永新工业园区	10.24	1.20	1.60	4.27	17.31	2.08
71	万载工业园区	10.94	1.47	0.80	3.44	16.65	2.00
72	宜丰工业园区	13.13	4.79	8.00	6.06	31.98	3.84
73	靖安工业园区	9.19	0.86	0.80	1.87	12.72	1.53
74	抚北工业园区	9.63	1.97	0.80	4.27	16.67	2.00
75	南城工业园区	4.38	1.52	0.80	5.24	11.94	1.43
76	黎川工业园区	8.75	1.26	0.00	5.61	15.62	1.87
77	南丰工业园区	4.48	1.51	0.80	4.27	11.06	1.33
78	崇仁工业园区	12.03	1.28	0.80	5.09	19.20	2.30
79	宜黄工业园区	4.59	0.62	0.00	6.44	11.65	1.40
80	金溪工业园区	5.60	1.38	0.00	6.81	13.79	1.65
81	东乡经济开发区	10.94	3.72	7.20	6.51	28.37	3.40
82	广昌工业园区	5.99	1.30	0.00	2.99	10.28	1.23
83	铅山工业园区	10.94	2.32	5.60	2.54	21.40	2.57
84	弋阳工业园区	8.75	3.33	0.00	5.84	17.92	2.15
85	余干工业园区	16.41	3.18	0.00	3.07	22.66	2.72
86	鄱阳工业园区	15.31	5.65	7.20	2.69	30.85	3.70
87	万年工业园区	14.66	3.31	0.80	5.61	24.38	2.93
88	婺源工业园区	8.75	2.53	1.60	3.89	16.77	2.01
89	德兴大茅山经济开发区	15.86	2.62	2.40	6.44	27.32	3.28

（七）江西工业园区土地利用竞争力的计算

江西工业园区土地利用竞争力分竞争力指标我们设定了四个指标：园区每亩主营业务收入、园区每亩招商实际到位资金、园区每亩利税总额和园区每亩从业人员数。这四个指标权重前的分数分别为30分、25分、25分和20分，共100分。土地利用竞争力这个分竞争力的权重为0.15。我们选取表3－13中的指标23、指标24、指标25和指标26的数据，从而形成表3－18：江西各个工业园区2011年土地利用竞争力。这时就可以将江西2011年的各个工业园区土地利用竞争力给计算出来，具体指标计算说明见本章附件7。

第十一章 2012年江西工业园区竞争力评价

表 3-18 江西各个工业园区 2011 年土地利用竞争力

序号	园区名称	园区每亩主营业务收入	园区每亩招商实际到位资金	园区每亩利税总额	园区每亩从业人员数	权重前得分合计	权重后得分合计
1	南昌昌东工业园区	6.60	4.40	6.15	8.20	25.35	3.80
2	南昌小蓝经济技术开发区	15.36	9.86	13.08	18.03	56.33	8.45
3	新建长埫工业园区	18.42	2.82	16.54	16.07	53.85	8.08
4	南昌经济技术开发区	8.45	7.57	6.54	7.21	29.77	4.47
5	南昌高新技术产业开发区	17.28	6.87	25.00	15.08	64.23	9.63
6	景德镇高新技术产业开发区	4.45	6.69	3.08	4.26	18.48	2.77
7	乐平工业园区	8.57	3.70	8.46	6.56	27.29	4.09
8	萍乡经济技术开发区	18.45	12.68	16.54	20.00	67.67	10.15
9	永修云山经济开发区	4.26	4.93	5.77	4.59	19.55	2.93
10	湖口金砂湾工业园区	12.19	20.95	5.00	7.54	45.68	6.85
11	瑞昌工业园区	9.47	9.68	12.69	13.77	45.61	6.84
12	九江经济技术开发区	6.45	5.81	5.00	7.54	24.80	3.72
13	新余高新技术产业开发区	30.00	25.00	24.62	19.67	99.29	14.89
14	鹰潭高新技术产业开发区	12.57	9.33	5.38	7.87	35.15	5.27
15	贵溪工业园区	16.83	8.80	1.92	5.25	32.80	4.92
16	赣州沙河工业园区	7.77	1.76	15.00	8.52	33.05	4.96
17	赣县经济开发区	6.26	4.23	4.23	6.23	20.95	3.14
18	龙南经济技术开发区	4.19	3.17	5.00	7.87	20.23	3.03
19	于都工业园区	6.68	0.35	6.15	9.18	22.36	3.35
20	南康工业园区	8.26	3.17	6.92	10.49	28.84	4.33
21	赣州经济技术开发区	8.91	8.98	9.62	11.48	38.99	5.85
22	井冈山经济技术开发区	10.87	12.15	10.77	10.82	44.61	6.69
23	吉安工业园区	5.85	6.51	8.08	9.51	29.95	4.49
24	宜春经济开发区	2.57	4.23	3.08	4.59	14.47	2.17
25	奉新工业园区	12.38	11.62	15.00	13.11	52.11	7.82
26	上高工业园区	7.06	7.04	12.31	12.13	38.54	5.78
27	丰城工业园区	8.87	6.34	10.38	6.89	32.48	4.87
28	樟树工业园区	4.91	3.52	6.54	5.57	20.54	3.08
29	高安工业园区	7.09	4.93	9.23	8.52	29.77	4.47
30	抚州高新技术产业园区	4.42	3.87	3.46	4.59	16.34	2.45
31	上饶经济技术开发区	8.68	5.11	10.00	8.85	32.64	4.90
32	广丰工业园区	8.64	4.75	10.77	9.18	33.34	5.00
33	玉山工业园区	8.11	2.99	7.31	5.90	24.31	3.65
34	横峰工业经济开发区	9.47	4.93	9.23	4.26	27.89	4.18

续表

序号	指标\园区名称	园区每亩主营业务收入	园区每亩招商实际到位资金	园区每亩利税总额	园区每亩从业人员数	权重前得分合计	权重后得分合计
35	南昌昌南工业园区	2.91	0.09	0.77	2.62	6.39	0.96
36	安义工业园区	5.36	7.22	3.85	5.25	21.68	3.25
37	景德镇陶瓷工业园区	3.77	1.23	3.08	3.28	11.36	1.70
38	莲花工业园区	2.49	2.64	1.15	3.61	9.89	1.48
39	芦溪工业园区	9.09	9.33	14.23	7.21	39.86	5.98
40	九江沙城工业园区	2.79	4.75	2.69	5.57	15.80	2.37
41	武宁工业园区	3.02	3.17	4.23	5.57	15.99	2.40
42	修水工业园区	3.85	7.22	9.23	6.56	26.86	4.03
43	德安工业园区	3.43	2.82	3.46	5.25	14.96	2.24
44	星子工业园区	4.79	2.99	5.00	5.90	18.68	2.80
45	都昌工业园区	3.85	2.64	3.46	9.18	19.13	2.87
46	彭泽工业园区	3.13	2.99	2.31	3.28	11.71	1.76
47	共青城经济开发区	4.91	7.04	4.23	6.23	22.41	3.36
48	分宜工业园区	11.81	6.69	10.77	3.93	33.20	4.98
49	余江工业园区	6.60	3.52	5.00	5.25	20.37	3.06
50	信丰工业园区	6.00	7.75	5.00	14.43	33.18	4.98
51	大余工业园区	2.42	2.82	1.15	4.59	10.98	1.65
52	上犹工业园区	4.68	1.76	3.46	3.93	13.83	2.07
53	安远工业园区	1.89	1.41	5.38	3.61	12.29	1.84
54	定南工业园区	4.08	2.64	9.62	3.93	20.27	3.04
55	全南工业园区	8.75	3.17	11.54	13.11	36.57	5.49
56	宁都工业园区	2.72	4.40	0.77	5.90	13.79	2.07
57	兴国经济开发区	8.30	2.99	9.23	14.10	34.62	5.19
58	会昌工业园区	2.04	1.23	3.85	2.62	9.74	1.46
59	瑞金工业园区	1.85	4.40	1.54	3.61	11.40	1.71
60	吉州工业园区	7.17	10.39	7.69	10.16	35.41	5.31
61	吉安河东经济开发区	4.45	4.05	5.00	4.26	17.76	2.66
62	吉水工业园区	4.98	4.75	4.23	8.20	22.16	3.32
63	峡江工业园区	2.00	4.23	2.31	1.64	10.18	1.53
64	新干工业园区	3.17	3.52	3.46	3.61	13.76	2.06
65	永丰工业园区	8.11	8.27	11.15	12.79	40.32	6.05
66	泰和工业园区	5.74	5.46	6.15	8.20	25.55	3.83
67	遂川工业园区	4.11	1.41	6.54	10.82	22.88	3.43
68	万安工业园区	2.91	4.58	4.23	4.26	15.98	2.40

续表

序号	园区名称	园区每亩主营业务收入	园区每亩招商实际到位资金	园区每亩利税总额	园区每亩从业人员数	权重前得分合计	权重后得分合计
69	安福工业园区	3.66	5.28	8.08	6.89	23.91	3.59
70	永新工业园区	4.42	1.58	6.92	6.56	19.48	2.92
71	万载工业园区	3.58	1.76	4.23	11.15	20.72	3.11
72	宜丰工业园区	2.68	4.93	2.69	7.21	17.51	2.63
73	靖安工业园区	1.85	1.23	0.77	3.61	7.46	1.12
74	抚北工业园区	5.17	2.82	1.92	3.61	13.52	2.03
75	南城工业园区	6.91	4.75	5.00	13.77	30.43	4.56
76	黎川工业园区	3.36	1.94	2.69	7.21	15.20	2.28
77	南丰工业园区	3.96	4.58	2.31	8.52	19.37	2.91
78	崇仁工业园区	4.49	1.41	2.31	4.26	12.47	1.87
79	宜黄工业园区	6.91	1.76	4.62	14.10	27.39	4.11
80	金溪工业园区	4.83	3.35	2.69	5.90	16.77	2.52
81	东乡经济开发区	6.11	4.58	7.31	5.90	23.90	3.59
82	广昌工业园区	3.89	2.99	3.08	4.26	14.22	2.13
83	铅山工业园区	3.89	2.82	3.46	2.30	12.47	1.87
84	弋阳工业园区	5.02	5.11	5.38	6.23	21.74	3.26
85	余干工业园区	2.57	2.64	2.31	1.64	9.16	1.37
86	鄱阳工业园区	1.96	4.93	1.92	4.26	13.07	1.96
87	万年工业园区	3.89	2.99	5.38	5.25	17.51	2.63
88	婺源工业园区	1.40	3.87	1.15	4.92	11.34	1.70
89	德兴大茅山经济开发区	2.26	2.29	2.31	4.26	11.12	1.67

五、江西工业园区综合竞争力的计算

由于缺乏描述科学技术竞争力、产业集群竞争力和生态环境竞争力的三级指标官方数据，江西工业园区综合竞争力的计算仅考虑经济规模竞争力、经济效益竞争力、投资环境竞争力、发展潜力竞争力、土地利用竞争力指标。考虑到这5个分竞争力的权重之和为0.76（0.18 + 0.15 + 0.16 + 0.12 + 0.15），在计算综合竞争力最后得分时按百分制进行归一化处理。依据表3 - 14、表3 - 15、表3 - 16、表3 - 17和表3 - 18中权重后得分，可以累加计算出表3 - 19。具体指标计算见本章附件8。

表3-19 江西各个工业园区2011年综合竞争力

序号	园区名称	园区经济规模竞争力得分	园区经济效益竞争力得分	园区投资环境竞争力得分	园区发展潜力竞争力得分	园区土地利用竞争力得分	前五列竞争力得分合计	园区综合竞争力得分合计
1	南昌昌东工业园区	5.20	3.88	3.48	6.07	3.80	22.43	29.51
2	南昌小蓝经济技术开发区	8.03	6.05	4.88	5.47	8.45	32.88	43.26
3	新建长埠工业园区	4.58	4.13	1.97	2.33	8.08	21.09	27.75
4	南昌经济技术开发区	11.78	7.85	6.74	10.57	4.47	41.41	54.49
5	南昌高新技术产业开发区	18.00	15.00	14.04	8.03	9.63	64.70	85.13
6	景德镇高新技术产业开发区	3.96	2.13	3.01	7.02	2.77	18.89	24.86
7	乐平工业园区	3.40	3.26	2.59	3.30	4.09	16.64	21.89
8	萍乡经济技术开发区	7.64	6.40	11.57	6.18	10.15	41.94	55.18
9	永修云山经济开发区	2.88	4.31	4.86	4.92	2.93	19.90	26.18
10	湖口金砂湾工业园区	4.10	1.61	5.13	5.20	6.85	22.89	30.12
11	瑞昌工业园区	4.49	4.97	5.66	4.21	6.84	26.17	34.43
12	九江经济技术开发区	7.41	5.44	12.06	7.78	3.72	36.41	47.91
13	新余高新技术产业开发区	12.86	9.42	7.28	6.98	14.89	51.43	67.67
14	鹰潭高新技术产业开发区	4.24	2.12	2.27	4.86	5.27	18.76	24.68
15	贵溪工业园区	4.16	0.54	1.26	3.47	4.92	14.35	18.88
16	赣州沙河工业园区	4.13	5.93	2.74	2.78	4.96	20.54	27.03
17	赣县经济开发区	3.91	2.14	3.78	4.06	3.14	17.03	22.41
18	龙南经济技术开发区	3.77	3.16	3.36	4.88	3.03	18.20	23.95
19	于都工业园区	3.30	1.74	2.08	2.21	3.35	12.68	16.68
20	南康工业园区	2.61	2.16	2.29	2.52	4.33	13.91	18.30
21	赣州经济技术开发区	7.59	6.31	6.34	8.40	5.85	34.49	45.38
22	井冈山经济技术开发区	4.50	3.46	3.42	5.03	6.69	23.10	30.39
23	吉安工业园区	3.15	3.51	3.03	4.26	4.49	18.44	24.26
24	宜春经济开发区	2.62	2.88	4.26	7.46	2.17	19.39	25.51
25	奉新工业园区	3.47	4.25	3.05	3.60	7.82	22.19	29.20
26	上高工业园区	4.49	7.12	3.38	4.75	5.78	25.52	33.58
27	丰城工业园区	5.39	6.56	4.38	4.74	4.87	25.94	34.13
28	樟树工业园区	2.95	4.50	2.46	4.56	3.08	17.55	23.09
29	高安工业园区	4.14	5.74	3.96	5.52	4.47	23.83	31.36
30	抚州高新技术产业园区	3.30	2.39	2.81	5.80	2.45	16.75	22.04

续表

序号	指标\园区名称	园区经济规模竞争力得分	园区经济效益竞争力得分	园区投资环境竞争力得分	园区发展潜力竞争力得分	园区土地利用竞争力得分	前五列竞争得分合计	园区综合竞争力得分合计
31	上饶经济技术开发区	9.44	8.74	5.34	6.48	4.90	34.90	45.92
32	广丰工业园区	5.39	5.55	4.47	4.56	5.00	24.97	32.86
33	玉山工业园区	2.69	2.07	2.23	2.18	3.65	12.82	16.87
34	横峰工业经济开发区	2.42	2.51	0.60	2.12	4.18	11.83	15.57
35	南昌昌南工业园区	0.46	0.08	0.17	0.70	0.96	2.37	3.12
36	安义工业园区	1.44	1.30	0.73	2.77	3.25	9.49	12.49
37	景德镇陶瓷工业园区	1.90	1.33	1.38	2.49	1.70	8.80	11.58
38	莲花工业园区	1.07	0.39	0.88	2.25	1.48	6.07	7.99
39	芦溪工业园区	1.31	2.22	0.77	1.67	5.98	11.95	15.72
40	九江沙城工业园区	1.67	1.49	4.35	4.93	2.37	14.81	19.49
41	武宁工业园区	2.26	3.12	3.05	4.52	2.40	15.35	20.20
42	修水工业园区	1.63	4.18	3.34	3.50	4.03	16.68	21.95
43	德安工业园区	2.90	2.27	5.21	4.82	2.24	17.44	22.95
44	星子工业园区	2.28	1.28	1.40	1.73	2.80	9.49	12.49
45	都昌工业园区	1.11	0.82	2.03	2.04	2.87	8.87	11.67
46	彭泽工业园区	1.26	0.86	2.69	2.28	1.76	8.85	11.64
47	共青城经济开发区	2.53	2.34	3.01	4.29	3.36	15.53	20.43
48	分宜工业园区	2.73	2.60	0.82	2.17	4.98	13.30	17.50
49	余江工业园区	1.90	1.65	0.93	2.19	3.06	9.73	12.80
50	信丰工业园区	2.43	1.50	2.91	2.94	4.98	14.76	19.42
51	大余工业园区	0.72	0.22	0.95	1.94	1.65	5.48	7.21
52	上犹工业园区	1.09	0.62	1.24	1.19	2.07	6.21	8.17
53	安远工业园区	0.27	0.80	0.30	0.69	1.84	3.90	5.13
54	定南工业园区	1.03	2.31	0.74	1.57	3.04	8.69	11.43
55	全南工业园区	1.01	1.13	0.91	0.98	5.49	9.52	12.53
56	宁都工业园区	1.01	0.24	1.66	1.96	2.07	6.94	9.13
57	兴国经济开发区	2.16	1.93	1.79	1.83	5.19	12.90	16.97
58	会昌工业园区	0.82	1.23	0.56	1.70	1.46	5.77	7.59
59	瑞金工业园区	1.18	0.67	1.79	3.42	1.71	8.77	11.54
60	吉州工业园区	2.29	1.54	1.98	2.62	5.31	13.74	18.08

续表

序号	园区名称	园区经济规模竞争力得分	园区经济效益竞争力得分	园区投资环境竞争力得分	园区发展潜力竞争力得分	园区土地利用竞争力得分	前五列竞争力得分合计	园区综合竞争力得分合计
61	吉安河东经济开发区	1.71	1.97	1.60	2.94	2.66	10.88	14.32
62	吉水工业园区	1.76	1.41	2.11	3.50	3.32	12.10	15.92
63	峡江工业园区	0.99	1.22	2.26	4.08	1.53	10.08	13.26
64	新干工业园区	1.91	2.19	2.26	5.12	2.06	13.54	17.82
65	永丰工业园区	1.96	2.80	3.16	3.34	6.05	17.31	22.78
66	泰和工业园区	3.17	2.67	2.63	4.42	3.83	16.72	22.00
67	遂川工业园区	1.66	1.58	2.01	1.81	3.43	10.49	13.80
68	万安工业园区	0.85	1.08	1.35	2.19	2.40	7.87	10.36
69	安福工业园区	1.58	3.48	2.02	3.25	3.59	13.92	18.32
70	永新工业园区	1.29	2.30	1.99	2.08	2.92	10.58	13.92
71	万载工业园区	1.55	1.49	1.94	2.00	3.11	10.09	13.28
72	宜丰工业园区	1.17	1.01	1.81	3.84	2.63	10.46	13.76
73	靖安工业园区	0.74	0.15	0.70	1.53	1.12	4.24	5.58
74	抚北工业园区	1.33	0.45	1.50	2.00	2.03	7.31	9.62
75	南城工业园区	1.13	0.68	2.41	1.43	4.56	10.21	13.43
76	黎川工业园区	0.97	0.65	2.24	1.87	2.28	8.01	10.54
77	南丰工业园区	0.58	0.34	1.30	1.33	2.91	6.46	8.50
78	崇仁工业园区	1.83	0.90	2.27	2.30	1.87	9.17	12.07
79	宜黄工业园区	1.03	0.63	1.69	1.40	4.11	8.86	11.66
80	金溪工业园区	0.82	0.49	1.16	1.65	2.52	6.64	8.74
81	东乡经济开发区	1.93	2.80	2.44	3.40	3.59	14.16	18.63
82	广昌工业园区	0.61	0.52	1.05	1.23	2.13	5.54	7.29
83	铅山工业园区	1.13	0.90	0.69	2.57	1.87	7.16	9.42
84	弋阳工业园区	1.46	1.44	1.44	2.15	3.26	9.75	12.83
85	余干工业园区	1.22	1.13	1.08	2.72	1.37	7.52	9.89
86	鄱阳工业园区	1.24	0.95	0.92	3.70	1.96	8.77	11.54
87	万年工业园区	2.81	2.51	1.75	2.93	2.63	12.63	16.62
88	婺源工业园区	0.37	0.33	0.86	2.01	1.70	5.27	6.93
89	德兴大茅山经济开发区	1.11	1.22	2.13	3.28	1.67	9.41	12.38

第十一章 2012年江西工业园区竞争力评价

本章附件：各个指标数据计算说明

附件1 表3-12 各指标数据来源及计算的说明

（1）本报告数据均来源于《2011江西工业园区四季度快讯》（江西省统计局·编）中的数据。由于有些数据无法采集，重点分析了经济规模竞争力、经济效益竞争力、投资环境竞争力、发展潜力竞争力和土地利用竞争力5个分竞争力的各个工业园区的数据。

（2）指标1、2、3、4、5、7、8、11、13数据直接来源于《2011江西工业园区四季度快讯》（江西省统计局·编）提供的数据，指标6税收收入＝指标4利税总额－指标5利润总额。指标10园区实际开发面积（亩）是将《2011江西工业园区四季度快讯》（江西省统计局·编）中的园区实际开发面积（平方公里）乘以1500得到。指标12园区亿元及以上工业项目数是根据《2011江西工业园区四季度快讯》（江西省统计局·编）中的数据统计得到。指标23园区每亩主营业务收入＝指标2园区主营业务收入÷指标10园区实际开发面积。指标24园区每亩招商实际到位资金＝指标11园区年度内招商实际到位资金（万元）÷指标10园区实际开发面积（亩）。指标25园区每亩利税总额＝指标4园区利税总额（万元）÷指标10园区实际开发面积（亩），指标26园区每亩从业人员数＝指标9园区从业人员数（人）÷指标10园区实际开发面积（亩）。

（3）指标3中的江西修水工业园区出口交货值没有相关采集数据，为了便于计算，将其设为0。

附件2 表3-13各指标数据的计算方法说明

（1）指标1工业增加值各工业园区的得分按照如下方法计算，由于在工业增加值中，南昌高新技术产业开发区的值最高，故其得分最高为30分，其他工业园区该指标的得分计算公式如下：该工业园区工业增加值指标得分＝（该工业园区工业增加值÷2411658）×30。

（2）指标2园区主营业务收入各工业园区的得分按照如下方法计算，由于在园区主营业务收入中，南昌高新技术产业开发区的值最高，故其得分最高为50分，其他工业园区该指标的得分计算公式如下：该工业园区主营业务收入指标得分＝（该工业园区主营业务收入÷8040653）×50。

（3）指标3园区出口交货值各工业园区的得分按照如下方法计算，由于在园区出口交货值中，南昌高新技术产业开发区的值最高，故其得分最高为20分，其他工业园区该指标的得分计算公式如下：该工业园区出口交货值指标得分＝（该工业园区出口交货值÷959308）×20。

（4）指标4园区利税总额各工业园区的得分按照如下方法计算，由于在园区利税总额中，南昌高新技术产业开发区的值最高，故其得分最高为30分，其他工业园区该指标的得分计算公式如下：该工业园区利税总额指标得分＝（该工业园区利税总额÷1148732）×30。

（5）指标5园区利润总额各工业园区的得分按照如下方法计算，由于在园区利润总额中，南昌高新技术产业开发区的值最高，故其得分最高为50分，其他工业园区该指标的得分计算公式如下：该工业园区利润总额指标得分＝（该工业园区利润总额÷383151）×50。

（6）指标6园区税收收入各工业园区的得分按照如下方法计算，由于在园区税收收入中，南昌高新技术产业开发区的值最高，故其得分最高为20分，其他工业园区该指标的得分计算公式如下：该工业园区税收收入指标得分＝（该工业园区税收收入÷765581）×20。

（7）指标7园区本年度完成基础设施投入金额各工业园区的得分按照如下方法计算，由于在园区本年度完成基础设施投入金额中，九江经济技术开发区的值最高，故其得分最高为50分，其他工业园区该指标的得分计算公式如下：该工业园区本年度完成基础设施投入金额指标得分＝（该工业园区本年度完成基础设施投入金额÷296179）×50。

（8）指标8园区工业企业用电量各工业园区的得分按照如下方法计算，由于在园区工业企业用电量中，萍乡经济技术开发区的值最高，故其得分最高为20分，其他工业园区该指标的得分计算公式如下：该工业园区工业企业用电量指标得分＝（该工业园区工业企业用电量÷313617）×20。

（9）指标9园区从业人员数各工业园区的得分按照如下方法计算，由于在园区从业人员数中，南昌高新技术产业开发区的值最高，故其得分最高为30分，其他工业园区该指标的得分计算公式如下：该工业园区从业人员数指标得分＝（该工业园区从业人员数÷81151）×30。

（10）指标10园区实际开发面积各工业园区的得分按照如下方法计

算,由于在园区实际开发面积中,南昌经济技术开发区的值最高,故其得分最高为 35 分,其他工业园区该指标的得分计算公式如下:该工业园区实际开发面积指标得分 = (该工业园区实际开发面积÷24000)×35。

(11) 指标 11 园区年度内招商实际到位资金的得分按照如下方法计算,由于在园区年度内招商实际到位资金中,新余高新技术产业开发区的值最高,故其得分最高为 20 分,其他工业园区该指标的得分计算公式如下:该工业园区年度内招商实际到位资金指标得分 = (该工业园区年度内招商实际到位资金÷1045884)×20。

(12) 指标 12 园区亿元及以上工业项目数的得分按照如下方法计算,由于在园区亿元及以上工业项目数中,赣州经济技术开发区的值最高,故其得分最高为 20 分,其他工业园区该指标的得分计算公式如下:该工业园区亿元及以上工业项目数指标得分 = (该工业园区亿元及以上工业项目数÷25)×20。

(13) 指标 13 园区内工业企业个数各工业园区的得分按照如下方法计算,由于在园区内工业企业个数中,南昌高新技术产业开发区的值最高,故其得分最高为 25 分,其他工业园区该指标的得分计算公式如下:该工业园区内工业企业个数指标得分 = (该工业园区内工业企业个数÷334)×25。

(14) 指标 23 园区每亩主营业务收入各个工业园区的得分按照如下方法计算,由于在园区每亩主营业务收入中,新余高新技术产业开发区的值最高,故其得分最高为 30 分,其他工业园区该指标的得分计算公式如下:该工业园区每亩主营业务收入指标得分 = (该工业园区每亩主营业务收入÷795)×30。

(15) 指标 24 园区每亩招商实际到位资金各个工业园区的得分按照如下方法计算,由于在园区每亩招商实际到位资金中,新余高新技术产业开发区的值最高,故其得分最高为 25 分,其他工业园区该指标的得分计算公式如下:该工业园区每亩招商实际到位资金指标得分 = (该工业园区每亩招商实际到位资金÷142)×25。

(16) 指标 25 园区每亩利税总额各个工业园区的得分按照如下方法计算,由于在园区每亩利税总额中,南昌高新技术产业开发区的值最高,故其得分最高为 25 分,其他工业园区该指标的得分计算公式如下:该工业园区每亩利税总额指标得分 = (该工业园区每亩利税总额÷65)×25。

（17）指标 26 园区每亩从业人员数各个工业园区的得分按照如下方法计算，由于在园区每亩从业人员数中，萍乡经济技术开发区的值最高，故其得分最高为 20 分，其他工业园区该指标的得分计算公式如下：该工业园区每亩从业人员数指标得分 =（该工业园区每亩从业人员数 ÷6.1）×20。

附件 3　表 3–14 各指标数据的计算方法说明

（1）江西省各个工业园区工业增加值得分、园区主营业务收入得分、园区出口交货值得分三列数据分别来源于表 3–13 指标 1、指标 2 和指标 3。

（2）权重前得分合计计算公式为：权重前得分合计 = 园区工业增加值得分 + 园区主营业务收入得分 + 园区出口交货值得分，即前面三列值的和。

（3）权重后得分合计计算公式为：由于经济规模分竞争力的权重为 0.18，故权重后得分合计 = 权重前得分合计 ×0.18。

附件 4　表 3–15 各指标数据的计算方法说明

（1）江西各个工业园区利税总额得分、园区利润总额得分、园区税收收入得分三列数据分别来源于表 3–13 指标 4、指标 5 和指标 6。

（2）权重前得分合计计算公式为：权重前得分合计 = 园区利税总额得分 + 园区利润总额得分 + 园区税收收入得分，即前面三列值的和。

（3）权重后得分合计计算公式为：由于经济效益分竞争力的权重为 0.15，故权重后得分合计 = 权重前得分合计 ×0.15。

附件 5　表 3–16 各指标数据的计算方法说明

（1）江西各个工业园区本年度完成基础设施投入金额得分、园区工业企业用电量得分、园区从业人员数得分三列数据分别来源于表 3–13 指标 7、指标 8 和指标 9。

（2）权重前得分合计计算公式为：权重前得分合计 = 园区本年度完成基础设施投入金额得分 + 园区工业企业用电量得分 + 园区从业人员数得分，即前面三列值的和。

（3）权重后得分合计计算公式为：由于投资环境分竞争力的权重为 0.16，故权重后得分合计 = 权重前得分合计 ×0.16。

附件 6　表 3–17 各指标数据的计算方法说明

（1）江西各个工业园区实际开发面积得分、园区年度内招商实际到位资金得分、园区亿元及以上工业项目数得分、园区内工业企业个数得分四列数据分别来源于表 3-13 指标 10、指标 11、指标 12 和指标 13。

（2）权重前得分合计计算公式为：权重前得分合计 = 园区实际开发面积得分 + 园区年度内招商实际到位资金得分 + 园区亿元及以上工业项目数得分 + 园区内工业企业个数得分，即前面四列值的和。

（3）权重后得分合计计算公式为：由于发展潜力分竞争力的权重为 0.12，故权重后得分合计 = 权重前得分合计 ×0.12。

附件 7　表 3-18 各指标数据的计算方法说明

（1）江西各个工业园区每亩主营业务收入得分、园区每亩招商实际到位资金得分、园区每亩利税总额得分、园区每亩从业人员数得分四列数据分别来源于表 3-13 指标 23、指标 24、指标 25 和指标 26。

（2）权重前得分合计计算公式为：权重前得分合计 = 园区每亩主营业务收入得分 + 园区每亩招商实际到位资金得分 + 园区每亩利税总额得分 + 园区每亩从业人员数得分，即前面四列值的和。

（3）权重后得分合计计算公式为：由于土地利用分竞争力的权重为 0.15，故权重后得分合计 = 权重前得分合计 ×0.15。

附件 8　表 3-19 各指标数据的计算方法说明

（1）园区综合竞争力得分合计 = 前五列竞争力得分合计 ÷0.76。

（2）江西各个工业园区竞争力是相对竞争力，不是绝对竞争力，因为各个园区竞争力是相对其他园区竞争力来讲的。

（3）在采集江西各个工业园区 2011 年竞争力的评价数据的基础上，通过模型的推算，计算出江西各个工业园区 2011 年竞争力的指标。

第十二章 江西工业园区新阶段可持续快速发展战略思考

没有工业的现代化就没有江西的现代化，江西要做强做大工业，工业园区发展是关键。江西自2001年实施主攻工业的发展战略以来，全省上下掀起了工业园区建设的热潮。全省工业园区快速发展的实践表明，工业园区已成为全省经济社会发展最强大的发动机，工业园区已成为全省加快工业化进程、实施大开放主战略的主平台，工业园区在建设富裕和谐秀美江西和全面建成小康社会中仍将继续发挥重要的作用。

一、江西工业园区运行特点与基本经验

（一）运行特点

2001年，江西省委、省政府提出实施工业化为核心的发展战略，提出依托工业园发展工业，以工业崛起加速江西在中部地区的崛起，以工业的振兴实现强省富民的发展思路。经过10多年的建设，工业园区已经成为21世纪江西新的经济增长极。

1. 总量提升，经济贡献明显增强

截至2011年12月底，全省工业园区共有各类企业12659个，其中投产企业达7951家；安置从业人数174万人，比2010年增长10.5%。2011年，全省工业园区完成工业增加值3003.4亿元，增长19.6%，占当年全省GDP的25.9%，占当年全省工业增加值的53.5%；主营业务收入、利润、利税、出口交货值分别完成13241.5亿元、837.6亿元、1327.9亿元、1249亿元，分别增长40.4%、47.5%、42.5%、39.1%。年主营业务收入超百亿元的园区新增12家，总数达46家，其中南昌高

新技术产业开发区达804亿元。通过工业园区的快速发展，江西近几年的经济总量实现了快速增长，2006年、2007年、2008年、2009年、2010年、2011年全省生产总值的增长速度分别为12.3%、13.2%、12.6%、13.1%、14.0%、12.5%（见图3-4）。因此，工业园区已经成为推动江西区域经济发展的重要支撑点。

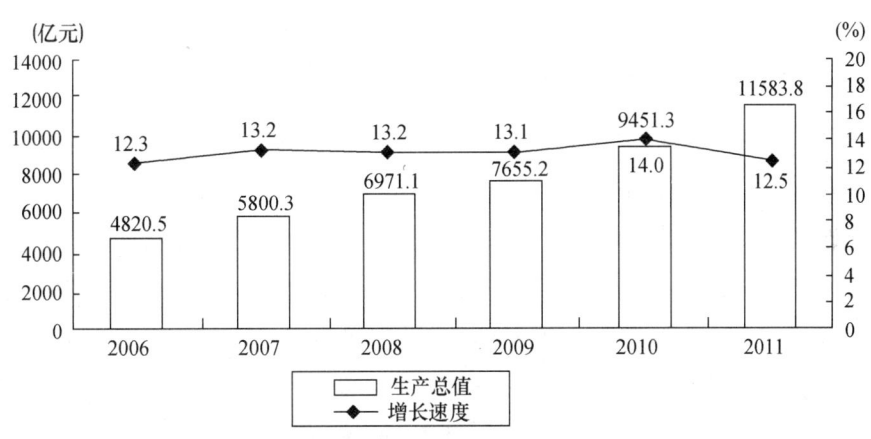

图3-4 2006~2011年地区生产总值及其增长速度

2. 规模壮大，载体作用不断加强

2011年，全省园区实际开发面积525平方公里，增长4.7%；完成基础设施投入378.5亿元，增长17.9%；固定资产投资2611亿元，增长11%，占全省工业固定资产投资总额的50.7%。目前，全省园区每亩投资强度为110.8万元，较2011年提高35.1万元，其中13个国家级开发区（含高新区、出口加工区）为207.3万元，高出全省平均水平96.5万元。2011年，全省工业园区合同引进资金3973.4亿元，其中引进1亿元以上项目资金2948亿元。招商实际到位资金2322亿元，增长17.7%，其中招商实际到位资金亿元以上项目514个，到位资金1378.8亿元，占全部到位资金的59.4%。全年新开工、投产亿元以上重大项目899个，总投资3439.3亿元，分别增长3%和18%。投资5亿元以上项目191个，投资总额2243亿元，占重大项目总投资的65.2%，比2010年提高5.1个百分点。

3. 结构优化，集聚效应更加明显

各工业园区把产业招商和重大项目建设放在首位，围绕工业园区产

业特色和优势条件,大力推进产业结构调整,产业链逐步完善,产业集聚效应更加明显。通过进一步总结2001年以来江西工业园区建设发展的成功经验,瞄准园区未来发展趋势,2011年江西省制定出台了《关于在全省工业园区推进产业集群促进集约发展的指导意见》(赣府厅发[2011]65号)。全省优选20个左右园区作为省级产业集群试点,支持编制产业集群规划。目前,全省94个工业园区中,大多数工业园区能够根据自己的优势,发展自己的特色产业,加强产业关联度和产业配套能力建设,充分发挥龙头企业、规模以上企业的示范带动作用,形成了一批有市场竞争力的产业集群和特色产业集群。贵溪工业园区通过引进浙江10多家铜加工企业,重点发展铜线、铜杆、铜带、铜箔等10多个铜系列产品,形成了以铜加工为主要特色的产业集群;九江星火工业园依托全国最大的有机硅生产厂家蓝星星火化工厂,吸引广东、浙江、江苏等众多企业入驻以形成有机硅产业链,未来将成为亚洲第一、世界第三的硅化工产品基地;南昌高新技术产业开发区将重点发展电子信息、应用软件、生物医药、资源深加工、机电一体化五大产业集群,将其打造成为南昌市高新技术产业的先进制造业基地。

4. 生态改善,可持续发展能力增强

全省工业园区围绕鄱阳湖生态经济区建设,牢固树立"既要金山银山,更要绿水青山"发展理念,深入开展生态工业园区试点建设。全省94个工业园区中,累计有78个工业园区编制了生态工业园区建设规划,63个工业园区列入了省级生态工业园区创建试点,20个工业园区通过了省级生态工业园区考核验收,2个园区列入国家生态工业示范园区建设范畴。工业园区污水处理设施建设全面推进,全省已经建成污水处理厂并投入运行的工业园区有10个,已开工建设工业园区污水处理设施建设项目的工业园区有40个,合计占全省园区总数的53%。园区生态经济、循环经济得到大力发展,工业园区万元主营业务收入耗电量为325千瓦时,同比减少39千瓦时,减幅达10.5%。

5. 服务提升,服务平台逐步完善

省中小企业局坚持以工业园区企业需求为导向,以服务园区企业为中心,以解决制约企业发展的突出问题为着力点,加快建立全省工业园区公共服务平台网络,在培训辅导、融资担保、用工保障、市场开拓等

方面提供有效的公共服务。同时，按照工业化与城镇化相融合、工业与服务业相融合的要求，积极探索园区建设发展新机制，着力推进园区走向城区化。园区产业服务体系进一步完善，工业园区人才培养的长效机制、企业文化和用工培训机制进一步健全，企业办社会向园区办社会转变进一步加快，提升了工业园区的人气和活力。据统计，截至 2011 年底，全省园区从业人员达到 174 万人，比 2010 年增长 10.5%，增加就业岗位 16.5 万个，占同期全省城镇新增就业总数的 31.8%。

总体上看，全省工业园区经济增长势头强劲，但区域之间发展不平衡，综合实力不强；产业集中度较低，园区集约化水平不高；绿色、低碳经济比重较小，经济生态化水平偏低；生产性和生活性服务业滞后，服务社会化水平有待提高等问题不同程度地存在。

（二）基本经验

1. 以产业集群为抓手，园区集约化水平逐步提高

一是着重加强产业规划。省中小企业局会同省直有关部门编制《江西工业园区"十二五"专项规划》，引导各地科学规划、错位发展。为着力解决产业发展面临的土地、资金、技术等共性问题，出台了《关于在全省工业园区推进产业集群促进集约发展的指导意见》。

二是加快培育龙头企业。省中小企业局联合省财政厅，组织各地推荐了一批成长型中小企业，建立成长型优质企业库，实施政策聚焦战略，推动园区中小企业加快成长。其中优选了 60 家企业申报国家中小企业发展专项资金 5620 万元。联合清华大学开设拟上市企业总裁高级研修班，对 60 家园区企业按照上市路线图进行集中辅导。目前，已有 1 家企业成功上市，1 家企业通过证监会审核，4 家企业完成股份制改造。

三是积极推进产业配套。以"第七届泛珠三角区域合作与发展论坛暨经贸洽谈会"在南昌举办为契机，以汽车零配件、生物医药、电子信息、陶瓷、节能灯等 10 个特色产业为重点，省中小企业局成功举办"泛珠三角区域产业转移合作与园区对接磋商会"，组织开展工业园区产业集群缺失环节招商对接，加强省内园区之间、省内与省外园区之间供应链的合作，提高配套率，形成产业特色。据统计，此次活动完成签约项目 214 个，签约资金 358.94 亿元。

四是进一步完善工业园区产业服务体系。依托全省中小企业服务平台网络，以建立行业技术开发中心、检测中心、试验中心等为重点，推进工业园区产业共性服务平台建设。目前，南康家具产业、安义铝型材产业、樟树医药产业、玉山轴承产业等11个产业集聚区窗口服务平台已全面启动。

2. 以生态园区为重点，经济生态化水平明显提高

一是深入开展省级生态工业园区试点建设，通过各地申报、设区市推荐，仅2011年就有21个工业园区列入省级生态工业园区创建试点，15个生态工业园区建设规划通过省级专家评审论证。而作为江西省重点发展的鄱阳湖生态经济区范围内，近几年，有33个工业园区编制了生态工业园区建设规划并通过专家评审论证，并着手开展生态工业园区创建工作；其中10个工业园区被命名为省级生态工业园区。

二是加快推进工业园区污水处理设施建设。2011年，32个工业园区污水处理厂项目列入全省统一开工建设污水处理设施建设规划，其中，有16个工业园区污水处理厂进展较快，已经基本进入开工建设实施阶段，9个已完成选址征地，4个仍在征地拆迁中。

三是扎实开展园区绿化建设。依托省林科院的科技力量，在鄱阳湖生态经济区范围内选择了景德镇高新技术产业开发区、南昌小蓝经济技术开发区、共青城经济开发区等8个园区开展工业园区生态景观绿化提升试点，通过典型示范引领全省工业园区提升生态绿化水平。

四是加强对省级生态工业园区试点单位的考核验收。省中小企业局联合省发改委、省环保厅，组织有关专家对2010年度省级生态工业园区试点单位建设情况进行了考核验收，通过评比考核，督促各地加快生态工业园区建设步伐。同时，积极推进生态工业园区环保信息平台以及环境报告书制度建设，加强对工业园区的环境管理和动态评估。

3. 以机制创新为关键，服务社会化水平日益提高

省中小企业局依托创业大学、中小企业协会、担保机构、小企业创业基地等载体，大力实施中小企业成长工程。

一是初步建立园区企业培育、发展、壮大的成长机制。以设区市为单位，以省内外成功企业家和管理专家为导师，在新余、南昌、萍乡、赣州、九江、宜春、景德镇7个设区市先后组建公益性创业大学，发展企业学员2400多人。采取政府购买、财政补贴方式，引进专业机构，通过创业大学挑选35家成长性中小企业优先开展管理咨询诊断服务，完善企业管理，提升发展水平。配合省委组织部、省教育厅建立全省职业技术院校与工业园区对接机制，实行企业和职业院校负责人双向挂职。同时，开展千名车间主任、班组长培训活动，为全省园区企业培育中层管理人才。围绕工业园区，在全省建立了98个省级小企业创业基地，目前入驻企业5237家，吸纳就业30万人。联合共青团江西省委共同举办"赢在江西"2011江西青年创业大赛，并评选出30个"江西省新锐创业青年"和"赢在江西十强"，掀起江西省全民创业新高潮。依托省中小企业协会，围绕产业集群，组建特色产业委员会，已成立绿色照明产业委员会以及家居艺术产业委员会。

二是不断深化多元融资机制。省中小企业局与省金融办、中国人民银行南昌中心支行、省银监局联合举办"百园千企"政银企对接活动，共促成23家银行业金融机构为809家企业授信112亿元。举办第二届世界低碳大会"鄱阳湖生态经济区成长性中小企业投融资推进会"，组织35家国内知名投资机构对江西省百家成长性中小企业进行实地考察，促成20多个投资合作意向并上会签约。2011年，全省注册备案的中小企业信用担保机构247家，注册资金138.8亿元，累计为6563户中小企业提供了204.3亿元担保贷款，一定程度上缓解了园区企业融资困难。

三是大力推行多层标准厂房建设，促进土地集约利用。引导各地集中规划建设若干个园区配套生活社区，将公共租赁房、经济适用房建设政策与促进企业招工政策相衔接，在全省推广九江市建设新市民公寓的经验做法，为职工安居乐业提供保障。促进各地抓紧完善园区的学校、商业、医院、酒店等生活设施，积极引进金融、物流、市场等生产性服务业，逐步把工业园区打造成集工业、商贸、生活和服务为一体的城镇新区。

二、江西工业园区发展态势分析

当前，国际经济不确定因素增多，国内应对措施不断出台，整个经济背景表明机遇与挑战相互交错，十分复杂，需要我们冷静观察、科学把握。

(一) 总体经济形势判断

1. 国际经济形势

2011年以来，欧债危机、新兴市场是否"硬着陆"以及地区局势动荡，将是影响世界经济持续复苏的主要风险点；发达国家宏观经济政策普遍趋于宽松，新兴市场"保增长"的政策主调更加明确；全球通货膨胀压力有加大的可能，新兴市场面临资本外流风险。总体来看，目前，世界经济复苏动能依然缺乏，经济将呈现低速增长态势，我国需要做好应对诸多不确定性影响的长期准备。

不确定性主要表现在：一是发达国家的债务危机能否得到有效的控制并逐步得以缓解。二是发达国家没有就业的乏力复苏，再加上新兴与发展中经济体增速很可能进一步放缓的预期，均会诱发新的贸易、投资和金融保护主义。三是发达国家继续维持超低利率的可能性较大，从而对全球金融市场产生重大影响。四是受发达经济体增速放缓的拖累，新兴经济体增速持续放慢的可能性非常大，其中，一些重要的新兴经济体出现硬着陆的可能性亦无法完全排除。五是推动大宗商品价格变化的力量既来自需求变化和供给增减，也取决于全球流动性状况，还来自高度金融化了的投机行为。六是部分国家内部的社会动荡、骚乱或是群众抗议是暂时的还是持久的，它们对经济产生影响的途径与强度如何，特别对外经济政策的影响，都很难确定。七是面对自然灾害和地区安全危机，大国之间在应对突发事件过程中能否精诚合作，特别是在伊朗和朝鲜半岛等热点地区的军事对抗和政治动荡是否会升级和蔓延，均会对全球经济局势产生不同程度的影响。八是在2012年，美国和法国等主要发达经济体及俄罗斯、墨西哥和韩国等主要新兴经济体将举行大选，从而直接或间接地成为影响世界经济平稳运行的因素。

2. 国内经济形势

2011年我国宏观经济政策基本完成了由危机应对模式向常规模式的转型，但还需要巩固；经济发展方式正在由粗放、数量扩张为主向集约和质量效益为主转型。决定经济增长的诸多因素相互消长，不确定、不稳定因素明显增加，经济形势空前复杂。

经济刺激相对是短期的，"一揽子"计划、4万亿元投资到2011年基本上结束了。这个政策的结束使我们企业感受到发展环境有了一个明显的变化,这个变化主要来自政策方面。如财政政策,在2009~2010年政府主导的财政性的投资增长比较快。2009年基础设施、公共事业投资比2008年增长42%。2009~2010年由于政府的基础设施投资带动整个经济发展比较活跃。但到2011年政府基础设施、公共事业投资比2010年增长降低到个位数,从2009年的42%降到8%左右,其中对高铁的投资出现了负增长;电力、热力的投资只增长了3%左右;公立医院、义务教育的学校建设基本上处于收尾状态,汶川地震的灾后重建基本结束。整个政府投资的增长速度大幅度下降。这种变化对于建材企业而言,政府主导投资的市场需求减弱,订单开始减少。

(二) 江西工业园区发展的挑战和机遇

1. 工业园区发展的挑战

当前,我们也必须清醒地看到,受欧债危机的影响,宏观经济运行困难增加,工业园区保增长的任务十分艰巨。

(1) 世界主要经济体经济下滑,江西省优势产业受到严重影响。自欧债危机以来,全球经济下行压力加大。世界市场的萎缩,导致产业转移承接及中国劳动密集型产品出口严重下滑。

长期以来,江西省规模工业总量中,铜产业及有色工业占20%左右,钢铁产业占10%左右。而在全球经济下滑冲击下,铜价一直在4万元/吨左右波动;钢铁平均价格下降明显,经济下滑对江西省冲击之大、影响之深,由此可见一斑。

在传统能源紧张且价格高位运行的情况下,太阳能以其清洁且用之不竭的特点,在全球引发了汹涌的投资潮。全国有近40家企业宣布投资多晶硅项目,2011年总产能接近13万吨。随着欧债危机的蔓延,欧美国家原计划用于新能源推广的资金大幅缩水。作为目前太阳能光伏产品的主要消费地区,欧美市场的变化必将给国内光伏产业带来的影响。而且,全球金融市场汇率、信贷以及市场需求的不确定性将对国内光伏产业产生严重影响。在世界金融危机的飓风中,国内市场需求小、产品90%出口的客观现实,毫无疑问地使江西省光伏产业遭受到了巨大的危机。

目前，我国钢铁总量呈现严重过剩，产能与国内消费和出口的实际需求相比过剩。江西省大型钢企业以新钢、南钢、萍钢为主，这三家的产能占全省的95%以上，尚有20%的产能未发挥。

(2) 中小企业发展困难加大。欧债危机以来，沿海地区数万家中小企业破产，对工业及社会稳定构成巨大的压力。在金融危机的影响下，制约企业正常经营发展的瓶颈很多，主要有：

1) 原材料价格下跌过快。原材料价格波动大而不稳带来连锁效应，产品价格极度下降，导致企业生产成本过高，负债经营，加之很多供货企业停产、破产，导致企业举步维艰，生产困难。

2) 市场萎缩低迷。受欧债危机影响，企业限产、停产乃至破产，造成市场萎缩，产品无法销售。同时，不少加工类企业由于工艺简单缺乏竞争力，市场占有率低，销售途径狭窄，无法在短时间内拓展其他市场，很难在当前竞争激烈的商业环境中立足。

3) 资金不足。虽然国家出台了有利于中小企业发展的有关政策，降低了银行贷款利率，调增了商业银行信贷规模，但是银行对中小企业发展信心不足，特别是当前金融危机背景下，银行为了降低风险，对中小企业"限贷"、"惜贷"甚至"停贷"。调查显示，近几年来，江西中小企业贷款利率一般都比基准利率上浮10%～30%，有的甚至上浮50%，占全省GDP一半的中小企业、非公有制经济的资金满足率不到40%，贷款满足率不到30%。贷款难、贷款贵已成为制约众多中小企业发展的瓶颈。

(3) 江西省外向型经济形势严峻。经济危机的蔓延必然会对人们的生活方式、消费习惯产生影响，特别是在这次危机中受波及大的发达国家，个人和家庭的资产缩水，市场消费能力降低。反映在日常生活里，个人和家庭的消费会有所变化，如人们减少开车的时间和外出购物就餐的次数。人们不仅仅是降低物质生活的标准，还会选择放弃部分非重要的精神文化消费，或由频繁消费转向偶然消费。江西出口增长态势明显减缓，外向型经济形势严峻。

(4) 招商引资工作更加困难。从总体看，近几年工业园区外商投资呈波动下滑趋势。在欧债危机影响下，投资者的信心不足，持观望态度，招商引资工作更加困难。基层招商部门普遍反映，欧债危机对投资者的投资信心产生了较大影响,很多外商对投资都抱着谨慎态度,不敢轻易做出投资决断。不少招商人员反映,现在外商难接触,项目难推进,这对江西扩大利用外资,承接东部产业转移构成压力。

(5) 中部各省、市,各有所长,竞争激烈。一些地区招商引资频出新招,在优惠政策方面互相比拼。湖南、江西毗邻广东、江苏、浙江,到港口的物流成本低。湖南积极引进大项目,着力发展园区经济;江西重点建设产业承接走廊,促进与沿海的无缝对接。由于承接东部产业转移存在竞争,激发了各地的紧迫感,也确实增加了江西承接产业转移的难度。

2. 工业园区发展的机遇

(1) 沿海发达地区经济放缓有利于江西承接产业转移。近年来,由于全球经济减速、外部需求收缩、上游产品价格大幅上涨,使许多沿海省、市出口受阻,经济增长放缓,企业效益下滑。与此同时,受资源、劳动力、贷款利率、管理费用等成本提高因素影响,东部沿海地区企业生产压力加大,越来越多的企业挥师西进,形成了新一轮的大规模产业转移。

江西地处长三角、珠三角、闽三角地带交界,随着交通通信等基础设施网络的完善,已经形成较完备立体的交通网络,区位优势更加明显。江西作为内陆欠发达省份,外向度较低,相对而言,受欧债危机、世界经济放缓的冲击较小。与全国经济、东部沿海省份经济增长速度放缓形成了鲜明对比,表明江西不仅通过承接东部产业转移克服了不利因素的影响,而且获得了进一步发展的机遇。因此,东部地区新一轮产业梯度转移,对江西是一个难得的机遇。

(2) 有利于促进发展方式转变。经济进入调整期,同时也是市场竞争更加充分的时期。因此,这一时期是通过市场手段淘汰落后产能、调整产业结构、转变发展方式的最佳时期,是企业提高行业竞争力的好时机。经济下滑所形成的倒逼机制要求调整需求结构,坚持扩大内需特别是消费需求的方针,促进经济增长主要由依靠投资、出口拉动向消费、投资、出口协调拉动转变。

江西地区有着广大的消费市场,特别是广大的农村市场,为经济增长提供了内需市场。另外,经济下滑所形成的倒逼机制要求经济增长从主要依靠增加物质资源消耗向主要依靠科技进步、劳动者素质提高、管理创新转变。粗放式、高消耗的发展方式在当前严峻的市场形势下难以为继，一些低水平、高耗能的企业失去生存空间，落后产能在这次金融危机中将被市场淘汰，客观上促进了江西经济结构的优化升级和发展方式的转变。

（3）有利于促进产业结构优化升级。欧债危机的爆发，使得市场需求萎缩，资源、原材料和初加工价格下降，迫切需要改变劳动力、资金、技术等生产要素配置比例，使资源依赖型、初加工型产业向资源节约型、深加工型产业转型升级，高耗能、高污染产业向低消耗、低排污产业升级，产业政策更多地向吸纳劳动力能力更强的第三产业倾斜等，以此推动了产业结构的优化升级。

而依托自身资源禀赋，江西大都形成了资源原材料产业比重较大、高新技术产业和服务业比重较小的产业结构，危机冲击由产业链末端向上游传导并最终沉淀和反映到能源原材料等产业上，使得产业结构不优的问题凸显。危机形成的"倒逼"机制使得产业结构优化调整的动力极大增强，已经由过去的被动调整为主动调整。此外，服务业，尤其是文化产业在经济危机中具有逆势上扬的功能和作用，如果能够抓住这次机遇采取措施强力推进，就会实现江西工业园区大发展，解决长久以来困扰江西经济发展的三次产业结构不协调的问题。

（4）有利于促进投资结构调整。在经济繁荣时期，市场需求旺盛，投资者信心高涨，民间的逐利性暴露无遗，它们往往更多地投资于见效快、收益高的行业或产业，忽视了对关乎国民经济长远发展的基础产业和基础领域的投资。

危机来临后，市场需求逐渐萎缩，出口开始下降、产能变得过剩，企业效益逐渐下滑，投资者信心迅速下降，投资立刻减少。然而作为拉动经济增长的"三驾马车"之一，投资的大幅度下降将给经济增长带来巨大损害，所以政府不得不扩大投资规模，由于政府不可能投资于竞争性行业，只能投资于基础产业、基础设施以及社会事业等，这在很大程度上优化了投资结构。国家提出了"要加大在基础设施上的投资"，这为江西工业园区加强基础设施建设，布局发展新能源、新材料等新兴产业提供了机遇，通过改善投资结构，为经济发展积聚能量。

（5）有利于促进企业技术创新。当前危机改变了企业外部环境，使得市场需求减少、竞争压力加大，原来的依靠"低技术、低成本、低价格和低附加值"的竞争战略难以为继，企业生存压力大大增加。受危机冲击较大的大多数是自主创新能力不强的企业，而那些拥有自主知识产权、自主品牌的企业抗风险能力较强。总的来看，江西企业创新动力不足，主要以低廉劳动力成本赢取竞争优势。江西省拥有自主知识产权、自主品牌的企业数量少、规模也小，企业抗风险能力较弱。

危机冲击传统经济结构，淘汰过剩产能和缺乏创新的企业，为新兴产业和技术创新的兴起、发展提供市场空间和资源支持，同时危机倒逼机制将会使企业外部生存压力变成内部创新动力，为江西工业园区企业自主创新提供难得的机遇和发展空间。

（6）有利于推进企业兼并重组。在经济危机蔓延的过程中，企业可以通过建立现代企业制度，以资本经营为纽带，打破地区、部门、行业和所有制的限制，以较低的成本联合、收购、兼并那些落后企业，进一步优化企业组织结构，在整合资源配置的基础上，增加生产能力，提升行业竞争力，提高产业集中度和资源配置效率。

2011年，江西省共有130万户中小企业（含个体工商户），占全省企业总数的90%以上，创造了全省近六成的生产总值，是江西省经济发展的生力军。如何保住这些企业，实现化危为机，一个重要路径就是以资本为纽带推进企业的兼并重组，形成具有品牌优势和市场竞争能力的企业集团。

（7）有利于人才的加速回流。欧债危机爆发后，沿海一些对外贸易依存度较高的地区，受到的冲击较大，一些企业甚至破产、倒闭，所以相当一部分优秀的毕业生、拔尖人才把目光锁定在受金融危机影响较小的二、三线城市。而近年来江西省作为内陆城市，对外贸易依存度较低，在经济快速发展的同时面临着引进高端人才的良好机遇。因此，可以充分利用科教实力较强的优势，依托大专院校、科研院所的科技优势，帮助企业解决生产中的技术难题，建立多种形式的、以企业需求为目的的合作关系，向工业园区企业展示最新的科研成果、先进成熟的技术和产品，带动工业园区又好又快健康发展。

三、江西工业园区发展的战略思路与对策

（一）江西工业园区发展的战略思路

2012年是贯彻落实省第十三次党代会的开局年，也是推进工业三年强攻的攻坚年。今后几年，全省工业园区发展的总体思路应以转变发展方式为主线，以产业链的培育和延伸为纽带，以龙头企业和配套企业为重点，注重引进和培育相结合，着力解决产业布局不集中、协作配套不紧密、服务体系不健全等问题，切实提高工业园区集约化、差异化、经济生态化、服务社会化水平，着力引导工业园区实现由企业集聚向产业集群方向转变、由水平开发向立体开发转变、由企业办社会向园区办社会转变、由为单个企业单一供地向统一建设订单式标准厂房转变，为推进全省科学发展、进位赶超、绿色崛起，建设富裕和谐秀美江西做出积极贡献。

（二）江西工业园区发展的对策

2012年是江西全面开展工业园区建设的10周年。尽管全省工业园区已经站在一个新的历史起点上，但加快发展、转型发展、集群发展的任务还很重。应在以下几个方面作出努力：

1. 调整经济结构，转变粗放的增长方式

经济发展方式粗放，是江西工业园区发展诸多矛盾和问题症结。国际金融危机恰恰是某些行业重新洗牌的时机，工业园区应用好这一契机，在一个产业的内部对各种资源与生产要素再配置，做大优势产业，做强龙头企业。利用危机形成的"外部挤压"，加快粗放的经济式的转变。通过增强工业园区自主创新能力，推进节能减排和资源综合利用，改变高耗能、高投入、高污染、低效益的发展模式，形成低耗能、低投入、低污染、高效益的经济发展模式，以技术、知识驱动经济的发展，从而逐步解决经济中由资源过度投入造成的问题，由于投资率过高造成的问题，由于环境污染造成的问题。

2. 依靠科技创新，推动园区战略性新兴产业发展

战略性新兴产业的发展取决于科技创新。加强技术创新平台建设，

构建产业集群企业技术创新体系，优化产业结构，培育新的经济增长点，应成为江西工业园区企业的战略发展方向。

（1）提升工业园区企业研发实力和水平，增强自主品牌影响力。加大对企业研发的支持力度，鼓励企业尽量把产业链中附加值高的部分做起来，形成优势，占据市场高端。鼓励园区企业创立自主品牌，推动园区特色产业形成区域品牌和区域营销体系，获取 1＋1＞2 的营销效益。

（2）加快工业园区培育发展战略性新兴产业，努力抢占未来国际竞争的制高点。在招商引资时要注重"引智"和"引技"，想方设法把掌握世界领先技术的机构引进来。同时要大力发展新能源和节能环保产业，进一步提高新能源汽车等方面的研发能力；积极发展第三代移动通信、高速互联网等新一代信息产业，加快促进三网融合；加快发展信息网络、交通运输、节能建筑、航空航天、装备制造等方面的新材料产业以及生物育种、生物医药等生物产业。大力扶持新兴产业，加强规划和政策引导，使之成为带动未来发展和参与国际竞争的主力军。

3. 促进产业集群，提高园区集约化水平

产业集群是工业园区发展走向良性循环的必由之路。目前，江西工业园区建设应突出四个方面的工作：

（1）要加强政府引导。即加强对培育发展工业园区产业集群工作的指导和协调，加强规划导向，结合地方实际，加快编制、完善和细化产业集群发展规划和相关配套规划，并使之与土地利用总体规划、城市规划等相衔接。在《关于在全省工业园区推进产业集群促进集约发展的指导意见》的基础上，提出针对性强的推进措施和政策，促进一批产业集群发展实现突破。同时，要加大政策扶持，进一步制定和落实工业园区产业集群发展的财政、税收、土地、技改、项目审批等优惠政策。

（2）推动龙头带动与品牌创建相结合，全面提高产业集群的竞争力。培育龙头企业并充分发挥其带动作用，加强品牌建设，充分提高产品的美誉度和知名度，是全面提高产业集群竞争力的核心。在充分发挥龙头企业的带动作用方面，我们要积极培育和引进关联性大、带动性强的大企业、大集团，引导社会资源向龙头企业集聚，扩大产业集群规模，增强集群产业竞争优势；要鼓励龙头企业兼并重组，推进产业纵向延伸和横向配套，提高资源配置效率；要充分发挥龙头企业在产业链整合与

发展中的带动作用，发挥龙头企业的集聚带动效应，通过集聚效应降低综合成本，增强龙头企业竞争优势；要鼓励龙头企业不断将一些配套件及特定的生产工艺分离出来，形成一批专业化配套企业，积极支持中小企业进入龙头企业的供应网络，努力提高龙头企业在本地区的产业配套率；依托龙头企业优势，采取收购、兼并、控股、联合以及委托加工等方式，吸纳中小企业加盟，整合众多无牌加工企业的生产能力，培育以品牌为纽带的关联产业集群。在积极实施工业园区产业集群品牌工程方面，我们要打响区域整体品牌，推广应用地理标志证明商标、集体商标，开展地理标志产品保护，走集体创牌之路，逐步在全国培育一批有深厚技术创新能力支撑的区域集群品牌；要支持企业创建全国乃至国际知名品牌，鼓励集群内现有贴牌生产企业发展自主品牌；要鼓励企业开展各类国际标准认证和国际商标注册，并深入推进标准化战略，提高集群企业非价格竞争力。

（3）推动跨区域整合，进一步优化工业园区产业集群空间布局。随着信息技术和现代交通的快速发展，产业集群在空间上逐步呈现向工业园区周边区域、中心城市甚至跨区域发展的趋势。因此，要在科学规划的引导下，积极推进项目向园区集中，带动相关产业向大企业靠拢，不断增强园区的聚集能力。同时要充分发挥政府及中介组织等在工业园区产业集群跨区域整合中的作用，突破行政区划，建立合理的利益分配与协调机制、基础设施共建共享机制、发展要素保障机制、跨区域合作与协调机制等，推进产业集群跨区域整合，优化工业园区产业集群空间布局。

（4）推动产业综合体的形成。产业综合体是产业集群的模式之一。工业园区应根据"大区域离散，小区域聚集"的价值链地理分布特征，本着资本的利润和成本的关系，积极推动工业园区的社会嵌入性、机构稠密性、创新性和区域创新网络的构建，理顺工业园区经济活动与社会生活的网络之间的关系，凸显集群本地化优势，真正形成主导产业集聚、配套产业汇集、基础设施到位、社会服务完善的产业综合体。

4. 注重生态发展，提高经济生态化水平

生态工业园区是未来工业园区发展的必然趋势。推进生态工业园区建设，重点应抓好三大工程。

（1）工业园区污水处理厂建设工程。结合全省生态工业园区试点建设，加快工业园区污水处理设施及配套管网建设，尽快实现园区企业污水达标排放。

（2）工业园区绿化工程。围绕全省造林绿化"一大四小"工程，大力推进工业园区绿化建设。在坚持集约用地的前提下，开展园区道路、厂区、公共绿地的造林绿化，打造企业生产区与公共服务区的绿色生态屏障。

（3）工业园区生态化改造工程。把节能减排作为一项产业来经营，把节能减排和技术改造结合起来，引入合同能源管理，引导企业积极开展清洁生产，推广资源节约和循环利用技术，发展循环经济，把节约资源落实到生产、建设、流通、消费等各个环节，加快形成低投入、低消耗、低排放和高效率的节约型增长方式。

5. 狠抓机制创新，提高服务社会化水平

工业园区的发展涉及经济、社会、文化、管理等方方面面，从某种意义上说，一个园区就是一个社会。因此，一个园区服务水平的好坏取决于服务社会化程度的高低。

（1）要创新服务机制。大力推行电子政务，探索网上办证，简化办证手续，加快审批速度，提高行政效率。

（2）要创新培训机制。在巩固工业园区职业技能提升培训的基础上，建立全省职业技术院校与工业园区对接机制，实行企业和职业院校负责人双向挂职。有条件的可试点，一个院校相应对口一个园区、建立一个实训基地，对园区需要的员工，实行订单培训、定点培养、定向分配。

（3）要创新建设机制。坚持工业化与城镇化相融合、工业与服务业相融合，大力发展服务业特别是生产性服务业，进一步深入推进工业园区建设由单个企业办社会向园区办社会转变。

（4）创新管理机制。完善工业园区升级考核评价管理办法，加强对工业园区单位面积投资强度、销售收入、经济效益、劳动就业的考核引导，建立工业园区考核指标体系，统一规范对全省工业园区的考核、评比、表彰，建立约束、激励机制，形成园区梯次升级的发展格局，引导园区加快发展、集群发展。

6. 加快金融创新，建立以担保机构为载体的投融资体系

融资难一直是困扰中小企业发展的瓶颈。建立以担保机构为载体的投融资体系，是破解中小企业融资难的有效途径。主要体现在：

（1）加快成立担保协会，组建担保联盟。充分利用和整合现有中小企业担保机构资源，积极筹建全省中小企业信用担保行业协会，组建中小企业担保联盟，按照"以政府资金为引导、资本多元化"的原则，进一步完善省、市、县三级中小企业信用担保体系，增强担保机构的资本实力和抗风险能力。

（2）进一步加强银企对接。充分利用中央经济工作会议提出的新增信贷重点向"三农"和中小企业倾斜的利好政策，加强银行与中小企业之间的协调力度，不断开发新的金融产品。积极同银监局和中国人民银行协调沟通，在产业集中度较高的地方试办特色银行。

（3）继续探索多元化融资模式。加强对成长性好、初创型中小企业的股权融资工作，发挥江西省小企业创业投资公司的引导作用，加强对中介机构的指导和管理，支持它们依法依规为江西省中小企业开展服务。

（4）加大对中小企业信用担保机构的支持力度。在规范整顿的基础上，做大做强中小企业担保机构。加强对中小企业担保机构的评级和绩效考核，提升担保机构的信誉度。争取更多的国家财政资金对江西省担保机构的补助，促进担保机构加快发展。

7. 提倡创新创业，建立以小企业创业基地为载体的创业孵化体系

小企业创业基地是中小企业快速成长的孵化器。通过孵化培育，产生一大批小企业和微小企业。深入推进小企业创业基地建设，应按照"扩大总量、提升质量"的要求，努力做好以下几个方面的工作。

（1）加强对现有基地的管理，进一步提升小企业创业基地发展质量。加快制定小企业创业基地建设具体考核评价办法，强化运行监测和动态管理，完善硬环境和软环境，促进基地建设上规模、上水平，努力吸引一批有资金积累、有技术专长、有创业愿望的返乡农民工和创业人才到基地创办实业、发展企业。

（2）积极依托园区办基地，进一步扩大小企业创业基地规模总量。按照产业配套、功能齐全、服务高效的要求，围绕工业园区产业龙头，规划建设一批小企业创业基地，打造龙头企业的配套基地。加大对小企业创业基地的扶持力度，统筹安排中小企业发展专项资金支持小企业创业基地建设，争取江西省战略性新兴产业配套基地用地指标用于工业园区小企业创业基地建设，积极争取国家资金扶持重点小企业创业基地加快发展。

（3）加快建立和完善以创业大学为载体的培训辅导体系。按照省、市联动、分步实施的原则，逐步建立一批创业大学。创业大学要以培养企业家和培育企业家精神为宗旨，形成以企业家为主体、省内外知名专家为补充的创业导师队伍，形成以省、市两级中小企业培训中心为基础的培训辅导体系。创业大学要采取既提供有共性又有个性的企业诊断、咨询服务和企业培训等多种手段，提升中小企业管理和经营水平，提高创业成功率，为全省中小企业进行远程视频培训、辅导，搭建交流、合作、共赢的发展平台。

（4）加快建立以中小企业协会为载体的组织网络体系。重点推进两项工作：第一，依托省中小企业协会和行业骨干企业，分行业组建中小企业家俱乐部、协会会所，形成行业同盟，凝聚产业发展力量。第二，组建百家成长型中小企业俱乐部。在全省每年优选一些成长型中小企业，进入"百家成长型中小企业俱乐部"。通过政府购买服务、推广系统管理软件、大力开展企业文化建设等方式，提高中小企业内在素质。将政策资金、融资担保、股权投资等多种服务手段整合，集中帮扶俱乐部里的优势中小企业率先发展。

第十三章　江西工业园区融资平台建设存在的问题与对策

资金融通是社会再生产过程的枢纽，它深刻影响到再生产过程的各方面和各环节；而社会再生产的基本结构和特征决定了资金融通的状况。工信部联企业〔2011〕300号，《关于印发中小企业划型标准规定的通知》中行业划型标准：工业从业人员1000人以下或营业收入4亿元以下的为中小微型企业。其中，从业人员300人及以上，且营业收入2000万元及以上的为中型企业；从业人员20人及以上，且营业收入300万元及以上的为小型企业；从业人员20人以下或营业收入300万元以下的为微型企业。以此为据，当前江西工业园区中的企业，主要以中小企业为主，中小企业所占比例为90%以上。因此，解决江西工业园区的资金融通问题，重点就是解决好中小企业的融资问题。江西园区中小企业发展起步较晚，大多处于成长的启动或初级扩展阶段。这类企业的贷款项目，普遍被认为是风险过高。因此，中小企业在发展过程中大多遇到资金融通上的困难。对此问题作深入的研究发现，资金融通上的种种困难是问题的表层，它涉及工业园区的融资机制、产业结构、市场状况和社会环境等诸多因素。因此，解决问题必须从多个方面着手，进行综合治理。

一、江西工业园区融资的总体状况

（一）江西工业园区资金需求状况

由于统计资料的缺乏，对江西工业园区的现实资金需求，我们根据历年的统计资料和调查资料所作出的大致推测得出。江西工业园区企业融资难易程度具有结构上的不平衡性。规模大、发展好的企业，基本不存在资金短缺问题，融资容易，其中国有大中型企业一直以来是商业银行的宠儿；而规模小、处于成长发展期的企业融资却相对困难，尤其是民营企业则备受冷落，银行对其贷款的审查也比较严格。专门为中小企业技术创新提供贷款服务的金融机构，也多倾向于向大企业贷款，以期减少信贷风险。银行的贷款结构与中小企业用于技改投入和技术创新投入资金需求结构不配套，高风险的高新技术中小企业贷款较难。目前看来这种情况在短时间很难得到根本性解决。

根据省工信委资料，"十二五"期间，江西省工业主要目标已经确定。到2015年，全省完成工业增加值力争突破1万亿元，打造7个主营业务收入超千亿元的重点园区。其中，做大工业总量方面，全省完成工业增加值9000亿元以上、力争突破1万亿元，年均增长18%以上，占GDP的比重达到50%以上。全省工业园区实现工业增加值6000亿元，主营业务收入3万亿元。如参照国际经济先行国家大企业与中小企业在销售方面的比例（50%），那么园区中小企业主营业务收入将达15000亿元。为了完成这一目标，资金需求量也应保持相应的速度。据工业园区企业调查显示推算，以1元资金推动1.3~1.5元主营业务收入计算，到2015年工业园区中小企业的短期融资需求将达到10000亿元以上。

资金需求结构方面，江西工业园区的资金需求中短期流动资金占据主要比重。从统计资料中可见，工业企业的流动资金占全部资金的比例为80%以上。又据对园区不同行业中小企业的随机调查，在中小企业的资金中银行贷款占主要比重，银行贷款中短期资金与长期资金的比例为10：1以上，上述比例大体可以反映资金需求的期限结构。

应该指出，统计上的短期资金与长期资金的比例，是已经实现的资金需求的期限比例，反映的是在市场供求关系已经得到满足的那部分需求，并不能反映潜在的资金需求。但是，在实际的市场供求关系中，企业所需要的资金需求可能大于实现的需求，这大于部分可称为潜在的需求。资金的潜在需求可以从资金的供给与需求缺口来观察，资金供求的缺口大，企业融资越困难，表明潜在的资金需求越大。

江西工业园区企业存在融资上的困难，说明潜在的资金需求很大，尤其是长期融资方面。如，根据全国经济信息中心公布的2011年全国工业企业投资意向与流动资金景气指标，在获得新的项目投资资金方面中小企业面临比大企业更为严重的困难,从而影响其投资行为,63%的中小企业近期内没有实际投资打算,其主要原因是资金难以落实。至于创业资金,从各方面的情况判断,也存在很大的缺口。调查发现,很多企业或科技人员具有创办新企业新项目的动机和技术,但苦于缺乏资金。这点,在江西反映出的情况基本一致。

从发展的观点看问题,江西工业园区企业的创业将会出现持续的热潮,成为江西经济新的增长点之一。其主要原因是:首先,今后一段时期,江西的社会经济结构将发生巨大的变化,新产业、新技术、新产品会不断出现,迅速变化的需求对供给起到巨大的催化作用,在这个过程中,会产生一大批新的企业(中小企业为主)。其次,在江西经济的产业结构调整和经济体制持续改革过程中,将从传统产业和衰退产业中分流出大量人员,其中一些具有创业素质的管理和技术人才,在条件具备时,将可能选择创办企业,由此带动企业的创业浪潮。最后,技术进步在江西经济增长中的地位将日趋重要。由于现代科技的发展,中小企业在技术进步中的作用越来越大。江西经济的增长已经进入新的阶段。传统产业的萎缩和市场有效需求的不足,使得大企业的发展面临种种困难。与此同时,新技术创造出新的产业机会,为中小企业提供了发展契机。中小企业在技术创新的产生与导入、技术的商业推广和扩散等方面起到日趋重要的作用。作为江西一些科研技术人员比较集中的城市,如果有正确的政策导向和适宜的社会环境,会有大量科技型企业,尤其是中小企业应运而生。这样,中小企业对创业资金的需求会出现持续的增长。满足这种创业的冲动和需求,对江西经济具有重要的积极意义。

(二) 江西工业园区企业资金的供给

在短期融资方面,江西工业园区企业经营资金的主要供应者是银行。在本报告的调查对象中,75%的企业的主要融资渠道是银行,占第二位的是内部集资,其比例仅为8%,至于商业票据或企业间拆借的比例更小,两者相加约2%。这基本反映了江西工业园区的整体情况。银行是企业,尤其是国有企业的经营资金的主要供应者。而据统计显示,中小企业资产负债率要高于大企业,对银行的依赖程度更高。

在长期融资方面,从企业创办的初始资金来源看,据调查资料,江西工业园区在创业资金的筹集上，主要融资渠道主要是内部自筹，占企业融资渠道的57%；民间借贷和银行贷款为第二融资渠道，占企业融资渠道的36%；其他金融机构贷款和股票上市融资占企业融资渠道的3%和1%，其他为3%。在项目投资上，企业主要为内部自筹，占总数的41%，银行借贷占总数的31%，民间借贷占总数的19%，其他还有股票上市融资和其他金融机构贷款。同时，我们比较了不同所有制的企业，国有企业和集体企业的创办资金主要来自上级拨款，但所占比重已在下降，而私营企业和股份制企业，自筹和集资成为初始资本的主要来源。

还应看到存在巨大的对中小企业的潜在资金供给。据估计，目前在社会的总储蓄中，居民储蓄占2/3，我国居民的金融资产已达80000多亿元。在银行利率总体下降的情况下，一部分收入较高的居民具有把拥有的资金投入高收益、高风险的渠道的愿望，股票市场上股票价格几起几落的事实说明这部分资金不可忽视。与成熟市场经济相比，我国的投资渠道和手段十分缺乏，使这部分资金找不到更好的出路。如果能设置一些类似风险基金、风险债券或中小企业股票等金融工具，相信会吸引这批资金成为中小企业发展的现实的资金供给。

二、江西工业园区融资困难及其原因分析

（一）工业园区融资困难的表现

资金融通是江西工业园区发展普遍面临的问题。根据对江西工业园区的调查，被调查企业中，反映在生产经营上融资较困难的比重为48%，很困难的企业为14%，认为融资方面没有困难的企业比例是38%。在对造成企业困难的主要原因的回答中，认为是资金难落实的比例是12%，排名第二，仅次于认为是同业竞争激烈的回答（占60%）。工业园区的整体情况与此相似。同时，根据随机调查发现，园区中小企业在经营方式与市场开拓方面比大企业要灵活与主动，走出经济低谷的步子也显得比大企业快，但在资金融通上的困难要大大高于大企业。

是哪些因素导致工业园区中小企业的资金困难？对此应该分短期和长期两个方面来分析。

（二）短期融资的障碍

一方面，江西省园区中小企业发展起步较晚，大多处于成长的启动阶段，普遍具有以下四个方面的不足：

1. 管理制度落后

生产规模较小，产品品位不高，企业技术装备水平低，管理方式不科学，很多私营中小企业实行家族式管理的企业治理结构，造成这些中小企业缺乏必要的监督管理机制。由于制度更新滞后，致使部分中小企业不适应外部环境变化，抗风险能力较弱。

2. 信用意识缺乏

在财务会计和管理上不规范；相当部分企业违例避税，做虚假报表；信用法制观念淡薄，企业操守诚信意识不够，恶意逃废金融债务的现象屡有发生。

3. 有效资产不足

抵押担保难以落实，而我国目前还没有建立一套完整的为中小企业贷款提供信用担保的机制。

4. 企业经营困难

园区企业因为在起步阶段缺乏有效的金融支持，错失改善产品质量、提高科技含量、扩大市场份额的发展良机，导致园区企业发展较慢，甚至部分企业面临被市场淘汰的风险。

这类企业的贷款项目，自然被认为是风险过高的。从理论上讲，银行针对不同的风险程度给予相应的定价，实现风险和收益对等，高风险不是银行拒绝中小企业贷款申请的理由。但是，从银行风险控制角度看，风险难以控制不仅是指中小企业本身是高风险的，主要在于企业的信用缺损，而无法正确度量其风险程度。银行业界已逐渐采用了一些定量与定性相结合的方法度量企业的风险程度，但是这些方法无论是从理论支持还是实际效果上都很难让人满意，致使国内银行的创新能力受限，为中小企业提供的金融产品单一，不能适应中小企业的融资需求。

另一方面，近年来，宏观经济、市场需求、产业结构、经济体制以及科学技术的进步等方面发生了深刻的变化，这种情况对企业形成重大冲击，许多中小企业显得很不适应。如新的适应市场经济的分工合作体系没有完善，在日趋激烈的市场竞争中，许多中小企业生产经营遇到严重困难。又如中小企业由于其实力上先天不足，在技术开发、市场营销等方面存在许多困难，需要进行社会或行业的协调与支持。

显然，要从整体上解决园区企业的经营问题需要推出得当的企业产业政策和综合性的治理措施以改善企业的社会环境。在这个基础上，再配合适当措施，尤其是解决中小企业融资问题的措施。

（三）长期融资的障碍

长期融资的障碍，从宏观看，主要来自资金供求结构性失衡。一方面，随着经济发展和经济改革的深化，产业结构的调整和要素流动的程度增加，市场上的创业和投资机会大大增加，人们的观念发生了深刻的变化，创办企业或追加投资的动机日益加大。另一方面，现行的资金供给结构显然难以满足众多企业尤其是中小企业的投资和创业的需求。从微观看，企业在融资时面临的主要障碍依次为贷款抵押和担保条件太严、贷款手续繁杂、贷款成本太高、贷款期限结构不能满足企业需求和直接融资渠道堵塞。

对于江西省的创业者，现行的融资政策也存在问题，在调查中发现有超过60%的企业认为银行借贷离企业要求有距离，排名第二和第三的是，操作不透明和对人不对事。看来如何完善现行的融资政策帮助企业融资，是政府有关部门需要认真思考的问题。

调查显示：园区企业在初始创业阶段的主要融资渠道主要是内部自筹，占企业融资渠道的57%；民间借贷和银行贷款为第二融资渠道，比例相同，占企业融资渠道的18%；其他金融机构贷款和股票上市融资占企业融资渠道的3%和1%；其他为3%。企业在创业后追加投资时的融资渠道主要为内部自筹（占41%）、银行借贷（占31%）、民间借贷（占19%），其他还有股票上市融资和其他金融机构贷款。创业前后融资渠道变化最大的是银行贷款，从创业前的18%增加到31%。可以看出，江西工业园区资金供给，过分偏重于自筹资金和银行、民间贷款，这种需求和供给的结构性失衡造成了一系列不良后果。

具备多样化的融资手段是工业园区企业发展的必要条件，融资手段的单一会大大抑制企业的发展。根据上述抽样调查，江西工业园区在创业和新项目投资资金的筹集上,融资渠道主要是内部自筹。这就产生了深刻的矛盾,企业靠内源性积累会延长投资实现的时间和耽误投资机会,与此同时,社会上存在大量的要求较高收益并愿承担相应高风险的资金,却苦于没有足够的适合其需要的金融工具。这种金融资源配置的失调,反映了中小企业金融发育上的不足和缺陷。

形成上述情况的主要原因还是资金供给与需求的结构失衡,现行中小企业资金融通体系不健全,融资渠道单一、融资手段缺乏,过于偏重银行贷款,长期融资手段严重不足,更谈不上从资本市场上进行直接融资。这种情况远远不能满足园区中小企业发展的要求。

中小企业融资机制的不健全反映了金融市场的发育不成熟。在我国金融市场的建设过程中,资本市场的建设相对滞后,股票市值占GDP的46%,远远低于经济发达国家。如美国、日本、英国、法国这些国家,已超过100%,而作为新兴国家的韩国股票市值占当年GDP的比重为100.25%,印度市场股票市值占当年GDP的比重为99.23%,巴西市场股票市值占当年GDP的比重为81.19%。中国的证券市场处于成长阶段,证券市场具有明显的不稳定性,政府不得不对此实施严厉的监管。在这种情况下,中小企业直接通过证券市场进行融资的难度很大。货币市场方面,由于商业票据的流通条件不佳,使其只是在私营企业、外资企业和餐饮业企业中有一定市场。至于其他融资手段更是缺乏。因此,中国的中小企业比大企业更依赖银行的资金供给。

中小企业金融具有其特殊性,世界上中小企业发展比较成功的国家一般都对中小企业的融资给予特殊的措施,形成一个比较完善的中小企业金融体系。这种比较完整的中小企业金融体系需经历逐步发展的过程。当前,我国的中小企业金融体系的不成熟源自两方面:一是中国是一个发展中国家,经济社会化程度和自组能力相对较低。二是现阶段中国社会经济的转型性。不可避免使社会经济各因素带有浓重的转型性质。在经济转型进一步深化和金融市场整体建设进展不够的情况下,虽然,中小企业金融建设已经起步,但远未完善。这直接导致了中小企业金融的融资渠道缺乏、融资手段单一。江西工业园区也不可能摆脱上述基本面的制约。因此,资金供给和需求的结构失衡背后具有深刻的社会经济原因。

三、江西工业园区企业的金融风险

(一) 金融风险与金融工具

风险与不确定性紧密相连。不确定性是人类社会的普遍现象,市场经济中更是处处都有不确定性。风险是不能确切知道,但能够预计并且用某种具体概率值来表示的事件的状态。工业园区的金融风险指投入到中小企业的资金在资金运动过程中可能会遭到损失的概率。

金融风险是客观存在的事物,它贯穿于金融市场运动的全过程。问题在于,如何使金融资源的配置能得以有效分散,如何使金融风险不至于影响到金融资源的有效供给,同时把金融风险的不利影响限制在可以接受的程度内。

对资金供给者来说,出于自身的利益,随着风险的增加,必须有较高收益作为补偿。不同的人对风险与收益的搭配具有不同的偏好。如果社会上存在多种金融工具,从而可以把不同类型的资金供给引导到风险程度不同的资金需求,并与此相匹配,金融风险就可以得到有效的分散,而且可以得到较充分的资金有效供给。如果金融工具间单一或资金供给者类型相同,金融风险难以分散,资金有效供给会减少,容易引起金融资源的配置失调。

(二) 江西工业园区金融风险的类型

江西工业园区面临较大的金融风险,这种金融风险大致可以分为以下几种类型:

1. 江西工业园区面临的自身经营困难和风险

由于江西工业发展水平不高,产业发展基础薄弱,加之目前沿海产业转移至江西省的多是一些技术含量低、劳动密集型的粗加工业及低端产业,如服装纺织业、轻工食品业等,各园区普遍存在产业层次低下的问题。同时,各园区缺乏科学合理的产业布局规划,产业结构趋同现象严重。产业低水平趋同使得企业之间产业关联度小,难以形成效率较高、分工明确的产业链,导致各个企业相对封闭,产业集聚效应不强。园区已有产业多是以低成本为基础的聚集,不少产业集群还停留在模仿、装配、低价竞争阶段,创新能力和参与省内外竞争的能力不强。除了少数工业园区外,绝大多数工业园区还处在引进沿海产业转移项目,打造生产基地的发展阶段,研发投入不多,产品科技含量和装备现代化程度不高,科技成果向现实生产力转化的有效机制没有形成。在这种产业中,企业对市场波动和经济环境的抵御能力相对较差。一旦市场发生变动,其中一部分企业容易陷入困境,因此,经营上风险较大。此外,我国社会经济已经发展到一个新的阶段,人均GDP超过5414美元,市场需求、产业结构、城市功能等各方面正发生着深刻和迅速的变化。面对深刻变化的市场环境,江西工业园区中小企业能否适应,有一定不确定性。这种不确定性反映在资金运动上就成为金融风险。

2. 金融市场不健全会增加金融风险

我国的银行体系高度集中,国有四大商业银行基本处于垄断地位,而缺乏适合为中小企业提供融资服务的中小银行。大银行在为数量众多的中小企业提供服务的成本注定高于大型企业。而根植于当地的中小金融机构在这方面却有优势,可以低成本地为中小企业提供适合的金融服务,而我国恰恰缺乏这类金融机构,尤其是中小企业融资所需要的多渠道、多品种并有政府适当干预的金融体系更不健全。这使得中小企业本来就较大的金融风险没有得到有效的分散和化解,导致金融风险在一定程度上累积。

3. 担保系统不完善会引起金融风险

按照我国《担保法》、《贷款通则》等法律规定,有关企业贷款担保抵押的条款要求,多数中小企业很难达到。此外,为中小企业服务的担保公司等中介服务机构发展缓慢,服务水平低,给金融机构因贷款缺乏安全保障而带来风险。

4. 风险投资企业的风险

风险投资指以高科技为基础,生产与经营技术密集产品的投资。高科技的开发具有很大风险,但同时又具有潜在的高收益。风险投资企业或者在这方面进行重大项目投资,或者正在从事这方面的艰苦创业。随着江西经济的增长类型向集约型转换,科技企业的地位日趋重要,风险投资企业的发展成为江西经济的新增长点。由于风险投资面临市场开发和技术开发两方面的不确定性,因此具有很大的风险。这种风险来自三个方面:一是市场风险。新技术能否被市场消费者接受具有不确定性。二是技术风险。新技术必须通过科研、中试、生产三个环节,一般要经过 1∶10∶100 三个阶段持续地扩大投资。这种投资能否成功带有很大的不确定性。三是管理风险。我国的风险企业大多由科技人员为主要创业者,他们往往缺乏企业管理、市场等知识和经验,对市场竞争的适应能力较差。这给企业的成长带来更多的不确定性。根据国际经验,风险投资企业中只有 20% 能得到长足的发展,成为增长型企业。虽然这部分企业的收益可以大于其余 80% 的损失,就全体而言,投资收益为正,但是从投资不成功的企业的角度,投资收益为负。如果没有适当的风险分摊机制,其风险之大是明显的。而且风险投资在初期阶段取得一定进展后,往往需要大量注入资金以开拓市场,这成为许多风险企业能否成功的关键。因此,更蕴涵了很大风险。

(三) 控制中小企业风险的基本思路

控制金融风险,需要通过宏观经济环境稳定、市场秩序的健全、金融机构和企业等各方面的努力。中小企业金融风险的化解和分散,要求对不同类型的金融风险加以不同的解决办法,对症下药才能取得事半功倍的效果。

对于经营不景气导致的金融风险,需要在改善中小企业发展环境上下工夫,这包括:深化中小企业经营管理体制的改革,加强政府与社会对中小企业的支持、扶助和辅导;及时推出得当的中小企业的产业政策等。具备了良好的环境和基础,江西工业园区才可能争取持续、稳定的发展。

对于金融市场不完善带来的风险,需要通过推进金融市场的建设,尤其是加快中小企业有关的金融市场和金融工具的建设,可以大大减少市场缺陷带来的风险。

对于担保系统不完善引起金融风险,可以加快中小企业融资担保和服务体系建设有机结合,实现多角度、多层次、多领域推进。建立中小企业商业信誉评估系统,推进信息的收集和分享;加强专门面向中小企业的信用担保机构建设;大力发展和规范中小企业信用联保关系来降低风险。

风险投资的特点使其所需的资金不宜全部由银行提供。银行提供的资金利率不可能随着风险程度提高而提高，银行经营的性质也决定其不能把大量资金投入到风险程度较高的风险投资领域。而直接融资领域的股票、债券具有把收益与风险紧密相连的功能。因此，有必要把风险企业的资金筹措方式从间接金融为主转化为直接金融为主，江西应在建立风险企业的地方性证券市场方面进行大胆创新和探索。

四、发展江西工业园区的金融对策

（一）工业园区金融的地位

资金融通是制约江西工业园区发展的一个重要因素。江西经济的发展要求对工业园区企业尤其是中小企业金融给予足够的重视。世界经济发展的经验表明，虽然大企业是国民经济的支柱，但中小企业同样具有广阔的发展空间。中小企业在扩大就业、活跃市场、增加收入、社会稳定以及形成合理的国民经济结构方面起到难以替代的作用。在某种意义上，中小企业的活跃程度标志着一个地区或国家的市场经济的活力大小。正因为这样，世界上经济发展较为成功的国家无不对中小企业给予高度重视，在这些国家中都有一个比较完善的中小企业金融体系以解决中小企业发展道路上的资金"瓶颈"问题。做好中小企业金融对促进江西工业园区与社会发展具有极为重要的意义。

做好江西工业园区金融对江西经济增长具有强烈的现实性。据统计，中小企业的产值在全部江西工业园区工业产值中占到50%，就业占75%，企业数量占90%以上。这反映了中小企业在工业园区经济增长与社会稳定中具有十分重要的地位。多年来，江西一直实施"抓大放小"方针。一方面，通过抓大企业的改革、改造和资产重组；另一方面，以多种形式放活中小企业，在一般性竞争行业中，减少国有企业的比重，鼓励竞争，盘活国有资产。不过，在放开与搞活之间还有一个过程，放开的众多企业，在市场、资金、经营、技术等各方面都存在许多困难，面对激烈的市场竞争，有时显得不适应。目前的问题在于，处在经济转型初期的广大中小企业,如何适应经济转型过程中的产业结构关系与社会化协作网络以及与此相应的金融方式。经济发展和改革的历史一再表明,经济转型需要一个逐步发展和完善的过程,它需要人们坚持不懈、作出认真扎实的长期努力。金融因其在社会再生产中的枢纽地位,在这一过程中起到十分重要的组织和催化作用。为此,做好中小企业金融的意义,不仅在于解决中小企业的资金供给,更重要的是,通过金融资源配置方式的转换,使广大中小企业走上以效率提高为主的持续增长的道路。推进中小企业金融的建设,是加快经济转型过程的重要环节。

(二) 做好工业园区企业金融的几点考虑

发展企业金融,应该注意考虑以下几个基本要求:

1. 优化配置

目前,江西工业园区以中小企业为主,发展中小企业金融必须适应市场经济要求,使金融资源得到较优配置。

优胜劣汰是市场竞争的基本事实,这在中小企业领域表现得尤其明显,高开业率和高废业率并存是中小企业经济的一个特点,正是在不断的优胜劣汰中,中小企业才能在整体上保持其活力。因此,做好中小企业金融必须通过金融机构的不断选择,通过扶优汰劣,从而使中小企业的活力和实力保持持续稳定的增长。要防止那种以简单地增长资金供给来普遍缓解企业困难的方式,因为这样的做法,违背了市场经济的发展要求,使宝贵的金融资源沉淀在"差"的企业,而较好的企业发展所需的金融资源却不能得到充分满足。

2. 政府发挥作用

必须重视园区企业尤其是中小企业金融的特殊性,发挥好政府在中小企业金融中的作用。

由于中小企业在就业安置、经济结构合理布局、收入分配和社会安定等方面的作用,会超出中小企业的个别与短期效益的范围,需要在社会资金配置上给予某种特定安排。而且这种金融资源的配置不能仅仅通过商业银行的业务得到实现,因为,银行所追求的是盈利性、流动性、安全性的统一,必须把风险控制在一定程度之内。这种追求不仅出于银行作为盈利性的金融企业的经营目标,更是银行对广大储户存款所必须履行的社会责任，银行不仅要对其股东负责，更要对社会上的广大储户负责。由于中小企业经济的复杂多变以及所带来的较高风险，商业银行的运作规律使其很难全部满足中小企业发展对资金融通的需求。在这种情况下，必然要求政府承担其中所必须履行的职责。

国际经验证明，政府对中小企业金融的职能是中小企业健康成长的必要条件，这种职能在不同国家采取不同的形式。政府在企业金融中的作用可以概括为：对中小企业金融进行政策指导和协调；为中小企业提供条件较优惠的贷款；为商业银行对中小企业的贷款提供信用担保或保险；对中小企业进行直接投资或与民间联合投资。

3. 需要建立一个健全的中小企业金融体系

建设一个完整的中小企业金融体系是解决中小企业发展道路上的资金融通困难的前提条件，这至少包括：拓宽中小企业的融资渠道，增加中小企业的融资工具，政府在担保、投资、扶持等方面发挥作用。中小企业发展过程中的资金困难是普遍性的问题，综观世界各国，凡是中小企业发展比较成功的国家，都有一个较完整的中小企业金融体系，从而为解决中小企业的资金困难打下坚实的基础。

（三）发展江西工业园区金融的若干建议

建设中小企业金融体系，开辟中小企业融资新渠道，推进中小企业融资多元化，应注意做好以下几方面：

1. 深化商业银行改革，创新融资产品

银行要转变观念，将支持中小企业发展作为新的贷款增长点，充分认识到为中小企业贷款服务的重要性，转变歧视中小企业的观念。商业银行市分行以下分支机构要想拓宽业务领域，增加利润来源渠道，也必须把目光投向中小企业，组建针对中小企业贷款户数多、地区分散、财务管理不规范等特点的贷款审批、发放与管理的中小企业信贷部。应简化中小企业贷款审批手续，对于中小企业贷款，应该实行完全信贷员负责制，即贷款的调查与发放由信贷员完成，该信贷员是此笔贷款唯一的和终身的责任人，使责权利明确。同时，面对中小企业融资难的困境，银行应针对中小企业资产分布特点，设计新形式的融资工具，解决企业担保不足的问题。广东工商银行向市场推出了"优先贷"融资系列，创新贷款担保抵押方式。与广东工商银行类似，浙江稠州商业银行面向浙江义乌小企业商户推出了商位使用权质押贷款。此外，民生银行的"易押通"也提供了动产质押、股权质押（中小企业以其合法持有的股权凭证作为质押物向银行申请贷款）、标准仓单质押等新方法。以上产品基本能涵盖目前企业最常见的低流动性资产和一些未实现权益，对于中小企业发掘自身担保资源，增强融资能力能起到积极作用，可以为其他金融机构所借鉴。

2. 创建服务于中小企业的独立金融机构

在国外，为了满足中小企业的需要，许多国家都建立了服务于中小企业的政策性银行。如日本的中小企业公库、国发金融公库、工商组合金融公库、中小企业信用保护公库和中小企业投资扶持株式会社。这些金融机构或以优惠条件给中小企业提供信用贷款，或认购中小企业的债券，成为中小企业融资的主要渠道。江西省原有的城市信用社主要是面向中小企业的金融机构，但信用社合并成合作银行后，对其服务对象也作了调整。为了更好地促进中小企业的发展，建议组建发展小规模商业银行或组建专为中小企业服务的政策性银行。

3. 建立中小企业征信管理系统

中小企业信用缺失或信用资源积累不足，可以通过引入第三方信用来加以弥补，即借助社会信用资源来打破中小企业所陷入的信用与交易恶性循环的"陷阱"，使具有发展潜力的中小企业得到发展急需的资金支持，并得以积累自身的信用资源，推进信用建设。对此，国家开发银行已进行了很多有益的探索，将政府组织征信作为信贷约束条件，通过市场机制谋求构建政府、企业、银行和市场四位一体的融资平台，从而降低银行所面临的信用风险和中小企业的贷款门槛，值得各家商业银行借鉴。同时，设立中小企业资信评估机构，建立社会化信用评级体系和征信体系的服务体系。我国应借鉴国外经验，通过信用数据主体的积极参与，促进信用数据库的建立，用市场化手段丰富信用数据库，建立起覆盖全国范围的数据库。并在各地设立专门的信用监督机构，对中小企业的资信进行跟踪监督，定期公布中小企业的资信级别，对中小企业的管理者或拥有者实现有效的监督。通过信用数据信息，政府行业监管和行业自律管理，用完善的法律制度保证信用数据的真实性，实现信用信息资源共享。

4. 多层次拓宽中小企业的直接融资渠道

融资问题对中国的中小企业，特别是创业型、高成长类的中小企业而言影响巨大，短期资金只能解决流动资金不足的燃眉之急，需要资本市场来解决其成长和发展的所需资金，更需要充分发挥金融体系对中小企业的全面支撑作用。一是要积极推动中小企业的股份制改造。对符合条件的中小企业，积极推荐上市。特别是要鼓励中小企业强化资本市场意识，为中小企业到创业板上市创造条件，为中小企业在资本市场融资提供保障。二是根据中小企业发展特点和需要，适时发展为中小企业服务的小额资本市场，从政策上为中小企业进入资本市场创造条件和空间，让更多的中小企业从证券市场发行股票、募集资金或发行企业债券，促进具备条件的中小企业到中小板市场上市融资。三是要建立中小企业风险基金，运用低息贷款或通过投资公司的风险投资，向中小企业提供资金支持。四是规范发展产权交易所，为中小企业提供股权交易平台。

5. 发展票据业务和同业拆借

发展中小企业的货币市场可以加强横向的资金流通，提高资金的运作效率。这有利于拓宽中小企业融资渠道，提高资金市场的效率。鼓励银行对中小企业发行的商业票据提供承兑担保业务，经过承兑的商业票据由于得到银行的支付保证，其收益性、流动性大为增强。对银行来说，开展承兑业务并不需要垫付资金，而且还可以收取承兑费用、增加中间业务收入。只要认真做好中小企业的资信把关工作，这项业务的风险并不大。

6. 完善政策法制环境，加大政府对中小企业的扶持力度

政府应加大资金支持，实现政策性金融资源综合效能充分释放，强化政策性银行对中小企业的扶持，完善政策性资金扶持体系，发挥政府采购在促进中小企业发展中的作用。与此同时，建立健全法律法规，为中小企业融资提供良好的制度环境。我国应加强立法工作，通过立法来确定中小企业的地位，完善促进中小企业融资的制度基础。发挥税收政策导向作用，促进社会资金向中小企业流动。通过降低企业赋税，减轻企业税收负担，使中小企业集中精力发展业务，壮大自己，促进民间资金在税收优惠政策的激励下流向中小企业。

第十四章　江西生态工业园区建设存在的问题与对策

生态工业园概念是由美国的 Ernest Lowe 教授于 1992 年提出来的。20 世纪 70 年代丹麦建成世界上第一个生态工业园——卡伦堡生态工业园之后，生态工业园如雨后春笋在欧美国家相继建设发展，现已成为世界工业园区发展的主旋律。20 世纪 90 年代末引入我国，国家环境保护总局从 1999 年开始启动了生态工业示范园建设试点工作，推动生态工业园区健康持续发展。截止到 2011 年 12 月，我国通过了 59 个国家生态工业示范园区的建设规划，其中苏州工业园区、苏州高新技术产业开发区和天津经济技术开发区等 14 家园区已正式通过验收批准命名为国家生态工业示范园区，其他 45 个园区得到了同意开展国家生态工业示范园区建设的批复，国家生态工业园区的建设工作正在稳步进行之中。

一、江西建设生态工业园区的意义

（一）生态工业园区的内涵

生态工业园区是依据循环经济理念、工业生态学原理和清洁生产要求而设计建立的一种新型工业园区。生态工业园区通过模拟自然生态系统"生产者—消费者—分解者"的循环途径和食物链网建立工业系统，采用废物交换、清洁生产等手段，使一个企业产生的副产品或废物可以用作另一个企业的投入或原材料，实现物质闭环循环和能量多级开发利用，从而形成一个相互依存、类似自然生态系统食物链过程的工业生态系统。建设生态工业园区是化解经济增长与环境压力矛盾的重要途径，是区域发展循环经济的主要突破口。

生态工业园区与传统工业园区的本质区别在于，生态工业园区要求企业进行副产品交换等共生式合作使区内及辐射范围内的企业效益与区域的经济运行绩效得到提高的同时，使社会生产对生态环境的冲击最小化。

（二）江西建设生态工业园区的意义

建设生态工业园区，对提升江西省环保水平、建设环境友好型社会具有较好的示范和带动作用。

1. 有利于促进全省转变经济发展方式

江西省资源丰富，但资源的人均占有量低，资源浪费较严重且综合利用率低。随着经济的发展，对资源需求的压力逐步增大，反过来会影响经济和社会的可持续发展。而生态工业园区遵从循环经济的减量化、再使用、再循环的3R原则，园内企业通过一定的合作方式进行物质、能量的优化配置，达成质能循环合作，获得互补、共生网络式集聚效应，提高生产效率，从而大大提高资源的利用效率，减少资源的使用量。

2. 有利于实施生态立省、绿色发展战略

生态工业园强调以生态为中心，工业体系与生态环境相协调，实行循环经济模式，强调废物的正确处理和资源回收，促进废物减量化、无害化以及资源化，达到整个工业园的废弃物"零排放"，使区域的"废气、废水、废渣"等得到综合利用与无害化处理，有助于实现区域环境的改善。这对当前江西省全面落实科学发展观，树立"既要金山银山，更要绿水青山"的发展理念，加强工业园区生态环境保护，促进全省经济社会全面、协调、可持续发展具有重要意义。

3. 有利于提高江西省园区企业的市场竞争力

生态工业园区的建设正是在工业领域实现可持续发展的必经之路。生态工业园区内的企业是一种互惠合作的关系，各企业之间通过交换副产品，上游企业的废弃物成了下游企业的生产原材料，这就大大减少了环境成本，并树立了良好的社会形象，满足了消费者的绿色需求。而且由于园区内各企业地理位置比较接近，有利于降低运输成本，减少交易成本，从而增强企业的市场竞争能力。

4. 有利于带动江西省区域经济可持续发展

江西省现有的工业园不同程度存在着资源浪费、环境破坏等问题。

园内的企业并非全部是产业的有机聚集，因而不能形成工业链与工业共生和代谢关系，集聚经济效益差。生态工业园则以企业的工业共生关系组建企业布局，形成资源的综合利用与环境保护，通过企业间的废弃物、能源相互利用降低单个企业的运行和处理成本，在实现企业利益最大化目标的同时，让经济、社会、环境实现可持续发展。

二、江西生态工业园区发展现状

进入21世纪以来，江西省委、省政府确立了以工业化为核心，以大开放为主战略，确定了依托园区办工业的发展举措。工业园区在加快江西工业化进程、实现江西在中部地区崛起和全面建设小康社会中发挥着重要的作用，已成为全省经济社会发展最具活力的亮点和新的经济增长极。

在大力促进园区经济发展的同时，省委、省政府非常重视工业园区的生态环境保护，提出"既要金山银山，更要绿水青山"的发展理念，强调工业园区建设要坚持"三个坚决不搞"。在新形势下，又大力实施"生态立省、绿色发展"战略，适时提出建设生态工业园区，积极推进鄱阳湖生态经济区建设。

（一）生态工业园区建设步入科学化和规范化轨道

为顺利推进生态工业园区建设，累计制定出台了《关于创建生态工业园区的实施意见》、《江西工业园区绿化工作指导意见》、《关于进一步加强生态工业园区建设若干意见》、《江西省创建省级生态工业园区管理办法（试行）》、《江西省循环经济"十二五"发展规划》、《江西省特色工业园区认定评审标准（试行）》、《江西省创建生态工业园区工作方案》以及《江西省生态工业园区规划建设指导意见》等政策文件。在这些文件中，明确了生态工业园区建设和园区绿化工作的具体实施步骤、工作要求以及生态工业园区规划建设的原则、程序、内容和目标，建立了省级生态工业园区考评标准，从经济发展、园区绿化、污染控制、物质减量与循环以及园区管理5个方面对园区生态建设情况进行综合评价，同时对开展生态工业园区建设比较突出的园区给予资金奖励和政策扶持，这些措施为顺利推进全省生态工业园区创建工作奠定了强有力的政策基础，江西省生态工业园区建设逐步走向科学化和规范化轨道。

（二）生态工业园区发展规划有序

近年来，江西在工业园区发展过程中突破传统，充分借鉴国外先进发展模式，着力走园区生态化道路。江西省在创建生态工业园区过程中，要求各工业园区先制订生态工业园区建设规划，通过科学规划来引领生态园区建设，明确提出了"保护环境、发展经济，立足产业、科学规划，植树护水、绿化园区，因地制宜、形成特色"的规划原则，避免盲目建设。同时，全面启动生态工业园区建设试点，积极推动各试点园区在产业发展、生态绿化、资源循环利用以及创建模式上成为全省生态工业园区的示范窗口和建设样板。截至2011年12月，全省94个工业园区中，累计有78个工业园区编制了生态工业园区建设规划，42个试点生态工业园区通过了省级生态工业园区建设规划评审。

（三）生态工业园区建设发展迅速

截至2011年12月，全省94个工业园区中，有63个工业园区列入了省级生态工业园区创建试点，九江出口加工区等20个工业园区通过了省级生态工业园区考核验收，南昌高新技术产业开发区、南昌经济技术开发区2个园区列入国家生态工业示范园区建设范畴。

工业园区污水处理设施建设全面推进，全省已经建成污水处理厂并投入运行的工业园区有10个，形成污水日处理能力25万吨，园区工业废水排放达标率为100%。已开工建设工业园区污水处理设施建设项目的工业园区有40个，合计占全省园区总数的53%。计划到2013年底，江西省将实现工业园区污水处理设施全覆盖，工业园区污水日处理能力达200万吨。

园区绿化建设扎实开展。依托江西省林科院的科技力量，在鄱阳湖生态经济区范围内选择南昌小蓝经济技术开发区、共青城经济开发区等7个工业园区开展工业园区绿化提升试点，通过典型示范引领全省工业园区提升生态绿化水平，有60个园区绿化覆盖率超过30%。到2016年，全省工业园区将基本完成生态化改造。

（四）生态工业园区生态化成果显著

"十二五"时期，江西省委、省政府出台了一系列促进生态省建设和发展生态工业园区的扶持政策和措施，大力推进光电、新能源、生物等八大新型工业产业基地建设，确立了风能核电、新能源汽车及动力电池、文化及创意等十大战略性新兴产业。一批具有地方特色的循环型产业链已初步形成，生态工业园区雏形初步显现，表现出单位能耗下降、资源循环利用能力增强、环保成效显著等生态化特点。

1. 单位能源消耗量下降

2011年，全省工业园区万元主营业务收入耗电量下降为310.6千瓦时，同比降低6个百分点。据不完全统计，2011年全省工业园区现价万元GDP能耗0.652吨标准煤，比2010年下降3.1%，万元GDP水耗比2010年下降13.8%，工业企业的单位能源消耗量均有不同程度的下降。

2. 资源循环利用能力增强

2011年，全省工业园区的工业固体废物综合利用量为1094.30万吨，综合利用率达54.1%，比2010年提高3.1个百分点；园区内企业工业用水重复利用率达到72.9%，比2010年提高2.6个百分点。据不完全调查，2011年全省94个工业园区内共有废旧物资回收企业282个，拥有利用废物生产的衍生企业188家。

3. 工业园区环境保护功能得到强化

全省园区工业"三废"的排放量减少，处理能力有所提高。2011年，全年化学需氧量下降1.18%，二氧化硫排放量下降1.72%，单位GDP二氧化硫排放量和单位GDP化学需氧量排放量分别比2010年有大幅度减少。全省园区工业废水、废气、排放达标率达到96%以上，园区企业对废弃物的处理开始向优化环境的循环利用转变。

（五）生态工业园区企业生态化意识增强

在政府政策和利益的驱动下，江西工业园区企业的生态化意识和责任感不断增强。保护生态环境和形成循环产业链已成为企业的自觉行为。2011年，全省工业园区内利用废物生产的衍生企业数、衍生企业工业总产值、回收利用设备数、企业利用余热发电量、收集和利用工业废气等指标均比 2010 年同期有了较大幅度的提高。各工业园区均提高了企业准入门槛，坚决杜绝引进国家明令禁止的严重污染环境、生产工艺和设备落后的"十五小"、"新五小"企业，坚定不移地贯彻"三个坚决不搞"，即坚决不搞严重污染环境的项目、严重危害人民生命健康和职工安全的项目以及"黄、赌、毒"项目。企业生态化意识的增强，有力促进了园区集约发展水平提高，全省工业园区单位面积投资强度由 2010 年 50 万元/亩提高至 75.7 万元/亩，增长 51.3%，园区企业必将在今后的生态化建设中迸发出生机和活力。

三、江西省生态工业园区建设存在的问题

尽管近年来江西省生态工业园区发展迅猛，但由于起步较晚，仍存在思想认识不够到位、生态产业链不完善、科技创新投入不足等问题。

（一）思想认识不到位

虽然国家以及江西省均出台了相关文件来推进生态工业园区建设，但是缺乏强制性手段、激励机制，一些部门和园区没有真正把生态园区建设作为协调区域经济、社会、环境可持续发展的重要手段和工作载体来抓，对生态建设缺乏长远考虑；园区内的企业还没有形成基于循环经济的发展战略，尤其是"3R"原则的认识和实践还只是一种初期的探索，企业及产业共生还需要一个比较漫长的过程；消费者对再生资源产品的需求不足，还没形成有利于生态工业园区发展的消费市场。

（二）生态产业链不完善

生态工业园区建设很大程度上依赖地方产业发展及产业链的互补，江西省大部分园区产业规模不大，主导产业不突出，相关的产业组织政策、产业结构政策等还没能跟上，地方相关产业与生态工业园未能相互促进协同发展；且江西省产业链条短，在生态产业发展上很难起到引领作用，加之在招商引资过程中容易忽视产业链接，同时有的产业集群补链项目因种种原因不能顺利引进，为创建生态工业园区增加了不少难度。

（三）科技创新投入不足

近年来，虽然工业园区和企业对科技创新的投入不断加大，但是对于生态工业园区建设来说依然显得不足。一方面，园区研发投入不足。2011年，江西省园区投入研究开发费用虽比2010年有所增长，但相对于全省上百亿元的科技活动经费支出，所占的比例并不高。另一方面，园区内企业对科技的投入力度远远不够。有关资料表明，江西工业园区42.7%的企业是农副食品加工业、食品制造业、家具制造和工艺品等传统生产型的中小企业，真正属于科技创新型企业较少。2011年，购置环保设备和技术成果的企业占园区企业总数的比例很小，园区内企业普遍缺乏信息技术、节水和循环水技术、重复利用和替代技术和环境监测技术等。

（四）"静脉"产业发展缓慢

"静脉"产业是指以节约资源、保护环境为目的，运用先进的技术，将生产和消费过程中产生的废物转化为可重新利用的资源和产品，实现各类废物的再利用和资源化的产业。通过在园区创建"静脉"产业，可实现废物再利用、资源优化配置和产业集群发展壮大，促进经济增长。江西省由于"静脉"产业起步较晚，规模小，园区还未能形成较为完善的"静脉"产业，总体发展较为缓慢。据不完全统计，园区内利用上游企业废弃物从事生产活动的衍生企业比例非常低，全省园区内衍生企业仅占园区内企业总数的2.1%，企业从业人数占园区内从业总人数的0.8%。

（五）建设资金投入不足

建设资金投入不足是制约江西生态工业园建设的重要因素之一。由于创建生态工业园区需要先期投入大量的资金用于基础设施等项目建设，而目前，江西省大部分园区还处于起步发展阶段，园区投入主要靠地方自筹资金解决，废物利用、污染治理等方面资金不足，难以满足生态工业园区建设的资金需求。园区内企业因存在诸如技术风险、投资风险、政策风险等不确定性的风险，制约了资金投向生态化建设。

四、江西建设生态工业园区的对策

生态工业园区建设是一项复杂的系统工程，政府、园区和企业必须共同努力，从坚定创建生态工业园区的信念、优化生态产业链和建设园区生态文化等方面多管齐下。

（一）坚定创建生态工业园区的信念

各级政府是生态工业园区的创建推动者、管理者、执行者，必须从战略和全局的高度，充分认识创建生态工业园区的重大意义，增强紧迫感和责任感，坚定工业园区生态化建设的信念。创建生态工业园区以实现经济发展方式的根本性转变为目标，以技术创新和制度创新为动力，以保护生态环境、降低资源消耗、减少废物排放、促进废旧物资回收和再生利用、提高资源利用率和土地利用率为核心，依靠政府、企业和社会的共同努力，大力发展生态工业，提升工业园区竞争力，打造工业园区环境优势品牌，走出一条科技含量高、经济效益好、资源消耗低、环境污染少、节约集约用地、江西生态品牌得到充分发挥的新型工业化道路。

（二）优化生态产业链

生态工业园区中所设计与开发的生态产业链在追求经济发展的同时，推动生态系统的恢复和良性循环。优化生态产业链就是寻找产业链上生态经济形成的产业化机理和运行规律，开创一种新型的产业系统。一是各地工业园区要明确各自产业发展方向，形成产业链的合理布局。围绕产业链发展，提升产业配套能力，优化资源的配置。注重产业结构优化升级，促使工业园区向先进制造业、高新技术产业和现代服务业发展转变。二是围绕各地园区主导产业，将社会、环境和经济作为一个整体综合性地考虑，运用科学的方法和手段，推动能源、水的阶梯使用和废弃物的循环利用。三是更全面更绿色地设计产业结构，延长产业链条，缩短产业之间的链接缝隙，尽量使产业上下游结合起来，通过产业链的链接与转换过程的设计、开发与实施，使生态资源在原始投入和最终消费方面提高效率。

(三) 积极推进技术创新

江西省生态工业园区应积极推进技术创新，降低能耗，减少污染，提高效益，增强园区产业核心竞争力。针对江西省大部分工业园存在技术创新不足、自主创新资源缺乏等现象，政府应为这些技术的产生创造适宜的科研环境，建立以企业为主体、市场为导向、产学研相结合的技术创新体系，形成一个政府、产业、教育、学术、金融、民间组织及个人等共同推动科技创新的局面。

建立绿色经济核算体系。改革现行经济核算体系，从企业到国家建立一套绿色经济核算制度，包括绿色国民经济核算体系和绿色会计制度，将自然资源、人力资源和生态资源纳入企业的会计核算对象，便于评估企业的资源利用率和社会环境代价，有效引导和管理企业走环保之路。

建立生态工业园区信息系统，可以使各企业、行业建立起物质流动的配对关系，及时获取包括园区内有害及无害废物的组成、废物的流向信息，相关生态链上产业的生产信息、市场发展信息、技术信息、相关工业生态其他领域的信息，从而实现园区管理信息化、智能化。

(四) 积极推进"静脉"产业园建设

作为解决环境与经济可持续发展重要途径的"静脉"产业，将成为21世纪中国乃至全球最具有发展潜力的产业之一。江西省推进"静脉"产业类生态工业园区建设，具有十分重要的意义，为此，要做如下工作：一是建立和完善相关法律体系，完备的立法和严格的执法是根本保障。发展"静脉"产业园，要加强政策执行和环境整治力度。二是制定优惠政策体系，由于正常的市场机制不能很好地反映自然资源的价值，所以对循环经济特征明显的"静脉"产业要在税收、政府投入和技术支持等方面加大力度给予积极扶持。三是加强绿色采购，鼓励各部门使用再生利用产品、环境标志产品、通过 ISO 14001 认证产品，特别是要照顾该地区生态工业园区内的生态企业，通过政府的绿色采购来启动和引导市场需求。四是要强化环境教育，消费者的参与是建立新的社会发展模式的必要条件。

（五）加大资金投入力度

增加资金投入是江西省政府主导发展生态工业园区的必然选择。江西工业园区在生态化建设和改造过程中，环境保护、能源梯级利用、水循环利用、信息网络等基础设施建设资金投入巨大，单靠工业园区自身很难完成这些建设。在加大政府资金扶持力度的同时，采取市场化运作方式，鼓励、支持和引导社会各类资金参与生态工业园区创建活动，形成推进生态工业园区建设的强大合力。

各级政府要把生态工业园区建设作为园区建设的重点，在财税、环保、用地等方面加大政策支持力度。对污染防治基础设施投资给予相应优惠，并享受投资工业项目的相关奖励政策。对生态环保项目要优先审批立项，并落实配套资金、确保投入到位。各级政府要安排资金支持生态工业园区建设，加大对园区基础设施建设和生态环境治理的投入。鼓励企业增加环保投入，积极引导社会资金参与生态工业园区建设和运营。充分利用国家开发银行对工业园区基础设施贷款，支持园区环保设施建设。省财政每年安排一定经费用于支持生态工业园区建设，对园区环保建设项目适当进行补助，对环保设施运行好的园区予以奖励。

（六）分类选择生态工业园区发展模式

江西省现有94个工业园区，从园区现状和各地经济结构分析看，各地创建生态工业示范园区的基础各不相同。因此，在江西省现有工业园区基础上创建生态工业示范园区，要有不同的推进策略和工作重点。对已具有较好生态工业雏形的工业园区，如以有机硅为龙头产品的星火开发区，以铜冶炼加工、发电、磷化工以及硫酸为组合的鹰潭高新技术产业开发区、贵溪工业园区，工作重点突出"深化"，将各条生态链做强做大，形成新的经济增长点，最终提高生态工业网的经济实力；对江西省最多的，门类较多但彼此之间缺乏联系的工业园区工作重点突出"孵化"，在生态工业园区内建立一个高效企业孵化器或类似的企业孵化机制，为企业提供优质服务；对尚未建成或尚不具有规模的工业园区（目前江西省有相当数量的县级工业园区属于此类园区），工作重点突出"规划"，应抓好园区的整体规划工作，倡导以循环经济理念进行绿色招商；对不同地域的工业区域或园区之间，这是突破地理位置限制和行政区域限制的更广泛意义上的生态工业园区，工作重点突出"网化"，重点是要依靠资源和废物流动关系建立起稳定的经济关系，并由此促进资源和废物流动关系的长期化，保证生态工业网络的稳定运行。

（七）强化园区生态文化建设

生态文化是生态工业园可持续发展的原动力，是生态经济、社会协调发展的精神导向，是解决生态工业园区生态环境问题的必然选择。建设园区生态文化就是要梳理先进的生态文化理念，诱导园区人员的价值取向、消费行为、企业的生产方式及经营理念的转型，塑造一类新型的生态企业、生态社区、生态景观，实现园区企业、生态、经济、社会及民生的可持续发展。

园区生态文化建设主要包括决策管理与体制文化建设、生产方式与企业文化建设、生活方式与心态文化建设和人口素质与认知文化建设四个方面，需要凝聚园区内外一切可以利用的力量，开展多渠道、多领域、多手段等形式的创建活动。加强工业园区生态文化的信息交流及宣传工作，召开生态文化研讨会，充分利用省内外相关网站、报刊、电视媒体等各种手段，宣传、交流园区生态文化建设的思想和最新动态。